CORE
ENGLISH GRAMMAR
MR. EVINE'S ENGLISH SCHOOL

*Mr. Evine*の英語塾

コア英文法

Evine 著

はじめに

皆さん、初めまして、Evine（エビン）です。日本人です。
数多くある文法学習書籍がある中で、拙著『Mr.Evineの英語塾　コア英文法』を手にしていただき、ありがとうございます。

さて、皆さんは英語が話せますか？
皆さんはSNSや携帯メールなどで気軽に英文をタイプできますか？

例えば、英検4級のCan-Doリストを見れば、それなりに中身のある会話ができる想定ですが、現実はどうでしょうか。合格者の多くが「これやったほうがいいよ」と簡単なアドバイスですら瞬時に話せなかったりします。（正解はYou should do this.）

日本人はいつになったら英語が使えるようになるのでしょうか。

例に挙げた「これやったほうがいいよ」は人へのアドバイスです。本書では、人へのアドバイスにshouldが使えると学びます。これをshouldは助動詞で、後ろに動詞の原形を置いて「…するべきだ」という意味、と機械的に文法知識を頭に入れたところで人へのアドバイスの場面でとっさに発信できないですよね。

英文法の知識は、使えなければ意味がありません。
本書は、論理的な説明（理屈を示す）と表現に込められたニュアンス説明のバランスを重視し、2つの視点で学習できます。実際の会話の場面や話し手（書き手）の気持ちに焦点を当て、日本人の弱点傾向も踏まえた解説で、学習する英文法や表現が実際にどんな場面で使われているのか、その目的も自然と理解できるようになるはずです。
とにかく話せるようになっていただきたい。

それには情報の選定が重要です。1から100まで覚えることが理想でも、それでは何年もかかり、また消化不良になります。本書はあえて網羅性にこだわらず、「読む」「書く」「聞く」「話す（発表・やり取り）」に必要不可欠なコア英文法だけを厳選しました。即効性のある学習ポイントを僕の指導経験から選び、シンプルに、場面に合わせた文法選択ができるよう仕上げていきます。

また、本書はただ読み進めるだけの参考書ではありません。各Dayの押さえどころを理解する「よくある日本人のNG発信」、コアニュアンスを理解させる「Quiz」や「比較してチェック」、各Dayの最後には「整理整頓クイズ」で必須知識を整理します。さらにはテーマごとにまとめた「SHUFFLEクイズ」では場面を意識したコア英文法の選択をおこない、知識を運用力に変えます。仕上げは巻末の「Proficiency Test」によって、コア英文法の定着度を点数化することができます。この1冊で合計５００問ほど、コア英文法の生きた発信方法を学ぶ演習をご用意しました。

まずは本書を最初から最後まで1冊仕上げることがゴールです。
本書で英語の発信方法を学べば、英語での発信に必要な素地や感覚は十分に養われます。本書と一緒に「コア英文法」の定着を目指しましょう。

末筆になりましたが、本書刊行に際しご尽力くださいました営業担当I.M.さん、最後まで一緒に走っていただいた編集担当のH.O.さんと編集チームの皆さんに改めて御礼申し上げます。そして、何よりもいつも心身ともに支えてくれる妻と子供たちに心から感謝しています。

Let's get started!
Evine

CONTENTS

CHAPTER *2*
ネイティブの自然な
言葉の並べ方を学ぶ（文型と品詞）

CHAPTER 3
読解力と表現力を養う

MR. EVINE'S
QUESTIONS & ANSWERS

　ここでは、本書『Mr.Evineの英語塾　コア英文法』を存分に活用し、本書で学んだコア英文法の知識をアウトプットしていただくために、Evineの考えをQ＆Aとしてまとめました。

Q.1
この本の「コア英文法」を修了すればどうなりますか？

　本書は中学英語、高校英語といった学年の意識はありませんが、単元としては中学英語をベースとし、仮定法から関係副詞まで幅広く扱っています。

　中高生が学習する学校英語、日常英会話やビジネス英語などシーンが問われない全ての核（コア）となる必須英文法を厳選し、解説しています。一般の語学書で重要視されているようなものでも、切り捨てても支障がない文法知識や構文はあえて扱っていません。

　皆さんの英語力のベースになるのが本書です。コア英文法を習得し、それを道具としながら経験によって皆さんそれぞれが必要とする英語力に仕上げていきましょう。

Q.2
１ヶ月でこの本を終えることはできますか？

　１から100まで盛り込んでいるわけではなく、コア英文法に厳選して、解説しているため、量的には１ヶ月で終わることは物理的に可能です。ただし、本当に知識を使える状態にするためには、本書を１周だけで終わりにせず、最低３周は繰り返しましょう。

　１周目ではできない発見が２周目、３周目で必ず発見できます。と

にかく1周目はチャチャっと読んでしまうことを優先すると良いかと思います。

Q.3
どんなふうに1日の学習を進めていけばいいですか？

まず各Dayの流れは次のようになっています。

1. 「**日本人のよくあるNG発信！**」…クイズ形式でそのDayで押さえるべき重要なコンセプトをイメージします。学習目標をしっかり把握しましょう。

2. 「**実用的な例文**」…重要ポイントの解説には必要に応じて、例文で活用事例を示しています。どの場面で、どんな目的でこの英文法を使用しているのかを例文でイメージします。

3. 「**クイズ**」「**違いをチェック！**」…解説の合間には、重要コンセプトを理解して、運用力につなげるために、例題や紛らわしい英文の比較があります。

4. 「**整理整頓クイズ**」…各Dayの終わりには、ここだけは押さえておきたい重要ポイントの理解度を確認する演習があります。

5. 「**整理整頓クイズ　答え合わせ**」…各問題の出題者の意図をイメージしながら丁寧に答え合わせをしましょう。

　全体の構成は第1章から第3章までをテーマ別に分けていますが、基本的にはDay 1からDay 30に向けて順番に進めてください。

　各Dayを1日で終わらせる必要はありません。例えば、1日目は本編の通読、2日目に軽く本編を再度軽く読み流し、最後の「整理整頓クイズ」を解いて、本編の復習をする、といった流れでも構いません。

　ただ、3ヶ月〜6ヶ月程度は、継続して「毎日」10分でも本書に関わることをお願いしたいです。

　また、多くの書籍では、著者が独自に重要な言葉を太字表記してありますが、本書の解説では、基本的に太字表記はあえてしていません。

読者の皆さんにとって、必要だと思われる箇所を自由にチェックしていただくためです。

　また、「整理整頓クイズ」「SHUFFLEクイズ」「PROFICIENCY TEST」は、1周目、2周目はなるべくノートを活用し、書き込まないようにしましょう。3周目でガシガシ、仕上げとして書き込んでいきましょう。繰り返し、何度も解くことが重要です。

Q.4
この本を最後まで頑張れるコツはありますか？

　ご存知の通り、語学はそう簡単に身につくものではありません。「効率のよさ」や「楽な学習法」、現実にはそんなものはありません。

　ですが、英語学習に真面目すぎるのも絶対にNGです。

　最後まで何度も何度も繰り返すことが肝で、そのためにはある意味「前向きな適当さ」がポイントになります。

　そこで、各Dayの解説に対する理解度や演習の正答率を1周目60％、2周目80％、3周目100％のようなイメージで、1周目から完璧を目指さないのがコツです。最初から少なくとも3周する想定で学習計画を立ててください。もちろん1回で理解できるに越したことはありませんが、それでも繰り返す方がやはり定着します。途中でやめてしまわず「繰り返す」ことが肝です。

　理解できない場合の柔軟さが大切です。

　視野が広がればその時に理解できなかったことも自然と理解が深まったりすることがあります。本書のコア英文法も同じです。何をEvineは言っているんだ、と理解に苦しみながらも、他のDayを進めていく中で、「あ、そういうことか」と英文法の神様が降りてくることがあるんです。

　とにかく最後まで1周をチャチャっと読んでしまってください。2周目と3周目は1周目に比べるとストレス激減しているはずです。

Q.5

わからないことが出てくると先に進めないのです。

　何においても間違えを気にしない、恐れないことです。

　小中高と学校で間違えたら「減点」される採点方式に慣れている我々はどうしても間違えることを気にしてしまいます。

　外国人に話しかける前に、事前に粗相のないように正しい英文をあーでもないこーでもないと組み立ててから話し始める日本人も多いです。たいてい、英文を考えているうちにネイティブたちは別の話題に移ってしまって発言の機会を失うことも多い。

　例えば、この英文を見てください。

Is he speak Japanese?

　これは文法的に間違いです。

　しかし、通じます。

「彼は日本語が話せますか？」と皆さんも訳せたはずです。

　このように、間違えても通じる範囲では気にする必要は全くありませんし、こういったものは英文に触れる経験とともに自然と修正されていきます。

　間違えは多くが自然と解決します。本書を3周繰り返すことをおすすめしているのは、間違えることを前提にしているからです。先に進めることが大切だからです。先に進めて、新しいコア英文法の知識が増えることで、理解できなかったものが理解できることがあります。1つの知識が色んな知識にもつながっているのが英文法だからです。

Q.6

文型と品詞はどう考えても学習価値がないように思えるのですが。

文型と品詞は、英文法の中で最も嫌われる単元ではないでしょうか。あるいは全く無視されている存在かもしれません。

僕も実際そうでした。

しかし、文型と品詞は肝なのです。必ず役立ちます。

もちろん実際の英会話の場面になるとこんなことは考えていません。今自分が話しているのは何文型で、どんな品詞を使っているかなんてのは考えたこともありません。

ですが、机上の学習においては重要なんです。

理屈で考え、定着させることで、いずれ無意識の状態で使えるようになります。感覚だけで覚えたものは適当にしかアウトプットできません。

例えば、形容詞の働きを理解するだけで、不定詞、分詞、関係詞と全ての単元につながります。不定詞、分詞、関係詞が難しいのはそもそも形容詞の働きを理解できていないからです。1つの品詞が色んな文法知識に繋がっていくことを本書でも発見できるかと思います。

Q.7

本書の知識をどうアウトプットに繋げていけばいいですか？

知識は得たからといって自動的に運用力にはなりません。コア英文法はアウトプットするために厳選したものですから、常に意識していただきたい3つのポイントを挙げておきます。

● 英文法の使用目的を考える

　各Dayを学習するにあたり、常に大切にしていただきたいのは、なぜこの文法（表現）をここで用いるのか、使用目的です。そうすることで、学習者の皆さんがそれぞれの英語を使用するシーンに合わせたカスタマイズができるようになります。

● 例文をアウトプットに活用する

　各Dayにはコア英文法の使い方をイメージしていただくために豊富に例文を用意していますが、いずれもそのまま使用できる自然な英文ばかりです。そこで、例文は基本的に「日本語」→「英語」になっていますので、日本語を目にした瞬間に、「自分だったらこう話すかな？」と、英語で考えてから本書の英文をチェックするようにしてください。流れ作業的に確認するよりもはるかに学習効果がUPします。

● 例文のポイントを自分で説明する

　各Dayでは主要な例文、クイズ、違いチェックの例文比較では、ポイント解説をしていますが、それを皆さんの言葉でブツブツと説明してみましょう。理想は誰か他の人に説明を聞いてもらうことです。自分の言葉で説明できないものは定着して使える知識になっていませんから最終的に復習の仕上げとしてぜひやってみましょう。

Q.8

オススメの復習方法は？

　まずQ.7のことを2周、3周するのが一番の復習方法です。
　また演習問題に使用した英文と日本語は音声がダウンロードできますので、日本語を聞いて英語が発信できるか、あるいは英語を聞いて

スムーズに何を話しているのか英語のまま理解できるのかを試してみ
ましょう。

　演習に用いている英文は全て実用的なものばかりですので、復習と
して覚えてしまうまでフルに活用する学習効果はとても高いです。

音声ダウンロード方法

　付属音声（MP3ファイル形式）をベレ出版ホームページより無料でダウンロードできます。

① パソコンのウェブブラウザを立ち上げて「ベレ出版」ホームページ（www.beret.co.jp）にアクセスします。

② 「ベレ出版」ホームページ内の検索欄から、『Mr. Evineの英語塾 コア英文法』の詳細ページへ。

③ 「音声ダウンロード」をクリック。

④ 8ケタのダウンロードコードを入力しダウンロードを開始します。

　ダウンロードコード： **zPx5RqqZ**

⑤ パソコンやMP3音声対応のプレーヤーに転送して、再生します。

お願いと注意点

・デジタル・オーディオ、スマートフォンへの転送・再生方法など詳しい操作方法については小社では対応しておりません。製品付属の取り扱い説明書、もしくは製造元へお問い合わせください。

・音声は本書籍をお買い上げくださった方へのサービスとして無料でご提供させていただいております。様々な理由により、やむを得なくサービスを終了することがありますことをご了承ください。

CHAPTER 1

時制と助動詞を押さえ「キモチ」を伝える表現を学ぶ

実は「時制」は、単純に「時」だけを示すわけではありません。「時」の感覚はもちろんですが、話し手の感覚・気持ちによって動詞を変化させるのが英語の時制です。本書では、応用度の高い10パターンの時制の表現方法を学びます。

また、時制とともに、重要なものが助動詞です。特定の場面における状況や気持ちを表す微妙な意味合いは、助動詞がなければ伝えることはできません。助動詞を使えば、動詞本来の意味に、話し手の主観的な ニュアンスを加えることができます。

Day 01

現在の表現
― 現在形と現在進行形

　英語の時制は、「時」を軸に、場面ごとに話し手（書き手）の「気持ち」や「状態」を表現する動詞の形です。今回は、「現在のこと」を表現する現在形と現在進行形の自然な使い分けの話です。

他動詞check（～をチェックする）

日本人のよくある **N** **G** 発信！

【習慣として】
僕は毎日Eメールをチェックしている。
I'm checking my email every day.

「～している」＝現在進行形「am checking」とは限りません。この場面のように「日々の習慣」を相手に伝える場合はシンプルに「現在形」checkを用いるのが自然です。

◉ **I check my email every day.**

　現在形と現在進行形の区別は簡単なようで、いざ使い分けて話そうとすると意外と難しいものです。両者の違いでまずは押さえておくべきコアニュアンスをDay 01では明確にします。

1回目
　　　　月　　　日

2回目
　　　　月　　　日

3回目
　　　　月　　　日

動作動詞と状態動詞

　時制は「動詞の形」パターンでもありますが、大切なのが「動作動詞」と「状態動詞」の区別です。今回の現在形と現在進行形に限らず、今後も時制を学習する上で重要な区別になります。

● 動作動詞と状態動詞

動作動詞	（動き・変化・出来事など）完了する動作を表す
	eat（〜を食べる）、make（〜を作る）、write（〜を書く）、read（〜を読む）、work（働く）、happen（[出来事が] 起こる）など
状態動詞	（感情、感覚、所有など）継続的な状態を表す
	be（〜だ、〜にいる）、feel（〜を感じる）、have（〜を持っている）、know（〜を知っている）、like（〜を好む）、look（〜に見える）、see（〜が見える）、think（〜を思う）、want（〜が欲しい）など

　eatのような身体的な動きを示す動詞が「動作動詞」、likeのような心の動きやhaveのような継続ニュアンスが含まれる動詞を「状態動詞」と呼びます。これらの動詞の違いが時制の区別にも影響します。

現在形の3つのイメージ

　現在形は主に3つのイメージで押さえておきましょう。このイメージを参考にしながら①から③の用法を整理していきます。

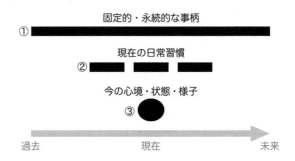

① 固定的・永続的な事柄を伝える

「今も昔も、そしてこれからも」。この感覚が現在形のコアニュアンスで、次のように、固定的・永続的に変わらないような事柄や事実を表すことができます。

> OilもThe earthも3人称単数の主語Itに置き換えて考えることができるため、動詞は3人称単数現在形のsがつきます。
>
> 自動詞 float（浮く、浮かぶ）
> go around（～の周囲を回る）

1. 油は水に浮く。
   Oil floats on water.
   <u>一般的な事実</u>

2. 地球は太陽を周回している。
   The earth goes around the sun.
   <u>普遍的な事柄</u>

② 現在の日常習慣を伝える

「動作動詞」の現在形で、主語の現在の「いつもの習慣」を表現することができます。これが一番なじみのある現在形の用法ですね。

> 1. （いつも）僕は朝ごはんの前に歯を磨く。
>   **I brush** my teeth before breakfast.
>   日常習慣
>
> 2. 妻は毎日、徒歩通勤だ。
>   My wife **walks** to work every day.
>   日常習慣

主語が3人称he/she/itの場合、動詞はsのつく変化があり、My wife = Sheと考えます。

③ 今の「心境」「状態」「様子」を伝える

現在の主語の心境や状態・様子は、「状態動詞」の「現在形」で表現できます。

> 1. このシャツを私は気に入ってるの。
>   **I like** this shirt.
>   現在の心境
>
> 2. 僕は風邪をひいている。
>   **I have** a cold.
>   現在の状態・様子
>
> 3. 嬉しそうだね。
>   You **look** happy.
>   現在の状態・様子

皆さんにとって身近で必要な動詞から意識して覚えていくようにしたいですね。まずは本書のポイント例文から、日本語→英語で話せる状態まで復習を徹底しましょう。

「一時的」「期間限定」の話は「現在進行形」で伝える

「be動詞（am/is/are）＋動詞のing形」の形を現在進行形と呼び、目の前で進行中の動作を思い浮かべる日本人も多いのですが、コアニュアンスは「一時的」「期間限定」の行動や状況を表す感覚です。

---

1. 子供たちは今、ゲームをしているところだ。
   My kids are playing a video game now.
   一時的

to work（職場まで）

2. 今週は電車で通勤している。
   I am taking a train to work this week.
   期間限定

現在形と現在進行形の違い

---

1. （いつも）駅まで歩いている。
   I walk to the station.
   日常習慣

2. 最近は駅まで歩いている。
   I am walking to the station these days.
   期間限定

副詞these days（最近）は現在形や現在進行形と一緒によく用いられます。

22

　英文1の現在形は日常習慣ですが、英文2の現在進行形は始まりと終わりの期間途中にあるニュアンスで、ここではthese days（最近）によって、期間が限定され、普段は歩かない含みがあります。

　現在進行形は、下の図のように、始まりと終わりを「点」とし、その間で進行している「点線」のイメージで押さえましょう。

I am walking

「状態動詞」は現在進行形にはできない?!

　次の例文のように、haveやknowなどの状態動詞は現在形のままで高い継続性を示すため、現在進行形にはしません。わざわざ現在進行形にする必要性がないからです。

> 1. どうも彼はインフルエンザらしい。
>   **Apparently, he has** [× is having] **the flu.**
>
> 2. 僕は彼の会社のことは知っている。
>   **I know** [× am knowing] **about his office.**

副詞apparently（どうも〜らしい）
名詞the flu（インフルエンザ）

ただし、一部の状態動詞では、意図的に現在進行形で用いる場合もあります。次の例文で意味の変化を比較しましょう。

副詞 so（とても）

形容詞 rude（失礼な）

☑ **違いをチェック！**
- -

（A）Mike **is** so rude.
　　　　状態動詞の現在形

（B）Mike **is being** so rude.
　　　　状態動詞の現在進行形

　　英文（A）の現在形は「**マイクの普段の性格**」になります。いつも失礼な人だという意味ですね。一方、英文（B）は be動詞の現在進行形「be(am/is/are) being」ですが、これによって「**マイクの一時的な態度**」というニュアンスになり、普段から失礼な人という意味にはなりません。

(A)（いつも）マイクはとても失礼だ。
(B)（今）マイクはとても失礼だ。

　　状態動詞 live でもう一例、チェックしておきましょう。

3. 僕は両親と同居している。
　　I **live** with my parents.
　　　現在の状態

4. 僕は（一時的に）両親と一緒に住んでいる。
　　I **am living** with my parents.
　　　現在の一時的な状態

会話では I'm / he's / she's のように短縮形を用いるのが基本です。

　　現在形を現在進行形にすることで、「（固定的な）同居」から「（一時的な）仮住まい」の意味になるわけですね。

24

Day 01 　整 理 整 頓 ク イ ズ

Q.【場面】に合う時制をそれぞれ選びましょう。

1.【相手の仕事を尋ねたい】
What [are you doing / do you do]?

2.【この夏だけの期間限定のパート】
My mother [works / is working] at a restaurant this summer.

3.【永続的な事実】
The moon [is going / goes] around the earth.

4.【いつもの習慣】
I [wear / am wearing] glasses.

5.【一時的な変化】
My hair [gets / is getting] really long.

6.【いつものこと】
I [am getting / get] hungry late at night.

7.【まさに、今していること】
Someone [takes / is taking] a picture of us.

8.【ずっと住んでいる】
[I'm living / I live] in Kobe.

Day 02

過去の表現
― 過去形と過去進行形

　今回は、現在の話とは切り離した過去時制です。過去形と過去進行形の自然な使い分けを一緒に押さえます。過去についてどんなことを、どういった状況を伝えたいのかを意識しましょう。

日本人のよくある **N G** 発信！

あなたがメールをくれたときは、料理をしていた。
I cooked when you texted me.

他動詞 **text**（〜に携帯電話でメールを送る）

　「過去の話」＝過去形とは限りません。過去のある時点の前後で一時的に継続していた事柄は過去進行形を用いましょう。

 I was cooking when you texted me.
　　　　過去進行形

　同じ過去でも、「過去形」と「過去進行形」でどんな違いが表現できるのか、目的意識で使い分けられるようになりましょう。

1 回目
　　　　月　　　　日

2 回目
　　　　月　　　　日

3 回目
　　　　月　　　　日

過去形の３つのイメージ

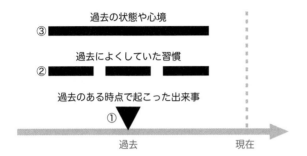

① 過去の出来事を伝える「動作動詞の過去形」

　過去に起こった出来事は過去形「動詞＋ed」で表現します。過去形にするのを忘れ、現在形のままで話を進めてしまう日本人は意外と多いため、最初は過去の場面をしっかり意識しながら使いましょう。

---

1. その女の子は昨日、試験に合格した。
   The girl passed the exam yesterday.
   <u>過去の出来事</u>

2. 彼は立ち上がって、部屋を出ていった。
   He stood up and left the room.
   <u>過去の出来事</u>　　　<u>過去の出来事</u>

他動詞pass（〜に合格する）

自動詞stand up（立ち上がる）
他動詞leave（〜を去る）

② 過去の習慣を伝える「動作動詞の過去形」

　過去によく行なっていた習慣も過去形で表現できます。過去形は現在と完全に切り離されたニュアンスになるため、「現在はもうしていない」という含みがあります。

他動詞practice（〜を練習する）

自動詞stay（滞在する）
so often（よく）

> 1.　息子は空手を毎日、一生懸命に練習したものだ。
>
> 　　**My son practiced karate hard every day.**
> 　　　　　　　　過去の習慣
>
> 2.　父はしょっちゅうホテルに滞在したものだ。
>
> 　　**My father stayed at a hotel so often.**
> 　　　　　　　　　過去の習慣

③ 過去の「心境」「状態・様子」を伝える「状態動詞の過去形」

　現在形と同じように過去形でも当時の「心境」や「状態・様子」を相手に伝えることができます。時が現在から過去になっただけですね。現在はそうではない、という気持ちも含まれます。

形容詞upset（うろたえて）
副詞then（そのとき）

There＋be動詞〜
（〜がる、いる）
amusement park
（遊園地）

> 1.　彼は新しい友人を欲しがっていた。
>
> 　　**He wanted a new friend.**
> 　　　　　過去の心境
>
> 2.　そのとき、僕は焦っていた。
>
> 　　**I was upset then.**
> 　　　　過去の状態
>
> 3.　日本にはたくさんの遊園地があった。
>
> 　　**There were many amusement parks in Japan.**
> 　　　　　　過去の状態

過去形で用いる「時の副詞」

過去形では、動詞の形（-ed）だけでなく、過去を示す「時の表現」（副詞）を伴うことが一般的です。

1. 1週間前に、その回を見た。
   I watched the episode a week ago.
   過去を示す時の表現

2. たった今、車の事故を見た。
   I saw a car accident just now.
   過去を示す時の表現

3. 私は最近、新車を買った。
   I bought a new car recently.
   過去を示す時の表現

名詞episode（[連続ドラマなどの] 1話）

時制は話し手（書き手）の心境や場面だけではなく、時を示す副詞も意識してください。

英文2…just now =a very short time ago（ほんの少し前）の意味になるため、過去形と合います。

英文3…「最近」を意味する表現ですが、現在形・現在進行形はthese daysと、過去形はrecentlyと覚えましょう。

次の表現は必ず覚えておきましょう。相手に過去の話であることを明確にするわけですね。

数詞＋ago（〜前）、last week[month/year]（先週［先月／去年］）、just now（たった今）、once（かつて）、recently（最近）、then（その時）[=at that time]、yesterday morning[afternoon/evening]（昨日の朝［午後／晩]）など

「過去のある時点でおこなっていた動作」を伝える過去進行形

「be動詞の過去形(was/were)＋動詞のing形」の形を過去進行形と呼び、現在進行形の用法を過去の視点で考えたものです。つまり、過去のある時点（期間）における一時的に進行していた動作や状態を伝えます。

1. 子供たちはそのとき、ゲームをしていた。
   My kids **were playing** a video game
   <u>過去のある時点でしていたこと</u>
   at that time.

2. 毎週、平日は電車で通勤していた。
   I **was taking** a train to work every weekday.
   <u>過去の期間限定の動作</u>

名詞weekday（平日）

3. 去年の今頃は、私はホテルで暮らしていた。
   This time last year, I **was living** in a hotel.
   <u>過去の期間限定の状態</u>

this time 〜（〜の今頃は）

「点」の過去形と「一時的な進行状況」の過去進行形

「こんなことをしていたときに、こんなことがあった」を表すために、過去進行形で過去の進行中の場面を設定し、その最中に起こった出来事を過去形で示すことがあります。

> 地震が起きたとき、私は音楽を聴いていた。
> I **was listening** to music when
> the earthquake **happened**.

名詞 earthquake
(地震)

自動詞 happen
([出来事が] 起こる)

20:30

I was listening to music
(私は音楽を聴いていた)

20:40

the earth happened
(地震が起こった)

　例えば、20:30から音楽を聴き始め、聴いている状況の中で突然、20:40に地震が起こったという場面を過去進行形と過去形を組み合わせて表現したものです。過去形を「点」の意識で捉え、過去進行形は「点」と「点」の間にある「一時的な状況」と考えたものですが、ここから次のようなニュアンスの違いも生まれます。

☑ **違いをチェック!**

- -

(A) We moved to London.
　　　過去形

31

(B) We were moving to London.
過去進行形

英文 (A) …過去形を用いた英文です。「過去の点」
を示す過去形には「完了」ニュアンスもあ
るため、移動が完了し、すでにロンドン
にいることを示唆します。

英文 (B) …過去の一時的ニュアンスを示す過去進
行形を用いた英文です。「移動中」である
ことに焦点が当たっています。

(A) 私たちはロンドンに引っ越した。

(B) 私たちはロンドンに移動しているところだった。

では最後に、変化を示す便利なget（〜になる）を
用いた比較例文もチェックしておきましょう。

1. 外は暗くなった。
   It got dark outside.
   変化の完了

2. 外は暗くなってきていた。
   It was getting dark outside.
   変化の途中

英文1 …過去形は「〜になった」と、過去のある時
点で変化が完了したことを示します。

英文2 …なんらかのプロセスの最中であることを示
す進行形を過去にした過去進行形は、「〜に
なってきていた」と過去のある時点での変化
を表現することができます。

Day **02** 整理整頓クイズ

- -

Q.【場面】に合う時制をそれぞれ選びましょう。

1. 【こんな状況のときに電話がかかってきた！】

   We [were having / had] dinner when the phone rang.

2. 【映画を1本見終わった】

   I [watched / was watching] a movie yesterday.

3. 【過去の変化】

   It [was getting / got] hot in my room.

4. 【期間限定の仕事】

   In August, I [was working / worked] at a restaurant.

5. 【過去の一連の出来事を伝えたい】

   She got on the bus and [sat / was sitting] behind the driver.

6. 【過去のある時点の前後で進行していたこと】

   It [rained / was raining] when I woke up.

7. 【過去の出来事をシンプルに伝える】

   I [was starting / started] my first job in 2001.

8. 【過去の習慣を伝える】

   When I [am / was] a kid, I sometimes [doing / did] this.

Day 03

未来の表現①
── be going to と be -ing

　今回から未来の表現です。英語の動詞には未来形自体が存在しないため、色んな表現スタイルがあります。まずはカジュアルな場面で用いる be going to と現在進行形 be -ing を用いた未来の表現です。

【相手の予定を確認】
明日は来る予定ですか？
Will you come tomorrow?

　Will you … ? の基本ニュアンスは「…する気（意志）はある？」という意味で、相手の意志を確認する表現です。そこから「…してください」という指示の意味でよく使われます。そのため、この場面には合いません。相手の個人的な予定を尋ねる場面では、今回学習する be going to または現在進行形を用いるのが自然です。

 Are you going to come tomorrow?

 Are you coming tomorrow?

　現在形や過去形では「事実」を話せますが、今回の未来のことについては、100%の事実はなく全て現時点で思うこと（予想）です。そのため、主語が置かれている状況によって未来の伝え方が変化することを意識しておきましょう。

1回目

月　　　　日

2回目

月　　　　日

3回目

月　　　　日

「be going to」で以前から決めている「個人の予定」を表す

「…するつもりでいる」と前から決めている個人的な予定、計画、意図などは「be going to ＋動詞の原形」を使います。

> 予定には、計画や意図のニュアンスも含みますので、一言で「予定」と覚えても支障はありません。

1. ランチを食べたら医者に診てもらう予定だ。
   I'm going to see my doctor after lunch.

2. 仕事のあとに、テニスをする予定なの？
   Are you **going to** play tennis after work?

3. どこで車を買う予定なの？
   Where are you **going to** buy a car?

> he/sheなど第三者の予定を be going toで話す場合は、本人から聞いているなど事前に把握していることが前提です。

　特に日常会話では、以前から決めているという意識ではDay 04で学習する助動詞willはNGです。英文3は、「どこで」と具体的な質問をしている時点で、もともと車の購入は前から決まっているため、be going toで尋ねるのが自然です。

「現在進行形be -ing」で確定的な「予定」を伝える

　be going toと近い状況で使えるのが現在進行形「be動詞＋動詞のing形」を用いた未来の表現です。「…することになっている」というニュアンスで、準備がすでに整っている予定を相手に伝えます。

1. 今日の午後、医者に診てもらう。
   I'm seeing a doctor **this afternoon.**

2. 彼女は明日、家族と晩ご飯を食べる。
   She's having dinner with her family **tomorrow.**

　現在進行形の未来表現は、基本用法と区別するために、先の予定であることが明確になっている文脈やtomorrow（明日）のような未来を示す時の副詞と一緒に用いるのが基本です。

3. 今週末は何をするの？
   What are you **doing this weekend?**
   今週末

4. バスが10分後に来るよ。
   Our bus **is coming** in ten minutes.
   10分後に

● **未来の表現でよく用いられる表現**

tomorrow（明日）、day after tomorrow（明後日）、next week（来週）、next month（来月）、next year（来年）、in＋時間（～後に、～たって）、in the future（将来は、今後は）、this weekend（今週末）など

「be going to」と「be -ing」の違い

先に挙げた英文1・2はbe going toで言い換えても文法的にはOKです。

◉ **I'm going to see a doctor this afternoon.**

◉ **She's going to have dinner with her family tomorrow.**

ちなみに、予定・計画を表す場面では、be planning toで言い換えてもかまいません。

違いは、話し手の中で、その予定に対してどのような心境にあるのかがベースになり、be -ingのほうがより確定的な響きがあります。次のようなイメージで押さえておけばOKです。

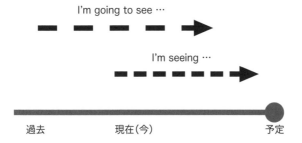

矢印は予定に対する準備の進行具合を示し、現在進行形はbe going toよりも実現度が高い意識があります。ただし、次の例文のように、もともとgo to（〜に行く）を用いた英文でbe going toを用いると冗長的な響きになるため、それを避けるために、シンプルに現在進行形で話すことも多いです。

あとで、郵便局に行く予定だ。

I'm going to go to the post office later.

→ **I'm going to** the post office later.

「be going to」は物事の「予測」も表現できる

　be going to「…するだろう」「…しそうだ」は現在の状況に基づきながら、根拠のある「予測」を相手に伝えることができます。be -ingにこの用法はありません。

1. もうすぐ雨が降りそう。
   ──そうだね、雲が見えるね。
   It's going to rain soon.
   ──Yeah, I can see the clouds.

2. 妻が8月に出産するんです。（楽しみで）待ちきれないですよ。
   My wife **is going to** have a baby in August. I just can't wait.

自動詞 **wait**（待つ）
just ... not（とても…ない）

英文1 …日常生活においてもよくある話ですね。雲の様子を見ながら「もうすぐ降りそうだな」はまさに be going to です。

英文2 …外的な根拠だけでなく、身体で感じている根拠でも be going to は使えます。エコー検査や胎動を感じての根拠ある予測になっています。

「現在進行形」が未来の表現で使えない場面

　個人の予定や計画については、be going toとbe -ingは基本的に言い換え可能ですが、「人が準備できない予定」はbe -ingで表現できません。

---

1. 1月の試験で彼は合格するだろう。
   He's **going to** pass the exam in January.
   (×) He's **passing** the exam in January.

2. 外は寒いねぇ。今夜は雪が降ると思うよ。
   It's cold outside. I think it's **going to** snow tonight.
   (×) I think it's **snowing** tonight.

英文1 …合格は相手が決めることで、個人が好きなように計画するものではありません。

英文2 …雪は予測することはできても、人が降らす準備はできません。

実現できなかった過去の予定を表す

「…するはずだった（が、しなかった／できなかった）」と、結局実現できなかった過去の予定をチェックしておきます。

「病院に行く」は一般的にsee a doctorと表現します。

1. 私は病院に行く予定だった。
   I was going to see my doctor.
   過去の予定

2. 今日、部屋の掃除をするはずだった。
   I was going to clean my room today.
   過去の予定

おこなう気持ちでいたけれども、何らかの理由でしなかったことが表現できます。過去進行形でも予定が表現できます。

the next day
（翌日、その次の日）

3. 翌日、母親のところを訪れる予定になっていた。
   I was visiting my mother **the next day**.
   過去の予定

4. 彼は3時に来る予定だと言っていた。
   He said he **was coming** at three.
   過去の予定

このように過去に予定していたことが表現できますが、過去進行形の場合、文脈がなければ過去の一時的な行動（…していた）の意味と誤解されるため、無難な表現はwas going toですね。

Day 03　整理整頓クイズ

Q.1【場面】に合う時制をそれぞれ選びましょう。

【予定の確認】

1. What [do you / are you going to] do?

2.【現在の時刻から判断している予測】

Oh, it's already 9:30!

― [You're missing / You're going to miss] your class!

Q.2 日本語の意味になるように（　　）に自然な英語を書きましょう。

1. 黒い雪雲を見てよ。

　― ほんとだ、またすぐに雪が降りそうだね。

Look at the dark snow clouds.

― Yeah, (　　) (　　) (　　) (　　) again soon.

2. 明日何人かの友だちと魚釣りをしに行くんだ。

　(　　) (　　) fishing with some friends tomorrow.

3. アサトは毎日必死に勉強してる。（だから）その試験に合格するよ。

Asato studies hard every day.

(　　) (　　) (　　) (　　) the exam.

4. アヤコ、いつクミと会うの？

Ayako, when (　　) (　　) (　　) (　　) meet Kumi?

5. サクマは今日、ゲームをする予定だった。

Sakuma (　　) (　　) (　　) (　　) a video game today.

6. あとで銀行に行ってくるよ。

(　　) (　　) (　　) the bank later.

Day **04**

未来の表現②
― 現在形と助動詞will

　前回に続き未来の表現です。今回はシンプルな現在形と助動詞willを用いた未来の表現です。be going toとbe -ingを用いた未来の表現との違いも考えながら進めましょう。

> 日本人のよくある **N** **G** 発信!
>
> **明日は私の誕生日だ!**
> **Tomorrow will be my birthday!**

「明日」=「未来」=「will」とは限りません。誕生日のように「確定的な事柄」は先の話でも現在形で表現するのが自然です。現在形は事実をそのまま伝えるカタチですから、このニュアンスが未来の表現にも利用されています。

It's my birthday tomorrow.
と言い換えても自然です。

 Tomorrow is my birthday!

1回目		
	月	日

2回目		
	月	日

3回目		
	月	日

「現在形」で「確定的な予定」を伝える

　公共交通機関の時刻表、国、会社や学校などの公式の予定・行事、カレンダーの日付など、個人で好き勝手に変更できないような「確定的な予定」は現在形で表しましょう。

1. 私たちの飛行機は明日の朝8時に出発する。
   Our plane <u>leaves</u> at 8 tomorrow morning.
   時刻表

2. 大統領は土曜日に日本を訪問する予定だ。
   The President <u>visits</u> Japan on Saturday.
   公式行事

3. 今日、会議は10:30に始まる。
   The meeting <u>starts</u> at 10:30 today.
   公式予定

4. 明日は日曜日だ。
   Tomorrow <u>is</u> Sunday.
   カレンダー

> It's Sunday tomorrow.の tomorrowを強調した話し方です。

Day 01で学習したように、現在形は固定的・永続的に状況が続くニュアンスを含みます。上記のような「公の予定」は、現時点で実現することが確定している、つまり本当の未来のような漠然としたものではなく、現在の延長線上の感覚があるため、現在形を用いるのが自然です。

ただし、次の例文のようにhaveは例外として、個人の予定でも現在形を未来の表現として使えます。

1. 仕事のあと予定がある。
   I <u>have</u> some plans after work.

2. 明日はレッスンがある。
   I <u>have</u> a lesson tomorrow.

> 「予定」を意味する場合、複数形plansが自然です。

現在形を用いた未来の表現は、ここで挙げたような場面に限られます。また現在形を未来の表現として用いる場合は、Day 01で学習した本来の用法と区別するために、tomorrow（明日）のような時の表現を伴い、未来であることを示す文脈の中で用いるのが自然です。

▌助動詞willで未来の事柄に対する「確信」を伝える

「助動詞will＋動詞の原形」は、未来の事柄を表す代表的なカタチです。基本的には個人（主観）の気持ちから「（きっと）〜だ（ろう）」という予測や自然の流れで「〜になる（だろう）」という未来の事柄を表しますが、willの使い方は多岐に渡るため、ここまで学習してきたbe going toやbe -ing、現在形が表す未来の表現を使わない場面ならwillを使うと覚えてください。

willについては、他の未来表現を使っていく中で、経験とともにより理解が深まっていきます。

自動詞rain（雨が降る）
over the weekend
（週末にかけて）

1. 週末にかけて雨が降るだろう。
   It will rain over the weekend.

2. バスは2、3分でここに来るだろう。
   The bus will be here in a few minutes.

3. 彼女は7月で20歳になる。
   She will be 20 in July.

> 4. 首相はそのホテルの晩餐会に出席する予定だ。
> **The Prime Minister <u>will</u> attend a dinner at the hotel.**

　助動詞willは、日常会話はもちろん、フォーマルな場面でも使えます。Day 03で学習したbe going toやbe -ingはカジュアルな表現になるため、英文4のような公的な予定の案内や業務上の取り決めなどは今回のwillの方が使用頻度は高いです。

I'llで「自分」の「意志決定」を伝える

　「I'll＋動作動詞の原形」で、相手と会話している最中に、「（私は）…します」と、その場で決めた行動を伝えることができます。短縮しない「I will ...」は、意志表示がより強くなります。

> 1. 今忙しいからあとでかけ直すね。
>   ─わかったよ。
>   **I'm busy right now, so I'll call you back later.**
>   今、決めたこと
>   ─ OK.
>
> 2. 素敵な1日を過ごしてね。
>   ─ありがとう、そうするよ。
>   **Have a nice day.**
>   ─ **Thanks, I will.**
>   今、決めたこと

会話ではI willよりI'llのほうが圧倒的によく使われます。

接続詞so（〜、それで…する）
call back（かけ直す）

3. 自分の部屋を掃除すると約束するよ。

I promise I will clean my room.
　　　　　　　意志表示

4. 私は絶対にグリーンピースは食べない！

I won't eat green peas!
　　否定の意志表示

英文3 …約束はそれこそ個人の意志でするものですから個人の主観的な意志を示すwillが自然です。

英文4 …意志を示すwillの否定形won't[will not]で拒否・拒絶も表現することができます。英文3同様、このような意志表示は他の未来表現にはないwill専用の用法ですので、ぜひ覚えておきましょう。

メニューにしかない場合は特定ニュアンスのthe grilled chickenで、それに何かサラダがついているという意味で不特定ニュアンスのa saladとなります。冠詞はDay15で詳しく学習します。

☑ 違いをチェック！

- - - - - - - - - - - - - - - - - - - -

(A) I'll have the grilled chicken with a salad.

(B) I'm going to have the grilled chicken with a salad.

　レストランの店員さんとお客さんとの会話の場面で、be going toを用いると、「前からこのメニューを食べると決めてたんだ」という個人的な気持ちが前に出過ぎるため英文（B）はNGです。英文（A）は、その場で決めたという印象のwill効果で、落ち着いた感じでGoodです。ちなみに、友人同士の会話では英文（B）

も自然な表現として使えます。

(A) サラダつきのグリルチキンにします。

　…その場で決めたこと

(B) サラダつきのグリルチキンにするつもりだ。

　…前から決めていたこと

3人称単数の主語he（彼）/she（彼女）を用いた「これからの意志」もwillで表せます。

---

1. 彼は来月、仕事を辞めるつもりだと思う。
   I think he will quit his job next month.
   　　　　　　　意志

   I think（〜だと思う）
   他動詞quit（〜をやめる）

2. 彼女は彼と結婚するつもりはないと言っている。
   She says she won't marry him.
   　　　　　　　　意志

   他動詞say（〜だと言う）

英文1の場合は、彼の意志ではなく「彼は辞めるだろう」という意味で自分が思っている未来の事柄だとも考えることができます。細かいことは、結局のところ文脈が決め手になることを覚えておきましょう。

Ｑ．**どちらが自然でしょうか？**

- -

(A) Oh, I'm going to throw up again.

(B) Oh, I'll throw up again.

身体で感じている状態からの予測であれば英文（A）のようにbe going toで表現するのが自然です。

英文（B）のwillは自らの意志で行動を決めて「（では、これから）吐いてくる」というニュアンスになり、このような緊迫した状況下では不自然です。

 (A) Oh, I'm going to throw up again.
あ、また吐きそう。

未来の表現　まとめて整理

個人の感覚によって未来の表現の区別は曖昧なこともありますが、少なくとも下の表のポイントを覚えておけばそこまで困ることはないはずです。

	予定	予想・予測
be going to	○「…する予定だ」 前から決めている個人的な予定	○「…しそうだ」 状況・証拠に基づく根拠のある予測
be -ing	○「…することになっている」 手配ができている個人的な予定	×
現在形	○「…する予定だ」 個人では変更できない公の確定スケジュール	×
助動詞will	△「…する」 限定的な使い方。 ＊会話の中でとっさに決めたこと	○「…だろう」 未来の事柄や予測 ＊状況予測ではない

　未来の表現パターンは複数あるため、どんな感じで相手に伝えたいのか、またどちらの使い方の頻度が高いのか、ネイティブによって個人差もありますが、まずは本書のポイントを基準にしてください。

　特に be going to と be -ing、そして現在形を用いる場面を最優先で押さえ、それ以外を will でカバーするような覚え方をしてください。

Day 04　整理整頓クイズ

Q.1【場面】に合う時制をそれぞれ選びましょう。

1. 【時刻表】
   My train [will leave / leaves] at 7:00 this evening.

2. 【レストランでの店員さんとのやり取り】
   Are you guys ready to order?
   ─Yes. [I'm going to / I'll] have the steak burger please.

3. 【根拠がない個人の予測】
   If you take this, your headache [is soon going to / will soon] be gone.

4. 【自分たちの車で移動する】
   [We leave / We're going to leave] at 7:00 tomorrow.

5. 【誘いの返答として】

Would you like to come tonight?

—No, [I'll / I'm going to] work late today.

＊Would you like to ~? (〜しませんか?)

Q.2 日本語の意味になるように (　　) に自然な英語を書きましょう。

1. アヤコは来週、運転免許の試験がある。

Ayako (　) her driving test next week.

2. 彼は予防接種を受ける気はないと言っている。

He says he (　) get vaccinated.

＊get vaccinated (予防接種を受ける)

3. 明日は晴れだ。

(　)(　) sunny tomorrow.

MEMO

Day 05 過去形と現在完了形

　今回は「完了・結果」「継続」「経験」の３用法で用いる現在完了形を学習します。日本語では過去形と区別するのが難しく、苦手な学習者も多いため両者の違いもクリアにしていきましょう。

　現在完了形は「have/has ＋ 過去分詞」の形で、過去の出来事を振り返りながら今の心境を述べるための表現です。この場面（日本語）では「これから会う可能性」も示唆されており「１日がまだ終わっていない」という現在の感覚があるため過去形は不自然です。「まだ〜していない」という未完了は、現在完了形の否定文で表現します。

 I haven't seen him today.

　ちなみに、過去形 I didn't see him today.（今日は彼と会わなかった）は、過去の出来事として「１日の終わり」（過去の話）を感じさせます。「今日は結局会わなかったなぁ」という感じですね。

1 回目		
	月	日

2 回目		
	月	日

3 回目		
	月	日

　日本語の表面だけで区別すると必ず失敗します。話し手（書き手）の心境や状況に合わせて、過去形と現在完了形を区別することが重要です。それでは現在完了形の3つの表現ポイントをチェックしていきましょう。

「現在完了形」で「完了・結果」を伝える

　現在完了形で過去に始まったことが「終わった」（完了用法）ことや「終わった今の状態」（結果用法）を伝えることができます。早速ですが、次の例文のニュアンスの違いはわかりますか。

☑ 違いをチェック!

(A) She lost her purse.
　　　過去形

(B) She has lost her purse.
　　　現在完了形

名詞purse（財布）

　日本語の意味は（A）も（B）も「**彼女は財布をなくしました**」です。同じなら過去形だけでいいんじゃない？というのが学習者の気持ちだと思いますが、英語の形が違えば、何らかのニュアンスの変化が起こるのが普通です。

　英文（A）…過去形で、過去に起こった事実をシンプルに述べています。現在とのつながりはないため、今はどうなっているのかは曖昧で

53

す。その後、見つかったのか、まだ見つかっていないのかは文脈で判断する必要があります。

英文（B）…現在完了形は過去の出来事が現在にまで影響しているニュアンスで、「財布をなくした」、その「結果」、今でも困っている状況が続いていることを明確にしています。

会話ではI've[= I have]と短縮形が基本です。

> 僕はすでに昼ごはんを食べた。
> **I've already had lunch.**

この英文は、食事が「完了」したことを示しますが、現在完了形を用いることで、食べ終わって満腹な今の気分や、自分は食べ終わったけれども今もまだランチタイムであるニュアンスが含まれます。

●「完了・結果」用法でよく用いられる表現

> **already**（すでに）、**just**（ちょうど）、**yet**（[否定文]まだ〜、[疑問文] もう〜）など

「現在完了形」で「状態の継続」を伝える

過去から現在までの「状態の継続」も現在完了形で表現できます。過去に始まったことが現在につながっている感覚ですね。

1. 僕は彼とは長い付き合いだ。
   I've known him for many years.
   <u>　　　</u>
   継続

2. この家は8月から空き家だ。
   This house **has been** empty since August.
   　　　　　　　<u>　　　　</u>
   継続

3. 子供のときから、このような家が欲しかった。
   I've wanted a house like this
   <u>　　　　　</u>
   継続

   since I was a child.

英文3のようにsinceは接続詞として、後ろに文「主語＋動詞…」を置くこともできます。

like this（このような）

　現在完了形での「継続」は主にbe動詞、live、know、wantなど、進行形にはしない状態動詞（Day 01参照）を用いることが多いです。状態動詞はそれ自体に高い継続ニュアンスが含まれるからですね。

●「継続」用法でよく用いられる表現

since＋継続開始時点・特定日（〜から）、for＋継続期間（〜間）、how long（[期間を尋ねて] どれくらいの〜？）など

▍「現在完了形」で「経験」を伝える

　過去から現在までの「経験」も現在完了形で表現できます。

> 1. 僕はこの映画を何回も見たことがある。
>   **I've watched** this movie many times.
>   　　経験
>
> 2. 彼はインドに行ったことがある。
>   **He's been** to India.
>   　　経験

　英文1は、初めてその映画を見たとき（過去）から現在までに何度も見たなぁという経験を、現在完了形で表現したものです。英文2は、「have[has] been to + 場所」で「〜に行ったことがある」という表現です。この表現にjustを用いると「〜に行ってきたところだ」という「完了」表現としても使えます。

> コンビニに行ってきたところだ。
> **I've just been to** a convenience store.
> 　　　完了

　この「行ってきたところだ」という今の心境をリアルに表現できるのも現在完了形の技です。文法的には過去形I went to ...でもいいわけですが、「〜に行った」と単に過去の事実を表現しただけでこのニュアンスは出せません。ちなみに、「行く」に引っ張られてgoneを用いた場合は、「〜に行ってしまった（今はここにいない）」という意味の「完了」用法になります。

> 彼はインドに行ってしまった。
> **He's gone** to India.
> 　　完了

● 「経験」用法でよく用いられる表現

> before（以前）、ever（[疑問文で] 今までに〜）、
> never（[否定文] 今までに〜したことがない）、once（1
> 回）、twice（2回）、〜 times（〜回）、many times（何
> 回も）など

過去形と現在完了形の違いを整理

　過去形は「過去の点」と考えます。一方、現在完了形は、過去から現在まで矢印でつながっているイメージで、過去の出来事が現在にまで影響している感覚です。

> ☑ **違いをチェック！**
> -
> **(A)** We had a good time yesterday.
> 　　　過去形
>
> **(B)** We have had a good time so far.
> 　　　現在完了形

口語ではWe've hadと短縮するのが一般的です。

　どちらも事実は同じですが、英文（A）は現在と切り離して、過去の出来事をシンプルに「点」で表し、英文（B）の現在完了形は、過去のある時点から現在まで「楽しい時間を過ごしてきた（＝継続）」と「過去から現在へのつながり」のイメージで生き生きとした描写になっています。

(A) 私たちは昨日、楽しい時を過ごした。

(B) 私たちはこれまでのところ、楽しい時を過ごしている。

過去分詞（ここではhad）自体に「受動態」（Day 21参照）と「完了」のニュアンスがありますが、現在完了形では「完了した出来事や状態」を現在もhave（所有）していると覚えておけば、現在完了形の過去から現在へのつながりも理解できると思います。

> A: 日本に行ったことある？
> **Have you ever been to Japan?**
>
> B: あるよ。
> **Yeah.**
>
> A: いつ行ったの？
> **When did you go there?**

この対話では、現在までの経験を現在完了形の疑問文で尋ね、最後に過去形に切り替えることで、過去の特定の一時点に焦点を当て、詳細を確認する展開になっています。

こうした切り替えが自然にできるようにするためには、まずは時制の形とそれが使われている場面を常に意識するようにしましょう。

Day 05　整理整頓クイズ

Q.1【場面】に合う時制をそれぞれ選びましょう。

1.【これまでの経験を伝えたい】
We're going shopping at Costco. Actually, [I didn't go / I've never been] there.

2.(a)【過去の出来事を伝えたい】　(b)【現在の心境・状態を伝えたい】
I (a)[have lost / lost] my new earrings but now
(b)[I found / I've found] them.

3.【過去の特定の時点について尋ねたい】
When [have you found / did you find] it?

4.【過去の習慣・状態を伝えたい】
[I lived / I've lived] in Japan for ten years. And now I'm living in New York.

5.【過去から現在までの継続を伝えたい】
I [didn't talk / haven't talked] to her since the party.

6.【これまでの経験を尋ね、さらに読書の感想を尋ねたい】
A: Hi, Yuko, (a)[have you read / did you read] this book?
B: Yes, I (b)[did / have].
A: What (c)[have you thought / did you think] of it?

Q.2【まだしていないこと】を伝えているのはどちら?
(A) I haven't decided.
(B) I have never been to New York.

Day 06 完了形と進行形

　時制最後のレッスンは「継続」を表現する時制パターーンの整理です。Day 05の過去形と現在完了形と同様、日本語では区別するのが難しく、話し手（書き手）の気持ちや場面に焦点を当てながら整理していきましょう。

> 彼女はずっとこのノートパソコンを使ってきています。
> **She's using this laptop.**

　この場面（日本語）のような「過去から現在までのつながり」の感覚は現在進行形be -ingにはなく、現在完了進行形「have/has been -ing」を用いるのが自然です。現在完了進行形は「継続」用法のみで、過去のある時点から現在までの動作の継続を述べるための表現です。

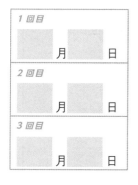

1 回目		
	月	日
2 回目		
	月	日
3 回目		
	月	日

 She has been using this laptop.

　現在進行形She's using this laptop.（彼女はこのノートパソコンを使っているところだ）は、あくまでも焦点は現在にあり、「使ってきている」という過去からのつながりはなく、現在の一時的な習慣や状態を表現します。

「現在完了形」と
「現在完了進行形」の違い

　同じ「継続」用法を持つ現在完了形（Day 05参照）と現在完了進行形の違いをまずはクリアにしておきましょう。

● **継続用法**

現在完了形 「have/has＋過去分詞 （状態動詞）」	（状態）ずっと〜だ
現在完了進行形 「have/has been -ing （動作動詞）」	（動作）ずっと〜し続けている

　Day 01で学習した状態動詞と動作動詞によって、表現ニュアンスが少し異なるわけですね。同じ「継続」でも、状態動詞は現在完了形、動作動詞は現在完了進行形を用いて表現します。

1. 昨日の夜から彼はずっと怒っている。
   He's been angry since last night.
   現在完了形「状態の継続」

2. 私たちは3年付き合っている。
   We've been dating for three years.
   現在完了進行形「動作の継続」

　英文1は状態動詞のbe動詞を現在完了形にしたもので、昨日の夜（過去）から現在まで、angryな状態

が続いていることを表し、英文2は動作動詞のdate（付き合う）を現在完了進行形にしたもので、3年前（過去）から現在まで継続して付き合っていることを表現したものです。

　いずれにせよ、そもそも進行形「-ing」の形にしない状態動詞は基本的に現在完了進行形にもできないと覚えておきましょう。

状態動詞でも伝えたい内容によっては「-ing」の形にする場合もあります（Day 01参照）。

　継続用法で用いられるforとsinceもここで整理しておきます。

前置詞for 　＋時間の長さを示す名詞	（時間の長さ）〜の間
前置詞since 　＋時の起点を示す名詞	〜以来、〜から
接続詞since SV	Sが…して以来

1. 今朝からずっと具合が悪い。

   I've been sick since this morning.

   　　　　　　時の起点（前置詞）

2. 19歳から英語をずっと教えている。

   I've been teaching English since I was 19.

   　　　　　　　　　　　時の起点（接続詞）

3. 26年間、英語をずっと教えている。

   I've been teaching English for 26 years.

   　　　　　　　　　　時の長さ（前置詞）

☑ **違いをチェック!**

(A) He's watched this for an hour.
現在完了形

(B) He's been watching this for an hour.
現在完了進行形

　英文（A）の現在完了形は「彼は1時間これを見た」という意味になるのが普通で、「見始めて1時間が経過し、そして見終わっている」という「完了」ニュアンスです。一方、英文（B）の現在完了進行形では「彼はこれを1時間ずっと見ている」とまさに「継続」の表現になります。現時点でまだ完了しておらず、引き続き継続していくニュアンスも含まれます。

　イメージでも確認しておきましょう。

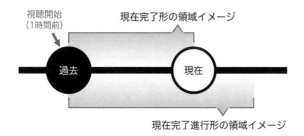

　「継続」用法を示すforやsinceがある場合、文脈によっては普通の現在完了形で「継続」の解釈ができることもあります。ただ、学習者としては、「継続」の意味では現在完了進行形を用いるのが基本だと覚えておくほうが無難です。

他動詞 paint
（ペンキを…に塗る）

> **Q.** まだペンキ塗りが終わっていないのは
> どちら？
>
> -
>
> **(A)** My uncle **has painted** the garden fence.
> **(B)** My uncle **has been painting** the garden fence.

　英文（A）は現在完了形で「**おじさんは庭のフェンスのペンキ塗りをした**」という意味で、ペンキ塗りの完了を表します。一方、現在完了進行形を用いた英文（B）は「**おじさんはずっと庭のフェンスのペンキ塗りをしています**」という意味で、過去のある時点から現在まで、そして引き続きペンキ塗りをするというニュアンスです。

 (B) My uncle has been painting
the garden fence.

「現在進行形」と「現在完了進行形」の違い

> ☑ **違いをチェック！**
>
> -

wait for ... （…を待つ）

> **(A)** **I'm waiting** for a bus.
> 現在進行形
>
> **(B)** **I've been waiting** for a bus.
> 現在完了進行形

　同じ「待っている」状況でも、現在進行形の英文(A)は「待っている今の状況」を表すだけです。一方、現在完了進行形を用いた英文(B)では「ず～っと待っている」という過去から現在までの時間の幅のニュアンスが感じられます。より話し手の感情が含まれる印象です。

　(A) 私はバスを待っているところだ。

　(B) 私はずっとバスを待っています。

> **all this month（今月ずっと）を**
> **文末に置けるのはどちら？**
> -
>
> **(A) She's working here.**
> **(B) She's been working here.**

　英文(A)の現在進行形は、「（今）勤務中」または「（期間限定で）勤務している」という感じで、一時的な状態を表すのが基本ですね。一方、英文(B)の現在完了進行形は、all this month（今月ずっと）のような「過去から現在まで」の幅のある表現と一緒に用いることが可能で、現在進行形と比べてより時間の幅を感じさせます。

● **(B) She's been working here all this**
　　month.
　　彼女は今月ずっとここで働いています。

Day 06 整理整頓クイズ

Q.1【場面】に合う時制をそれぞれ選びましょう。

1.【合計で3回電話があった】

My wife [has called / has been calling] me three times today.

2.【週始めからずっとここにいる】

[She's staying / She's been staying] here this week.

3.【終日雨だ】

[It's been / It's] raining.

4.【今だけを意識】

My son [has been practicing / is practicing] karate hard today.

5.【まだ作業は終わらない】

[We've worked / We've been working] on it since yesterday.

6.【やっと彼は現れた】

[I've waited / I've been waiting] for him for hours.

7.【雪が続いている期間を尋ねたい】

How long [is it snowing / has it been snowing] there?

Q.2 日本語の意味になるように（　）に自然な英語を書きましょう。

1. 僕は小さい時からずっとこれを食べている。

(a)(　)(　)(　) this (b)(　)(　)(　) little.

2. 私のパソコンが故障して数か月が経つ。

My computer (a)(　)(　) dead (b)(　) a few months.

　　動詞を場面に合わせて変化させることが、最初はどうしても難しいですね。本書で挙げる時制パターンはできるだけポイントを絞っていますので、「これはいつの話なのか」「習慣的な話なのか」「一時的な話なのか」など少し意識的にポイントの選択をするようにしてください。

　　レッスンで会話をしていても時制のミスは目立ちますが、「それって昨日のことですよね？」と尋ねるだけで、「あ、過去形でしたね」と自分で気付ける生徒さんも多く、単純に意識できていなかっただけのこともよくあります。そのうちに意識的な選択が無意識にできるようになりますので、**慣れるまでは簡単な英語日記を自分の行動（＝動詞を用いる）を中心に書いてみるのもいいですね。**

SHUFFLE クイズ ❶

Day 01 〜 16の確認問題です。
何度も解き、音声を活用しながら、知識を定着させましょう。

制限時間 **15** 分

1 回目		SCORE
	月 日	100
2 回目		
	月 日	100
3 回目		
	月 日	100

- -

[1] 次の英文には必ず状況や日本語に合わない箇所があります。訂正して自然な英文に直しましょう。(5点×7 [35点])

1. 【個人の予定を尋ねたい】今日の夜は出かけるの?
   Will you go out tonight?

2. 【習慣として】僕は朝食を食べない。
   I'm not eating breakfast.

3. (朝から)一日中ずっと雨だ。
   It's raining all day.

4. 今朝、走るために起きたら、激しい雨だった。
   It rain hard when I woke up for my run this morning.

5. (まだ)水道業者が来ない。
   The plumber didn't come.

6. 明日は私たちの結婚記念日だ!
   Tomorrow will be our wedding anniversary!

7. 北海道に引っ越した。
   I was moving to Hokkaido.

[2] 日本語を参考に、必要であれば下線部の表現を場面に合う適切な形に直しましょう。答えは1語とは限りませんので注意してください。(5点×5 [25点])

1. 彼は嫁の実家に仮住まいしている。
   He live with his wife's family.

2. 息子は毎日、一生懸命に勉強したものだ。

My son study hard every day.

3. 【まだ食事中】彼は1時間ずっと朝ごはんを食べてるよ。

He eat breakfast for an hour.

4. 去年の今頃は、レストランで勤務していた。

This time last year, **I work** at a restaurant.

5. （まだ）彼女はコメントを返していない。

She **not reply** to the comments (yet).

[3] 次の日本語の意味になるように（　　）に自然な英語を書きましょう。（5点
　　×8［40点］）

1. ランチのあとは何をする予定？

What (　　)(　　)(　　) after lunch?

2. 彼女はよく黒の服を着るけど、今日は白の服を着てるね。

She often (a)(　　)(　　), but (b)(　　)(　　) white today.

3. 見て、雨が降りそう。

Look, (　　)(　　)(　　)(　　).

4. わかった、僕が行くよ。

OK, (　　) go.

5. 彼女のコンサートに行ったことある？先月、大阪のやつに行ってきたよ。

(a)(　　)(　　) ever (　　)(　　) her concert? I (b)(　　)(　　) one in
Osaka last month.

6. あなたの飛行機は、明日何時に出発するの？

What time (　　) your flight (　　) tomorrow?

助動詞の基本用法

　時制は「時」と「気持ち」を発信する動詞の形ですが、今回からその動詞をアシストする助動詞を学びます。助動詞は話し手（書き手）の主観的な「気持ち」「考え」「判断」などを動詞の意味にプラスします。

日本人のよくある N G 発信!

手伝ってあげるよ。
I help you.

　普通の現在形は客観的な事実（ここでは現在の習慣）をストレートに表現します。この場面のように特定の場面で「〜してあげる」と、話し手（書き手）の気持ち（主観）で話す場合は「助動詞＋動詞の原形」で表現し、ここでは「意志」のニュアンスがある助動詞willを用いるのが自然です。

◎ **I'll [I will] help you.**

　日本語だけでは助動詞の区別は難しいことも多いため、意味と働き、そして時制と同様、場面を意識して押さえることが重要です。文法的な扱い方はbe動詞と同じ要領で、主語と助動詞の位置を入れ替えれば「疑問文」、「助動詞＋not」で「否定文」になります。

このwillは、Day 04で学習した「その場で決めた行動」の用法です。

1回目		
	月	日

2回目		
	月	日

3回目		
	月	日

1. あなたを手伝いません。

   I will not help you.
   <u>否定文</u>

2. 私を手伝ってくれませんか？

   Will you help me?
   <u>疑問文</u>

> I won't < I'll not < I will not
> の順で響きが強くなります。

「助動詞」の種類と意味

　このDayで扱う助動詞をまずは一覧でまとめます。
意味を参考に、基本的な働きを覚えてください。

助動詞	基本の働き	意味
1. will	意志	…します、…しよう
	依頼（指示）	［疑問文 Will you ... ?］ …してくれませんか？
2. can	能力・可能	…できる
	許可	…してもいい ［疑問文 Can I ... ?］ …してもいいですか？
	お願い（依頼）	［疑問文 Can you ... ?］ …してくれませんか？
3. may	許可	…してもよろしい ［疑問文 May I ... ?］ …してもよろしいですか？
4. must	強い義務	…しなければならない
5. should	弱い義務	…するべきだ
	助言	…したほうがいい

> 助動詞willの働きはDay 04
> も復習してください。

1. 助動詞willの使い方

Day 04で学習したように、助動詞willは「I'll[We'll]＋動詞の原形」で「（私/私たちは）…します」とその場で決めた「意志」を表現することができますが、この「意志」の意味を応用すれば、「…してくれませんか？」という意味で、相手への依頼表現として使えます。

その場で決めた意志用法では短縮形を用いるのが普通です。

1. あとで電話します。
   I'll call you later.
   意志

2. ここに滞在しよう。
   We'll stay here.
   意志

3. ドアを閉めてくれる？
   Will you close the door?
   依頼

2. 助動詞canの使い方

「…することができる」という意味で、助動詞canは「能力」が基本用法で、そこから「可能」や「許可」の用法でも使われます。

1. 彼女は日本語を流暢に話せます。

   She can speak Japanese fluently.
   　　　能力

   副詞 **fluently**（流暢に）

2. この本から何か新しいことが学べますよ。

   You can learn something new from
   　　　可能

   this book.

3. ここに駐車できないよ、アンディ。

   You can't park here, Andy.
   　　　許可

   自動詞 **park**（駐車する）

✅ **違いをチェック!**

- -

(A) I don't eat eggs.
(B) I can't eat eggs.

　現在形の否定文である英文（A）は「**（普段）たまごは食べません**」と日常習慣の話になりますが、英文（B）は「**たまごを食べることができません**」という意味で、アレルギーなどの原因があって食べれないというニュアンスがあります。

　日常会話で頻出の表現もチェックしておきましょう。

---

4. あとで私に電話してくれない？

   ―いや、今日は無理だよ。明日、電話するから。

   Can you call me later?
   お願い（依頼）

—No, I **can't** today. I'll call you tomorrow
<u>可能</u>

5. それについていくつか質問してもいいですか。

　　—もちろんですよ。

Can I ask you a few questions about it?
<u>許可</u>

—Sure.

形容詞a few
（いくつか、2、3の）

 より丁寧なお願いはどちら？

- -

(A) Can you pick me up there?
(B) Will you pick me up there?

　どちらも「私をそこで車で拾ってくれませんか？」と同じ日本語になりますが、ニュアンスが異なります。

　英文（A）のCan you ... ?は、相手にできるかできないかを尋ねており、**相手が拒否できる選択肢を与えている印象**があり、「**お願い」表現**として使いやすく、これが正解です。一方、英文（B）は相手の意志を尋ねる表現で、**その気があればできる前提になります。お願いというよりは「指示」的な響きがある**ため、特に目上や、初対面の相手や手間のかかるお願い事にWill you ... ?は適切とは言えません。

 (A) <u>**Can you**</u> **pick me up there?**

助動詞canの言い換え
「be able to＋動詞の原形」

　助動詞や現在完了形で用いるhave/hasの後ろでは
canを言い換えた「be able to ＋ 動詞の原形」（〜する
ことができる）を用います。

> 1. 次回、彼女は行けるでしょう。
>   She **will be able to** go next time.
>
> 2. この問題がずっと解決できていないんだよ。
>   I haven't **been able to** solve this problem.

他動詞 **solve**（…を解決する）

　普段使いはcanが一般的で、be able toは硬い響き
があります。ただし、過去形においては注意が必要です。

Q. 日本語を参考に、自然なのはどちら？

- -

図書館で何冊か面白い本を見つけること
ができた。
I [could / was able to] find some
interesting books in the library.

---

　canの過去形couldはシンプルに「過去の能力」を示
し、「**あのときしようと思えばできた**」というニュアン
スです。was able toも同じ働きはありますが、「**実際
にできた**」という意味でも使えるため、この場面に適
しています。正解はwas able toです。

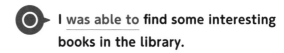
I was able to find some interesting books in the library.

3. 助動詞mayの使い方

助動詞mayは「…してもよい」という意味で、「許可」の用法があり、硬い響きがあります。

> 1. もう行ってよろしい。
>   You <u>may go</u> now.
>   <small>許可</small>
>
> 2. 入ってもよろしいでしょうか？
>   <u>May</u> I come in?
>   <small>許可</small>

英文1は、相手に許可を与えている場面ですが、上からモノを言う響きになります。英文2は目上や初対面の相手に許可を求める表現で、日常会話でもよく耳にします。ちなみに、Can I come in?（入ってもいい？）にすれば、カジュアルな響きで使えます。

4. 助動詞mustの使い方

助動詞mustは「…しなければならない」という意味で、話し手（書き手）の強い義務感（主観）を相手に発信する表現です。学校や会社など社会的または客観的な義務（ルール）は、「have[has] to ＋ 動詞の原形」を

用います。助動詞willを伴う場合もこの形を使います。

---

1. 君も休まなきゃ。

   You must take a break, too.
   ___主観的な義務___

2. 君は彼と行かなければいけない。

   You have to go with him.
   ___客観的な義務___

3. 明日、あなたは彼と会わないといけないだろう。

   You will have to meet him tomorrow.
   ___未来___

4. 君は私といなければならなかった。

   You had to be with me.
   ___過去___

---

take a break[rest]
（一休みする）

日常会話では have to の方が一般的で、過去の意味では、must ではなく had to を用います。

> Q. **相手がムッとしない無難な言い方はどちらか？**
>
> ----------------------------------
>
> **(A) You must practice this.**
> **(B) You have to practice this.**

この have to は、文法的には eat や play と同じ一般動詞扱いです。

日本語はどちらも「**あなたはこれを練習しなければならない**」ですが、英文（A）の must は個人的な強い義務感を相手に投げる感じがあります。一方、英文（B）は、一般的なルールだから仕方がないからやろうね、と客観的な伝え方になるため、嫌なプレッシャーを相手に

与えません。正解は英文（B）です。

 (B) You have to practice this.

「must not」と「don't have to」の意味の違いに注意

「must not＋動詞の原形」は「…してはいけない」という「禁止」を表し、「don't have to＋動詞の原形」は「…する必要がない」という「不必要」の意味で使いますので、この違いには注意しましょう。

1. そんなふうに考えちゃだめだ。
   You must not think like that.
   禁止

2. 君は完璧である必要はありませんよ。
   You don't have to be perfect.
   不必要

英文1のmust notの場合、「not＋動詞の原形」（…しない）がmustで義務化され「…しないことが義務」＝「禁止」の意味で解釈します。一方、英文2の場合は、notは後ろに続く内容を否定するため、don't have toは、義務を示すhave toの部分がnotで打ち消され「義務がない」＝「不必要」という解釈になります。

5. 助動詞shouldの使い方

　基本「…するべきだ」という意味の助動詞shouldですが、mustのような強い義務感はありません。アドバイス的な「…したほうがいい」という意味でよく使われます。

---

1. 子供たちは読書をするべきだ。
   Children should read books.
   　　　　　弱い義務

2. この怖い映画を見ないほうがいいよ。
   You shouldn't watch this scary movie.
   　　　　助言

3. この天気だったら何を着たらいいかな？
   What should I wear in this weather?
   　　　助言を求めて

形容詞scary（怖い）

　英文2のshouldn'tには、must notのような「禁止」ほどの強いニュアンスはありません。「…しないほうがいい」という意味で相手のためになるようなことをアドバイスする響きです。

Day 07 整理整頓クイズ

Q.1 文法的に正しい、または状況的に正しいものをそれぞれ選びましょう。

1. I [must / had to] wait for two hours yesterday.

2. I feel so sick, but I [can / can't / must not] stay home today.

3. Finally, I [could / was able to] see my doctor.
   *finally (ついに)

Q.2【場面】に合う時制をそれぞれ選びましょう。

1. 【相手に丁寧にお願いしたい】

   [Will / Can] you answer my question?

2. 【相手に許可を求めたい】

   [Will you / May I / Can you] use your bathroom?

3. 【仕事の話】

   I [must / have to] work there every Wednesday.

4. 【相手にアドバイスをしたい】

   Maybe you [have to / should] get some rest.

5. 【自分が先に行くから必要ないと伝えたい】

   You [must not / don't have to] go. I'll go first.

6. 【相手にアドバイスを求めたい】

   [Must / Should] I take it home?

MEMO

Day 08

可能性を表す助動詞、助動詞＋完了形

　話し手（書き手）の主観的な「気持ち」「考え」「判断」などを表現する助動詞の基本を前回は学習しました。今回は「可能性」の意味で用いる助動詞の働きを中心に学習します。

　be動詞の現在形を用いたHe's OK.は「彼は大丈夫だ」という意味で事実を100％の気持ちでストレートに表現します。この場面のように「きっと〜だ」と、話し手（書き手）の主観で話す場合は「助動詞＋動詞の原形」で表現し、ポジティブな可能性を自信を持って発信する場合は助動詞shouldを使います。

 He should be OK.

　客観的な事実は基本的に現在形で、これに主観を加えたものが「助動詞＋動詞の原形」とまずはシンプルに覚えてください。

1 回目		
	月	日

2 回目		
	月	日

3 回目		
	月	日

助動詞の「可能性」の働き

今回の「可能性」を表す助動詞の働きは、似ている意味が多いため、話し手（書き手）の確信度の強弱も参考にしましょう。

●「可能性」を表す助動詞

確信度	現在形	過去形	可能性の意味
強い	1. must	×	【現在】…に違いない
	2. will	would	【未来】…だ（…だろう）
普通	3. shall	should	【現在・未来】 …のはずだ （この意味ではshouldを用いるのが普通）
弱い	4. can	could	【現在・未来】 …であり得る、…は起こり得る
	5. may	might	【現在・未来】 …かもしれない

「推量」も含めて「可能性」と本書では表記しています。

この用法の助動詞は「状態動詞」と一緒に用いることが多いです。

助動詞にも過去形がありますが、学習者がイメージする過去の意味は「過去の能力の所有」を示すcould（…することができた）くらいで、それ以外は現在・未来に対する可能性を表すのが普通です。

過去形は心理的な距離感をもたらすため、現在形よりも確信度は基本的に弱くなり、婉曲的で丁寧な響きになります。

過去形の距離感についてはDay 20の仮定法過去形で詳しく学習します。

> Q. couldが「…することができた」の意味で使われているのはどちら?
>
> ----
>
> **(A) Ten years ago, you could buy it for 100 yen.**
> **(B) My count could be wrong.**

　英文(A)のcouldは過去の能力を示し、英文(B)のcouldは「私の計算は間違っているかもしれません」で、「…であり得る」という可能性を示します。この意味ではmayまたはmightで言い換えてもOKです。

 (A) Ten years ago, you <u>could</u> buy it for 100 yen.
10年前は、それを100円で買えたんだ。

1. mustの使い方

> それは本当であるに違いない、何回も見たことがあるんですから。
> It **must** be true <u>because I've seen it</u>
> <u></u>　　　　　　　　　根拠
> <u>many times</u>.

　助動詞mustは「…に違いない」という意味で、話し手(書き手)が何らかの根拠に基づいて推測しているのが特徴です。今ある状況の中での判断になるため現在の話にのみ用いられます。

2. willの使い方

> 1. 6月に45歳になるよ。
>   **I'll be 45 in June.**
>
> 2. 君はそれを気にいるよ。
>   **You will[would] like it.**

　Day 04で学習したように、英文1のwillは自然の流れでそうなるという未来の事柄を表し、英文2のwillは「…だ（だろう）」という意味で、話し手（書き手）の気持ちを表し、未来の可能性について述べています。断定的な響きがあり、これをwouldにすれば、控え目な響きになります。トーンダウンしたい場合に使い分けると便利です。

3. shouldの使い方

> あなたはきっと大丈夫だよ。
> **You should be OK.**

　助動詞shouldは「…のはずだ」という意味で、mustのように特に根拠はありませんが、比較的自信を持った言い方になります。shouldは元々shallの過去形として変化したものですが、今では**現在・未来の可能性**について用いるようになりました。shallは次のような場面で用います。

1. 何時に迎えに行きましょうか？

What time shall I pick you up?
_{申し出}

2. どこで待ち合わせする？

Where shall we meet?
_{提案・勧誘}

shall I ... ? は「申し出」表現、shall we ...? は「提案」や「勧誘」表現として用いられます。shall自体が少し硬い表現ですが、例文のように疑問詞と組み合わせたものは日常会話でもよく使います。

4. canの使い方

1. 誰だってヒーローになり得るんだ！

Anyone can be a hero!
_{一般的な可能性}

2. そのバス停はここから遠くないはずだ。

The bus stop can't be far from here.
_{可能性の否定}

助動詞canは「（人・物事が）…であり得る、…することがある」という意味で、一般的・理論的な可能性を表します。「世の中にはこんなこともあり得るんですよ」というイメージです。この意味の否定形can't/cannotは「可能性を否定する」ことから「…はあり得ない」という意味で使われ、must be（〜に違いない）の反意表現として覚えてください。

5. could/may/mightの使い方

　助動詞could/may/mightの感覚はほとんど同じです。「(人・物事が)実際に…するかもしれない」という意味で、話し手 (書き手) にとって具体的で現実的な感覚があります。

> 君は彼女のヒーローになるかもね。
> You might[may/could] be her hero.
> 　　　　現実的な可能性

　この場面は、一般的な理論上の可能性を表現するcanで言い換えることはできません。could/may/mightは「そうなるかもしれないし、ならないかもしれない」という50％くらいの気持ちと覚えておくといいでしょう。couldには「できる」という能力的なニュアンスも含まれ「選択肢」の候補として挙げるような場面でも使えます。

> 明日はそこで買い物を楽しめるかもね。
> We could enjoy shopping there tomorrow.

> 。「理論上の可能性」を表すのはどちら？
>
> ---------------------------------
>
> Temperatures [may / can] reach 50℃ in summer.

名詞temperature（気温）
他動詞reach（…に達する）

理論上の可能性にmay、might、couldは使えません。この場面のように、具体的な事例を話しているわけではなく、こんなことがあり得る、起こり得るという意味ではcanを用います。

 Temperatures can reach 50℃ in summer.
夏になると、気温は50℃に達することがあります。

過去の「可能性」を表現する「助動詞＋完了形」

「～だったかもしれない」「～だったに違いない」の意味で過去の可能性（推量）を表現する場合、「助動詞＋完了形（have＋過去分詞）」を用います。

1. **can't[couldn't] have＋過去分詞** ［根拠に基づいて］～だったはずがない、 ～したはずがない
2. **must have＋過去分詞** ［根拠に基づいて］～だったに違いない、 ～したに違いない
3. **may[might] have＋過去分詞** ～だったかもしれない、～したかもしれない
4. **should have＋過去分詞** ［後悔・非難の気持ち］～すべきだった（のにしなかったのは残念だ）

couldn'tはより確信度が低く、丁寧だとされていますが大差はありません。

mightはより確信度が低く、丁寧だとされているが大差はない。

「could［×can］have＋過去分詞」（～する可能性もあった、…できただろうに）もありますが、「may［might］have＋過去分詞」でまずは十分です。

88

> 5. shouldn't have ＋過去分詞
> ［後悔・非難の気持ち］〜すべきではなかった（の
> にしてしまったのは残念だ）

　最後に例文を確認します。「助動詞＋完了形」で過去
に対する可能性の話をしていることを押さえてくださ
い。

---

1. 昨日の夜はまったく目が覚めませんでした。
   本当に疲れたんだな、きっと。
   I never woke up last night.
   I must have been really tired.

   副詞never
   （決していない）

2. エマはそれについて知っていたかもしれません。
   Emma might[may] have known about it.

3. それの動画を作ればよかったのにね。
   ―そうだね、でもできなかったんだ。
   You should have made a video of it.
   ―Yeah, but I couldn't.

   前置詞of（…の）

4. ああ、あんなことを言うんじゃなかった。
   彼女はとても怒っているみたい。
   Oh, I shouldn't have said that.
   She seems very angry.

　以上で、時制と助動詞関連の単元は終了です。お疲
れさまでした。

Day 08 整理整頓クイズ

Q. 日本語に合う表現をそれぞれ選びましょう。

1. アサトとサクマはどこ？

   ―えっと、彼らならジムにいるんじゃないかな。

   Where are Asato and Sakuma?

   ―Well, they [can / could] be in the gym.

2. それは本当かも、でも自信ないなぁ。

   It [must / might] be true, but I'm not sure.

3. （プレゼントを渡しながら）お誕生日おめでとう、アヤコ！

   ―わあ！こんなことしなくていいのに！

   Happy birthday, Ayako!

   ―Wow! You [shouldn't have / shouldn't]!

4. そんな長い移動でしたら、きっと疲れているでしょう。

   You [can't / must] be tired after such a long trip.

5. 私たちは今夜戻らないかもしれません。

   We [might not get / might not have got] back tonight.

6. リョウコは僕と一緒に来るべきだったんだよ。

   Ryoko [must / should] have come with me.

7. ユウコはきっと今職場にはいないだろう。

   Yuko [must not / won't] be at work now.

8. この夏オーストラリアに行けるかもしれない。

I [can / could] go to Australia this summer.

日本語をそのまま英語に直訳すると不自然な響きになる場合があります。

例文に登場した「病院に行く」は、直訳は確かにgo to the hospitalですが、これは緊急事態や手術を必要とするような状況で用いられる表現です。そのため、風邪や体調不良など、近所のかかりつけの病院に行く感覚でgo to the hospitalと話してしまうと、かなり大げさに聞こえます。そこで**see a doctor**とすれば「医者に診てもらう」というニュアンスで、一般的に「病院に行く」という表現として自然な響きになります。他にも、レジャーとして「海に行く」はどう話しますか？ 直訳はgo to the seaになりそうですが、これまた不自然で漁師さんが海に出ていくような響きです。**普通は「ビーチに行く」というニュアンスでgo to the beach**のように話します。

SHUFFLE クイズ  ②

Day 07 〜 08 の確認問題です。
何度も解き、音声を活用しながら、知識を定着させましょう。

 制限時間 **15** 分

- -

[1] 次の英文には必ず状況や日本語に合わない箇所があります。訂正して自
　　然な英文に直しましょう。（5点×8［40点］）

1. 【意志】彼を手伝うつもりはない。
   I don't help him.

2. 正午までにその書類を提出しないといけなかった。
   I must submit the document by noon.

3. 【アレルギー】彼は蕎麦が食べられない。
   He doesn't eat soba.

4. 【根拠に基づく推測】これはフェイクニュースに違いない。
   This can be fake news.

5. 【申し出】何時に電話しましょうか？
   What time must I call you?

6. 来たらよかったのに。
   You should come.

7. 【アドバイス】朝ごはんは食べたほうがいいよ。
   You have to eat breakfast.

8. いつでも電話してね。
   You could call me anytime.

92

[2] 文法的に正しいまたは自然な表現を1つずつ選びましょう。
　　（5点×5［25点］）

1. You [should / have to] show your passport at
   the check-in counter.
   ＊check-in counter（［空港内の］チェックインカウンター）

2. Yeah, I [should / had to / must] work on Christmas Eve last
   year.

3. That restaurant is so popular. You [must / should] make a
   reservation in advance.　＊in advance（事前に）

4. My husband [might / must] be nervous, but I'm not sure.

5. Anyone [can / may] be famous on the internet.

[3] 日本語の意味になるように（　　）に自然な英語を書きましょう。（7点×5［35点］）

1. 祖父は他の手術を受けなければならないかもしれない。
   My grandfather (　　)(　　)(　　) have another surgery.

2. 血糖値が高くなってるよ！あのブラウニーを食べなきゃよかった。
   My blood sugar is going high! I (　　)(　　)(　　) that brownie.

3. どんな状況であっても、それを使用してはならない。
   You (　　)(　　)(　　) it in any situation.

4. 私を空港まで連れて行ってもらえませんか？
   (　　)(　　)(　　) me to the airport?

5. その会議で発言することができた。
   I (　　)(　　)(　　)(　　) at the meeting.

6. それは食べなくてもいいよ。
   You (　　)(　　)(　　)(　　) that.

7. 初めてのディナーデートに何を着ていけばいいかなぁ？
   What (　　)(　　)(　　) to dinner on a first date?

CHAPTER 2

ネイティブの自然な言葉の並べ方を学ぶ（文型と品詞）

知っている単語を思いつくまま自由に英語を発信していても、たいていは通じません。英語には理屈で決められた単語の置き方というものがあります。その単語もどんな単語でもよいわけではなく、単語の働きを示す「品詞」を考えながら置く必要があります。文型の基本は「誰が」「何する」という主語（S）と動詞（V）です。そして、この動詞（V）を中心に文型は決まります。

Day 09

英語の語順①
― SV文型とSVO文型

　英語では「水が必要だ」と頭に浮かんだ日本語をそのままWater need.とは言えません。文構造が英語と日本語では根本的に異なるからですね。このDayでは、動詞の使い方を中心に英語らしい発信方法を学びます。

> **日本人のよくある NG 発信！**
>
> 私たちは8月に京都に行った。
> **We visited to Kyoto in August.**

　動詞visitに前置詞toは不要です。なぜか？　動詞visitが他動詞だからです。

　英語の動詞は自動詞と他動詞に区別され、visitのような他動詞は、目的語と呼ばれる名詞を後に直接置くため、前置詞は置けません。

◎ ▶ We visited Kyoto in August.

　英文構造を理屈で分析するような文型学習に対して懐疑的な英会話講師もいますが、本書で学習する便利に使えるところだけを押さえておけば、日本人にとってこれほど有益な情報はありません。

1回目		
	月	日

2回目		
	月	日

3回目		
	月	日

文型を学習する価値

　日本語は次のように語順がかなり自由です。例えば「私は花に水をやる」「花に私は水をやる」「水をやる、花に私は」など、同じ１つの事実に対して、日本語では様々な語順で話せますが、英文ではどうでしょうか。

> 私は花に水をやる。
> **I water flowers.** → この１文のみ！

　日本語は、「は」＝「主語」のように「助詞」で単語の働きが理解できます。「は」があれば文中のどこに置いても「私」が主語の働きであることが一目瞭然です。
　一方、英語には助詞はなく、代わりに「位置」で単語の働きを示します。単語の働きが理解できなければ、正しい英文解釈ができません。上の例文では、主語Iの後ろにあるからwaterは動詞だ、と判断し、そこで辞書を引けば「〜に水やりをする」という動詞としての意味を知ることができるわけです。
　では、We need water.のwaterはどうでしょうか。
　文型で考えればWe needが主語と動詞になり、このwaterは動詞ではなく、名詞の「水」です。ここではneed（〜が必要だ）が他動詞で、何が必要なのかを目的語の名詞waterが表しています。
　私たちは水が必要だ。

 We need water.

> ① 論理的な英文解釈力が向上する。
> ② 英語らしい自然な発信方法が身につく。

　位置による品詞の区別で、単語・表現の適切な使い方が理解でき、英語を英語のままで理解する力が養われます。そして何よりも英語の語順は英語圏の人たちの自然な情報の置き方です。この 2 点を感覚ではなく論理的に学んでいくのが本書の文型です。何度も復習して、文型と品詞に慣れてしまいましょう。

SV 文型と SVO 文型

　それでは今回学習する文型をチェックしましょう。SV 文型と SVO 文型です。文構造の特徴を押さえてください。

> 1. 私は同意する。
>   主語(S) I 自動詞(V) agree.
>
> 2. 私は君と意見が合う。
>   主語(S) I 自動詞(V) agree 修飾語(M) with you.
>
> 3. 私はその会議に参加した。
>   主語(S) I 他動詞(V) attended 目的語(O) the meeting.

英文1の「自動詞」を用いたSV文型は主語（S）と動詞（V）だけでも文が成立しますが、実際には英文2のように、「様子」「場所」「時」などを詳しく説明する修飾語（M）を伴うのが普通です。

英文3の「他動詞」を用いたSVO文型は、目的語がなければ文が成立しません。the meeting がなければ何に参加するのか、意味が不完全ですね。目的語（O）は動作の内容を表す名詞です。

SV文型	**主語(S) ＋自動詞(V)＋修飾語(M)** 「人（モノ）」は「…する」
SVO文型	**主語(S) ＋他動詞(V)＋目的語(O)＋修飾語(M)** 「人（モノ）」は「〜を」を「…する」

文型記号は、主語＝Subject＝S、動詞＝Verb＝V、目的語＝Object＝O、修飾語＝Modifier＝Mと表しますが、この記号は次のように品詞でも置き換えられるようにしてください。

SV文型の品詞	**名詞(S)＋自動詞(V)＋副詞(M)**
SVO文型の品詞	**名詞(S)＋他動詞(V)＋名詞(O)＋副詞(M)**

> ☑ 違いをチェック！
>
> --
>
> **(A)** 名詞(S)**I** 自動詞(V)**work** 副詞(M)**late.**
>
> **(B)** 名詞(S)**We** 他動詞(V)**like** 名詞(O)**your work** 副詞(M)**very much.**

workの品詞に注目です。

英文(A)は自動詞のworkで「働く」という意味、一方、英文(B)は他動詞likeの目的語となる名詞のworkで、ここでは「作品」の意味で解釈します。文型で語順パターンを学び、位置によって変化する品詞の違いに関心を持つことで、英文解釈力も自然と向上していきます。

(A) 私は遅くまで働いている。

(B) 私たちはあなたの作品が大好きだ。

主語(S)と動詞(V)の関係を常に意識する

英語では何をするにも、「誰・何」が「…する」のか、SとVの情報が大切です。動詞は時制だけでなく主語の種類（特に数）によっても変化するため、主語(S)を常に意識しましょう。

> Ⓠ 文法的に正しいものはどちら？
>
> --
>
>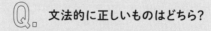
> **One of the students [are / is] in Okinawa.**

　主語(S)はOne（1人）です。動詞(V)のbe動詞は
主語が3人称単数のため、isが正解で、直前の複数形
studentsにつられてareにするのは誤りです。英文の
コアとなる主語と動詞を押さえる（見抜く）ことが重
要なんですね。

 One of the students is in Okinawa.
　その生徒たちの1人は沖縄にいます。

自動詞と他動詞の実践的な区別

　自動詞と他動詞の区別は、動詞の後ろの前置詞の有
無に注意してください。

自動詞＋前置詞	前置詞を後ろに置ける！
他動詞＋名詞	目的語となる名詞が必ず必要！

> Day 10で学習するように、後ろに前置詞を置かない自動詞もあります。

　自動詞の後ろには、**修飾語（追加説明）** として「**前
置詞＋名詞**」の形を用いることが多いです。他動詞の
後ろに前置詞は置けません。

自動詞	他動詞
go to the place その場所に行く	**visit** the place その場所を訪れる
go into the room その部屋に入る	**enter** the room その部屋に入る
talk about the issue その問題について話す	**discuss** the issue その問題について話す、議論する

to the placeやinto the roomなどの前置詞を用いた表現は目的語（名詞）にはなりません。修飾語としてここでは副詞の働きです。ただし、最終的にはgo to 〜（〜に行く）、go into 〜（〜の中に入る）、talk about 〜（〜について話す）のようにフレーズ（熟語）としてカタマリで覚えてしまえばOKです。

自動詞か他動詞かで意味が異なる get

　実はほとんどの動詞が自動詞と他動詞の両方の働きを持っています。その中でも自動詞か他動詞かで、意味が異なる場合は要注意です。使用頻度の高いgetの例文で比較してみましょう。

☑ 違いをチェック！

on time（時間通りに）

(A) 名詞(S)I 自動詞(V)get 副詞(M)to the office 副詞(M)on time.

副詞online（ネットで）

(B) 名詞(S)I 他動詞(V)get 名詞(O)books 副詞(M)online.

　英文（A）のgetはSV文型を作る自動詞、英文（B）のgetはSVO文型を作る他動詞で、意味が次のように異なります。

自動詞として働くget	到着する
他動詞として働くget	〜を手に入れる

(A) 私は定時に出社する。

(B) 私は書籍をネットで手に入れる。

　動詞に限らず、単純に英単語の綴りと意味だけを覚えるのではなく、文型に合わせた英単語の使い方を意識することが大切です。

Day **09**	**整理整頓クイズ**

Q. 日本語を参考に、文法的に正しい動詞をそれぞれ選びましょう。

1. あなたは私をこんなふうに見てくる。

   You [look / see] at me like this.

2. 私は音楽を聴いていた。

   I was [listening / hearing] to music.

3. ねえ、私は君に話してるんだよ!

   Hey, I'm [telling / talking] to you!

4. 上司に今すぐ連絡を取ったほうがいいよ。

   You should [contact to / contact for / contact] your manager right now.

5. レストランで走らないで。

   Don't [run / run in] the restaurant.

6. 聞こえていますか?

   Can you [listen / hear] me?

7. 私は2年前に神戸に引っ越した。

   I [moved / moved to] Kobe two years ago.

8. 明日の朝、東京を出る予定だ。

   I'm [leaving / leaving for] Tokyo tomorrow morning.

9. 私たちは昨日の午後3時にホテルに到着した。

   We [arrived / reached / got] at the hotel at 3 p.m.
   yesterday.

10. その料金は来月上がるだろう。

    The price will [rise / raise] next month.

MEMO

英語の語順②
― SVC文型

前回は自動詞と他動詞の区別を学習しました。今回は主語（S）について相手にあれこれ伝える、自動詞を用いたSVC文型を学習します。SV文型の自動詞との違いにも注目しましょう。

前置詞**in**（…後に）

日本人のよくある **N** **G** 発信！

信号は10秒で青に変わります。

The light turns to green in 10 seconds.

---

turnは自動詞で、「～に変わる」という意味では「turn＋形容詞」の形を使い、前置詞toは不要です。このgreenは形容詞で、主語The lightの説明をする補語（C）として働いています。補語（C）を用いて、主語（S）のことをあれこれ伝えるのが今回のSVC文型です。

 The light <u>turns green</u> in 10 seconds.

自動詞turnはSV文型として、次のように「回る」「曲がる」などの意味で使う場合もあり、その場合は場所・方向を示す副詞や前置詞の表現を用いることができます。

その道路は左へカーブしています。

The road turns to the left.

　　　　　自動詞　　方向を示す前置詞

1回目
　　　　月　　　　日

2回目
　　　　月　　　　日

3回目
　　　　月　　　　日

次の英文はSV文型とSVC文型のどちらか?

We turned right at the first corner.

このturnは後ろに形容詞（＝補語）を置かない自動詞で「曲がる」という意味。副詞right（右に）、「場所を示す前置詞at＋名詞」（〜で）はどちらも修飾語（M）です。同じ自動詞turnでも後ろに来る要素（品詞）でturns greenの場合とは文型が変化し、turn自体の意味も変わりました。ここが文型を捉える大切なポイントです。

 SV文型 私たちは最初の角で右に曲がった。

SVC文型

今回のSVC文型は、主語のこと（名前、職業、様子など）を相手に伝える文型です。文構造の特徴を押さえてください。

> 1. 私たちはハワイにいる。
>   **We are in Hawaii.**
>   主語（S）＋自動詞（V）＋修飾語（M）
>
> 2. 私たちは仲の良い友だちだ。
>   **We are good friends.**
>   主語（S）＋自動詞（V）＋補語（C）

自動詞はまずSV文型とSVC文型の2種類あります。

be動詞もこの自動詞で、SV文型の場合はbe動詞が「存在」（いる、ある）を意味し、SVC文型の場合は主語(S)と主語を説明する働きの補語(C)をbe動詞が文法的につなぐ働きをします。

SVC文型	主語(S)＋自動詞(V)＋補語(C) 「人・モノ」は「～だ」

補語＝Complement＝Cと表しますが、この記号を次のように品詞でも言えるようにしておきましょう。

SVC文型の品詞	名詞(S)＋自動詞(V)＋形容詞 または名詞(C)

補語(C)には主に形容詞が使われますが、名前、職業、立場などを示すための名詞を使う場合もあります。形容詞や名詞を使って主語(S)のことを相手に伝えるのがSVC文型です。

SVC文型を作る自動詞

SVC文型を作る自動詞は、主に「状態・変化」「印象」「感覚」の3つの視点で主語(S)の説明ができます。

---

1. その本はベストセラーになるだろう。

   The book will become a bestseller.
   変化

2. 君は嬉しそうだね。

   You look happy.
   印象

108

3. 具合が悪いです。

I feel sick.
<u>感覚</u>

● SVC文型を作る自動詞

状態・変化	be動詞［am/is/are］＋名詞・形容詞（〜である）、stay/remain＋形容詞（〜のままでいる）、become＋名詞・形容詞（〜になる）、get＋形容詞（［ある状態に］〜になる）、grow＋形容詞（［成長して］〜になる）、turn＋形容詞（［ある状態・色に変化して］〜になる）など
印象	look＋形容詞（［見た目で］〜に見える）、sound＋形容詞（［聞いた印象で］〜のようだ）、seem＋形容詞（［主観的な意見として］〜のようだ、〜に思える）など
感覚	feel＋形容詞（〜と感じる）、smell＋形容詞（〜の香り［におい］がする）、taste＋形容詞（〜な味がする）など

> becomeよりもgetのほうがカジュアルな響きになります。

> seemもlook同様、見た目でそう思えるという場面で使えますが、lookのほうが見た目に基づく感じが強くなります。

☑ 違いをチェック!

- -

(A) You are tired.

(B) You look[seem] tired.

　英文(A)のように、SVC文型の代表格be動詞を用いたものですが、be動詞は良くも悪くもストレートにモノを言う動詞で、断定する響きがあります。そこ

で、英文（B）のように、lookやseemを用いると響き
が緩くなります。相手との関係や時と場合によっては
ボカしたほうがよい場面で重宝します。

(A) あなたは疲れている。

(B) あなたは疲れているみたいだね。

lookは見た目の様子をそのまま述べる感じですが、
seemは見た目だけを根拠にせず、自分の主観的な意
見としてそうじゃないかなと思うことを伝えます。

文型によるgetの意味変化

動詞はSV文型やSVO文型など、他の文型で用いられ
る場合もあるため柔軟に解釈するようにしてください。

☑ **違いをチェック！**

- -

(A) He got to the station by 2 p.m.
名詞（S）＋自動詞（V）＋副詞（M）＋副詞（M）

(B) He got the picture from his brother.
名詞（S）＋他動詞（V）＋名詞（O）＋副詞（M）

(C) He got sick after dinner.
名詞（S）＋自動詞（V）＋形容詞（C）＋副詞（M）

同じgetでも、後ろに続く内容（品詞）によって文
型が異なり意味が違います。英文（A）は、「SV文型＋
修飾語（M）」で「到着する」、英文（B）はSVO文型で、
他動詞＋内容を示す目的語の名詞があり「〜を手に入
れる」、そして英文（C）が今回のSVC文型で、「〜の状
態になる」という意味です。後ろの形容詞sickは主語

(S)の状態を説明する補語(C)の働きをしています。

(A) 彼は午後2時までに駅に着いた。

(B) 彼はその写真を兄(弟)から手に入れた。

前置詞**by**(…までに)

(C) 彼は晩ご飯のあと、具合が悪くなった。

　他の文型と区別するためのコツとして、英文(C)の SVC 文型であれば、S is C(SはCだ)のようにgotを be動詞で置き換えても意味的に成立します。

> He got sick after dinner.
> →He was sick after dinner.

 意味的に自然なものはどちら?

- -

He [became / got] a writer two years ago.

　どちらも「～になる」という意味で後ろに補語(C) を置きますが、自動詞getは形容詞のみを補語(C)とし、 名詞を置いた場合、その名詞は目的語(O)の扱いとな り SVO 文型の「～を手に入れる」という意味になりま す。ここでは意味的に不自然です。「自動詞become + 名詞」(～になる)の過去形が正解です。

 He became a writer two years ago.
　彼は2年前に作家になった。

前置詞likeとセットで用いる自動詞

lookやfeelなどの「印象」「感覚」を示す自動詞は「前置詞like＋名詞」（～のような）と共に用いることがあります。このlikeは外見や特徴などが「似ている」という意味です。

他動詞と前置詞の後ろに置く名詞は、どちらも目的語の扱いになります。

1. 彼女は天使のように見える。
   She looks like an angel.
   自動詞＋前置詞＋名詞（likeの目的語）

2. 自分の髪が焼肉のようなにおいがする。
   My hair smells like yakiniku.
   自動詞＋前置詞＋名詞（likeの目的語）

「句」とは2語以上で1つの意味を成すカタマリを指します。

文法的に細かく見れば、前置詞句like an angelとlike *yakiniku* が1つの形容詞句として、主語(S)を説明する補語(C)の働きをしていますが、look like ～（～に似ている）、smell like ～（～のようなにおいがする）と1つのフレーズで覚えてしまうほうが便利です。

● 自動詞＋likeの表現

look like ～（～に似ている）、**sound like ～**（～らしい）、**seem like ～**（～のように思える）、**feel like ～**（～の気分だ）、**smell like ～**（～のようなにおいがする）、**taste like ～**（～のような味がする）

| *Day* **10** | 整理整頓クイズ |

- -

Q.1 日本語を参考に、文法的に正しいものをそれぞれ選びましょう。

1. このバーガーはピザみたいな味がする。

This burger [tastes / tastes like] pizza

2. この中は寒くなってきた。

It's [feeling / getting] cold in here.

3. 彼は僕に怒っているようだ。

He [seems / seems like] angry at me.

4. 僕は3時にここに着いた。

I [got / got to] here at 3:00.

Q.2 日本語の意味になるように（　　　）に自然な英語を書きましょう。

1. 昨夜は疲れてたの？

（　　）you tired last night?

2. 新しいセーターは彼に似合っている。

His new sweater（　　）nice on him.

Q.3 次の英文の文型をSV、SVC、SVOのいずれかで答えましょう。

1. **Sales are growing fast.**
2. **I've grown fat during the lockdown.**
3. **We grew all these flowers.**
4. **This place stays open late over the weekends.**

Day 11

英語の語順③
― SVO文型とSVOO文型

「人」に「モノ」をあげることを伝えるSVOO文型を学習します。多くのSVOO文型がSVO文型でも言い換えることができますので、その区別も押さえていきましょう。

日本人のよくある **N** **G** 発信！

母にその手紙をあげました。
I gave the letter my mother.

giveは目的語(O)を2つ置くことができるSVOO文型の代表的な他動詞です。SVO₁O₂文型は「O₁（人）にO₂（モノ）をあげる」という意味で「give + O₁（人）+ O₂（モノ）」の語順が基本です。

◉ **I gave** my mother the letter.

▎SVOO文型

それでは今回学習する文型をチェックしましょう。SVOO文型です。まずは文構造の特徴を押さえてください。

SVO₁O₂ 文型	主語(S)＋他動詞(V)＋目的語(O₁) ＋目的語(O₂) 「人（モノ）」は「人」に「モノ」を「…する」

1回目
月　　　日

2回目
月　　　日

3回目
月　　　日

　他動詞の後ろに、「人」と「モノ」の情報を2つ置くわけですね。

SVO$_1$O$_2$ 文型の品詞	名詞(S)＋他動詞(V)＋名詞(O$_1$)＋ 名詞(O$_2$)

　主語(S)、補語(C)、そして目的語(O)の働きをする名詞は文の骨組みを作る主要素として、色んな位置で使われる大切な存在ですね。

┃「SVO$_1$O$_2$」↔「SVO to/for＋人」

　今回のSVOO文型を作る他動詞は、必要に応じて「SVO＋前置詞to/for＋人」の形で言い換えられる場合があります。

> ☑ **違いをチェック！**
> -
>
> **(A) Sakuma sent me this video.**
> 　名詞(S)＋他動詞(V)＋名詞(O$_1$)＋名詞(O$_2$)
>
> **(B) Sakuma sent this video to me.**
> 　名詞(S)＋他動詞(V)　名詞(O)＋副詞(M)

　英文(A)の「send O$_1$ O$_2$」（O$_1$にO$_2$を送る）を前置詞toを用いて言い換えたものが英文(B)です。「send O to＋人」（〜にOを送る）で、この「前置詞＋名詞」は修飾語(M)として副詞の働きをします。
　(A) サクマは僕にこの動画を送ってくれた。
　(B) サクマはこの動画を僕に送ってくれた。

英文(A)は「make O_1 O_2」(O_1にO_2を作る)の文型で、これを言い換える場合は英文(B)のように前置詞forを用います。「make O for + 人」(〜にOを作る)

(A) アサトは僕に美味しい紅茶を作ってくれた。

(B) アサトは美味しい紅茶を僕に作ってくれた。

sendとmakeでは、SVO文型に言い換えたときに用いる前置詞が異なるわけですね。

前置詞toとforの使い分け

SVOO文型をSVOで言い換えた場合に、toとforのどちらの前置詞を使えばいいのか、次のポイントを覚えておきましょう。

toとセットにする他動詞	**相手がいなければできない動作**
forとセットにする他動詞	**相手がいなくてもできる動作**

116

☑ **違いをチェック!**

- -

(A) He sent it to his sister.

名詞(S) + 他動詞(V) + 名詞(O) + 副詞(M)

(B) He bought it for his sister.

名詞(S) + 他動詞(V) + 名詞(O) + 副詞(M)

英文(A)のsendですが、「何かを送る」という行為は届け先や受取人がなければ成立しません。この**前置詞to**には「**到達**」**ニュアンス**があるため「相手」に届けるという意味でsendとの相性がよいわけです。一方、英文(B)のbuyは、「何かを買う」という行為は相手がいなくても自分の買い物はできます。**前置詞for**には「**方向**」**ニュアンス**があり、相手の方向に気持ちを向けるという意味でbuyと組み合わせます。

(A) 彼はそれを姉(妹)に送った。

(B) 彼はそれを姉(妹)に買った。

次の他動詞と前置詞to/forの組み合わせは基本ですので覚えておきましょう。

SVO + 前置詞to ~	**give**(与える)、**lend**(貸す)、**pass**(手渡す)、**sell**(売る)、**send**(送る)、**show**(見せる)、**teach**(教える)、**tell**(言う、教える)など
SVO + 前置詞for ~	**buy**(買う)、**choose**(選ぶ)、**cook**(料理する)、**find**(見つける)、**get**(手に入れる)、**leave**(残す、置いていく)、**make**(作る)、**sing**(歌う)など

toを用いる他動詞はいずれも相手が必要な動作ばかりですね。

　さて、一部の他動詞は次のように、前置詞を用いた言い換えができません。

---

1. この計画には私にたくさんのお金がかかる。

This project costs $_{O_1}$me $_{O_2}$a lot of money.

（×）**This project costs a lot of money to/for me.**

2. この宿題するのに私たちはとても時間がかかる。

This homework will take $_{O_1}$us $_{O_2}$a lot of time.

（×）**This homework will take a lot of time to/for us.**

「cost O_1 O_2」（O_1［人］にO_2［費用］がかかる）や「take O_1 O_2」（O_1［人］にO_2［時間］がかかる）は「to/for 人」の言い換えはNGです。

Q. 次の質問の返答として自然なのはどちら？

- -

あのチケットはどこ？

Where is that ticket?

　—**(A) I gave it to Yuko.**

　—**(B) I gave Yuko the ticket.**

　情報をどのような語順で置くのかがポイントです。チケットがどうなったのか、相手が気になっている場面ですが、そんな相手にとって価値ある情報というのは「ユウコにあげた」という新情報です。

　実は英語は、とっておきの新情報は最後にバーンと発信する（文末焦点ルール）のが自然な話し方になるため、to Yukoを文末に置くように文型パターンを工夫するのが一般的です。

 (A) I gave it to Yuko.
　私はそれをユウコにあげた。

　文法的にはSVOO文型で英文（B）I gave Yuko the ticket.（私はユウコにそのチケットをあげた）でもかまいませんが、新しい「人」の情報が途中で、サラッと出てしまうのは英語らしくありません。また名詞の繰り返しは避けるのが普通ですので名詞the ticketは代名詞itで言い換えてしまうのも英語です。

　もう一例だけ、自然な返答例を見ておきましょう。

> これ何？
> ― 君に買ったんだよ。
> **What's this?**
> **― I bought it for you.**

リズムの関係もあって、後ろに代名詞itを置かないのが自然です。

　この返答文に、（×）I bought you it.の語順はあまり一般的ではありません。

英語の語順は意図があってそのような順序になるわけですから、頭に浮かんだ日本語の順番でそのまま発信しても相手にはうまく伝わりませんので注意しましょう。

Day 11 整理整頓クイズ

- -

Q.1 文法的に正しく並べ替えましょう。

1. He [me / some money / for / left].

2. [me / it / cost / will / $10] for the first 3 months.

3. [you / get / I'll / something] later.

4. This math [me / homework / took / hours].

Q.2 文法的に正しいものを選びましょう。

1. I made dinner [to / for] my family.

2. I [sent / found] the answer for Jim.

3. My mother taught [me this / this me].

Q.3 日本語の意味になるように（　　）に自然な英語を書きましょう。

1. その地図を見せてあげるよ。

　I'll (　　) (　　) (　　) (　　).

2. 彼女はその番号を教えてくれなかった。

　She didn't (　　) (　　) (　　) (　　).

3. これはあなたに貸せません。

　I can't (　　) (　　) (　　) (　　).

Q.4　文脈を考え、自然な表現を選びましょう。

1. I take pictures and send [some friends them / them to some friends].

2. Where's the watch?

　　― I gave [it to my cousin / my cousin the watch].

本書では厳選されたコア英文法のみの解説に徹していますが、それでもやはり頭の整理が大変で、悩んでいる読者の方もいらっしゃると思います。無理に詰め込もうとする必要はありません。進んでは戻っての繰り返しでも大丈夫です。**他の単元を学習するたびに視野が広がり、別の角度で既習単元の解説がより深く理解できるようになってきます。ただし、「このコア英文法や表現は、こんな場面で使えそうだなぁ」と常にご自身の会話シーンにつなげる意識は忘れないようにしましょう。**最後まで読み進めることが、まずはゴールです！

Day 12 英語の語順④ ― SVOC文型

英語の語順は今回で最後です。他動詞の後ろに目的語(O)と補語(C)を用いたSVOC文型です。同じ補語(C)を用いるSVC文型との違いにも注目しましょう。

> 日本人のよくある **N** **G** 発信!
>
> **ドアを開けっ放しにしてしまった。**
> **I left open the door.**

open the doorとついやってしまう学習者がいますが、これも文型に当てはめて考える必要があります。leaveにはSVOC文型を用いるパターンがあり、leave OCで「OをCのままにしておく」という解釈になります。SVOC文型のOCは「O is C」(OはCである)と、Oを意味的に主語のように扱います。そこでthe door openの語順に直せば、the doorがopenしていると正しく解釈ができるようになります。このopenはもちろん動詞ではなく形容詞で「開いている」という意味です。

 I left the door open.

一度、このような文型パターンで動詞の扱い方に慣れてしまうと単語の置き方(情報の発信法)も自然と正確になっていきますので今回も最後まで頑張って読み進めてくださいね。

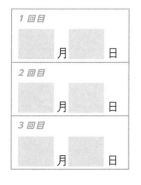

1回目		
	月	日

2回目		
	月	日

3回目		
	月	日

SVOC文型

　今回のSVOC文型は、目的語(O)に不足している説明を補語(C)を用いて相手に伝える文型です。文構造の特徴を押さえてください。

---

1. ティガーは幸せそうだ。

   Tigger looks happy.
   主語(S) + 自動詞(V) + 補語(C)

2. ティガーが私たちを幸せにしてくれる。

   Tigger makes us happy.
   主語(S) + 他動詞(V) + 目的語(O) + 補語(C)

3. 彼らはその猫をティガーと呼んだ。

   They called the cat Tigger.
   主語(S) + 他動詞(V) + 目的語(O) + 補語(C)

　英文1のSVC文型の場合は、自動詞(V)lookが、主語(S)Tiggerと主語の説明をする補語(C)happyをつなぐ働きをしています。英文2・3のSVOC文型は目的語(O)が含まれるため他動詞を用いた文型で、どちらも後ろの補語(C)が目的語(O)の説明をしており、次のようにO is C (OはCだ)という意味上の関係になっています。

　英文2：happyはusの説明で、we are happyの関係。

　英文3：Tiggerはthe catの説明で、the cat is
　　　　　Tiggerの関係。

　SVOC文型では目的語(O)の後ろに、目的語について補足する補語(C)を置きます。

SVOC文型	主語(S)＋他動詞(V)＋目的語(O)＋補語(C) 「人・モノ」はOをCの状態にする

　この記号は次のように品詞でも言えるようにしておきましょう。

SVOC文型 の品詞	名詞(S)＋他動詞(V)＋名詞(O)＋ 形容詞または名詞(C)

☑ 違いをチェック！

- -

(A) She made me a chicken pie.
名詞(S)＋他動詞(V)＋名詞(O)＋名詞(O)

(B) She made me really upset.
名詞(S)＋他動詞(V)＋名詞(O)＋形容詞(C)

副詞really
（とても、本当に）

　同じmakeを用いた英文ですが、後ろの要素の働きで解釈が異なります。英文(A)は、a chicken pieがmeの説明をしているSVOC文型ではなく、SVO_1O_2文型で、「O_1にO_2を作る」という意味です。

　英文(B)のreally upsetが補語(C)として目的語(O)meの説明をする働きをしていることからSVOC文型で、「OをCの状態にする」という解釈ができます。

　(A) 彼女は僕にチキンパイを作ってくれた。

　(B) 彼女は僕をとても動揺させた。

次の英文は SVOO 文型と SVOC 文型のどちら？

They made me captain.

役職や身分を示す名詞は抽象的あるいは形容詞的な用法になるため、可算名詞に必要な冠詞a/anが付かない場合が多いです。

SVO₁O₂文型の基本解釈は「O₁（人）にO₂（モノ）を与える」でしたがそれには文意が当てはまりません。「キャプテンを僕がもらう」ことになり不自然ですね。SVOC文型は「OをCの状態にする」ですから文意に合うため、この英文はSVOC文型です。me captain は I am captain というニュアンスが含まれます。

 SVOC文型

They made me captain.

主語(S)＋他動詞(V)＋目的語(O)＋補語(C)

彼らは僕をキャプテンにした。

SVOC文型を作る他動詞

このSVOC文型を作る他動詞は、次の3つの観点で整理できます。

状況・状態	make（OをCの状態にする、[自然と] OがCの状態になる）、get（OをCの状態にする）、keep（OをCのままに保つ [しておく]）、leave（OをCのままに放っておく）、paint（OをCの色に塗る）
呼び方	name（OをCと名付ける）、call（OをCと呼ぶ）
意見・考え	find（[経験から] OがCだと思う）

SVOC文型のCには形容詞が用いられることが多いですが、makeは形容詞・名詞の両方、nameとcallは名詞を用います。

125

主語に「人」を用いた場合、makeは意図的にその状況を作り出すというニュアンスがあり、この場面ではgetが自然です。

1. 子供たちはいつも自分のシャツを汚します。

   My kids always <u>get</u> their shirts dirty.

   「状況・状態」名詞(O) + 形容詞(C)

2. 私たちは彼をセンセイと呼ぶ。

   We <u>call</u> him Sensei.

   「呼び方」名詞(O) + 名詞(C)

このfindは、thinkで言い換え可能ですが硬い響きになります。

3. 私は彼がいい人だと思っています。

   I <u>find</u> him nice.

   「意見・考え」名詞(O) + 形容詞(C)

文型によるgetの意味変化

　同じ他動詞getでもSVOO文型とSVOC文型で解釈が異なることに注目しましょう。

☑ 違いをチェック!

(A) My dad got <u>me a job</u>.

名詞(S) + 他動詞(V) + 名詞(O_1) + 名詞(O_2)

形容詞 drunk(酔っ払って)

(B) My brother got <u>me so drunk</u>.

名詞(S) + 他動詞(V) + 名詞(O) + 形容詞(C)

　英文(A)はSVO$_1$O$_2$文型で、この場合のgetは「O$_1$にO$_2$を手に入れる」、英文(B)はSVOC文型で、この場合のgetは「OをCの状態・状況にさせる」という意味ですね。meの後ろのa jobとso drunkとの関係性でも文型を区別できます。SVOC文型のOCはO is Cで、英文(B)は(〇) I was so drunk(私はとても酔っ払っ

ていた）という自然な解釈ができますが、英文（A）は
（×）I was a jobとは言えませんのでSVOC文型ではあ
りません。

(A) 父は僕に仕事を手に入れてくれた。

(B) 兄（弟）は僕をとても酔わせました。

文型と品詞の学習価値

正確に文の意味を取る場合、特に未知語がある場合
は文型を意識することがとても大切になります。では
最後にクイズで文構造を考える重要性について考えて
みましょう。

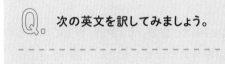

Q. 次の英文を訳してみましょう。

Can can can cans.

間違えているように見える英文も、文型と単語の品
詞を考えてみると意味が取れるようになります。

Can	can	can	cans
主語(S) 名詞	助動詞	他動詞(V) 動詞	目的語(O) 名詞

とっかかりとしては、文頭にあるcanをまずは主語
（S）と考え、名前（動作主）を示すと判断します。2
つ目と3つ目のcanですが、主語の後ろに続くことか
らcan can＝「助動詞＋動詞の原形」と判断します。そ

こで辞書でcanを調べると「〜を缶詰にする」という他動詞の用法が確認できるはずです。最後のcansは、他動詞canの後ろですから目的語（O）となる名詞のはずです。そこで辞書の名詞の項目をチェックすれば「缶詰」という訳語が見つかります。複数形cansになっていることも名詞の判断材料になりますね。

 カンさんは缶を缶詰にすることができる。

　文型によって、位置ごとに品詞が異なることを理解しておけば、単語自体の意味がわからなくても辞書で的確に調べることができるようになります。逆に文型と品詞の情報がなければ辞書で正しい意味を見つけることはできません。

　まずは英文の中で「**主語**」と「**動詞**」が**どこにあるのか考える習慣**を身につけてください。「誰・何」が「どうする」の情報がなければどうしようもありません。それでは、文型の解説は以上です。お疲れさまでした。

Day **12** 整理整頓クイズ

Q.1 文法的に正しく並べ替えましょう。

1. [the TV / all / kept / he / on] night.

2. [so excited / e-sports / him / make].

3. [left / open / the window / she].

4. [ready / my kids / get / I'll] for school.

Q.2 日本語の意味になるように（　　）に自然な英語を書きましょう。

1. 彼は私に美味しいコーヒーをいれてくれた。それで私は嬉しくなった。

　　(a)(　　)(　　)(　　) a nice coffee. It (b)(　　)(　　)(　　).

2. 妻は家をきれいにしておいてくれる。

　　My wife (　　)(　　)(　　)(　　).

Q.3 次の英文の文型をSVC、SVOO、SVOCのいずれかで答えましょう。

1. It will make you a good person.

2. He found me a nice apartment.

3. It gets really hot in my room.

4. I found the app interesting.

129

SHUFFLE クイズ ③

Day 09〜12の確認問題です。
何度も解き、音声を活用しながら、知識を定着させましょう。

制限時間 **15** 分

1 回目			SCORE
	月	日	100
2 回目			
	月	日	100
3 回目			
	月	日	100

- -

[1] 次の英文には必ず日本語に合わない箇所があります。訂正して自然な英文に直しましょう。（5点×4 [20点]）

1. 東京の友人たちを訪ねているところだ。
   I'm visiting to some friends in Tokyo.

2. 自分の耳が赤くなっていた。
   My ears were turning in red.

3. まだ誰ともそれについて話し合っていない。
   I haven't discussed about it with anyone.

4. 全部の窓を開けっ放しにしてしまった。
   I left open all the windows.

[2] 文法的に正しい、または自然な表現をそれぞれ選びましょう。（5点×7 [35点]）

1. **My dad [entered / entered in] my room just now.**

2. **You often [go / go to] there, right?**

3. **I'm [looking for / looking] a hotel in Kyoto.**

4. **I went to Costco and found this cute bag, so I bought [my kid the bag / the bag for my kid].**   *so（それで〜する）

5. **The girl didn't [talk / tell / say] me her name.**

6. **Actually, I found her [attraction / attractive].**
   – Yeah, she's nice.

7. This will cost [us a lot of money /
   a lot of money to us].

[3] 日本語の意味になるように（　　）に自然な英語を書きましょう。
　　（5点×9 [45点]）

1. 今、自分の肌の手触りが柔らかくて滑らかだよ。
   Now my (　)(　)(　) and smooth.

2. 昨日は帰宅が遅かった。
   I (　)(　) late yesterday.

3. 彼の髪はカツラのように見える。
   His hair (　)(　) a wig.

4. 正直、これにはムカついた。
   Honestly, this (　)(　) sick.

5. このバーガーはメニューでは大きく見える。
   This burger (　)(　) in the menu.

6. 自転車をジムに先週貸した。まだ戻ってこないぞ。
   I (　)(　)(　)(　) Jim last week. I haven't got it back yet.

7. 最近、暑くなってきている。
   It's been (　)(　) recently.

8. デイジーはいつもデスクをきれいにしている。
   Daisy always (　)(　)(　)(　).

9. 彼女は27歳で店長になった。
   (　)(　) a manager at 27.

Day **13**

名詞の働き

「人」や「モノ」を表す名詞がなければ、相手に自分が何の話をしているのかうまく伝わらず円滑な意思疎通はできません。身近で簡単なようで、文法的にも多機能で奥が深い万能単語が名詞です。

このgotはhaveの口語表現 have got（ここでは「〜が付いている」の意味）を略したものです。

> 日本人のよくある **N** **G** 発信！
>
> **ねぇ、シャツにタマゴがくっついてるよ。**
> **Hey, you got eggs on your shirt.**

名詞の使い方として厄介なポイントは、場面や意味に合わせて、数えられるのか数えられないのか、を区別しなければならないことです。今回はシャツにくっついたタマゴの話です。複数形eggsはスーパーで買ってくるようなケースに入っている状況を指し、それがシャツの上にくっついているというのは不自然ですね。この場面では、食事をしたあとのたまごのかけらのような状態を指していると考えるのが自然で、そうした場合は英語では数えられないものとして単数形a/an ~にも複数形-sにもできません。

◯ **Hey, you got egg on your shirt.**

1 回目

月 　　　日

2 回目

月 　　　日

3 回目

月 　　　日

名詞の働き

　文型の復習になりますが、名詞は英文の中で主語(S)、目的語(O)、補語(C)の働きをします。

---

1. リョウコは最近バク転を学んでいる。

   Ryoko is learning backflips these days.
   　主語(S)　　　　　　　　　目的語(O)

2. その本はベストセラーになった。

   The book has become a best-seller.
   　主語(S)　　　　　　　　　　補語(C)

　このように文構造の中で名詞は欠かせない存在です。また、用いる名詞は場面や意味に合わせて、数えられる（可算）用法と数えられない（不可算）用法で区別しなければなりません。可算扱いか不可算扱いかによって意味が異なる名詞もあるため、文法的なミスが相手の誤解を招くことにもなり、慎重に扱う必要があります。

名詞の種類	単数形と複数形の区別
可算名詞	**ある**
不可算名詞	**ない**

数えられる名詞（可算名詞）の使い方

　名詞が「1人」「1つ」と数えられる形状（数えよう

と思えば数えられるイメージ）がある場合は、数えられる名詞（可算名詞）として単数形と複数形の区別をしなければなりません。

a/anのような冠詞について詳しくはDay 15で学習します。

原 形	× book（本）	× orange（ミカン）
単数形	**a book** （1冊の本）	**an orange** （1個のミカン）
複数形	**books** （複数の本）	**oranges** （複数のミカン）

　数えられるものとして話す場合、まず原形は誤りだと常に意識してください。a/anは数がone「1」、「名詞-s」は数が2以上であることを示します。日本語では同じ「本」でも、英語では1冊であれば単数形、2冊以上であれば複数形になります。

　日本語では「1つの〜」「複数の〜」と単数か複数かをはっきり区別しないことも多く、基本的には状況や文脈をヒントに区別することになります。

1. イチゴが上に乗ったショートケーキを食べた。
   I had a slice of sponge cake with a strawberry on top.
   　　単数形

2. 今日イチゴを買った。
   I bought some strawberries today.
   　　　　　　　　複数形

　英文1は、ショートケーキの上に乗っている「1粒のイチゴ」を示す単数形、英文2は、スーパーなどで

売っている「複数のイチゴ」を示す複数形と考えたものです。

　日本語では同じ「イチゴ」でも、英語では単数形と複数形で区別されています。難しく考えずに、それぞれの場面は、単数のイチゴと複数のイチゴ、どちらが自然なのかを想像すればOKです。

● **名詞の複数形パターン**

dog（犬）	dogs	基本は語尾に「-s」
watch（腕時計）	watches	ch/sh/s/ss/x/zの語尾には「-es」
city（街）	cities	子音字＋yの語尾には「-y」→「-ies」
leaf（葉）/ knife（ナイフ）	leaves / knives	f/feの語尾には「-f/fe」→「-ves」
child（子供）/ man（男性）	children / men	不規則変化

　細かい活用パターンは覚えやすいものだけ覚え、数多くの演習や多読をして英文に触れていく中で自然と頭に入れていきましょう。

数えられない名詞（不可算名詞）の使い方

　単数形や複数形にできない名詞を不可算名詞と呼びます。状況や意味によっては数えることができない名詞です。

 文法的に正しいものを選びましょう。

- -

I don't like [apple / apples] in my salad.

　「リンゴ」ですから、数えられる名詞として複数形 apples が正解でしょうか。想像してください。あの丸い１個のリンゴ複数個ゴロゴロとサラダの中に入っているのは不自然です。ここは「果肉」としてのリンゴと考えるのが自然で、そうなると１個１個の状態ではありませんから数えられない名詞の扱いとなります。冒頭のクイズと同じ理屈ですね。

 I don't like apple in my salad.
サラダに入っているリンゴは好きではない。

数えられない名詞（不可算名詞）の押さえるべきポイント

　ちゃんと数えようとしても数えられないものは基本的に不可算名詞の扱いとなります。不可算名詞であれば、単数形（a/an + 名詞）も複数形（名詞 + -s）もあ

りません。明確な1つ1つの区切りがないため、単数形や複数形の概念はなく、原形で用います。

原形	○	**water**（水）
単数形	×	a water
複数形	×	waters

　数えられない名詞のポイントとして、大まかには「**抽象的・物質的・総称的**」の3点を押さえておけばOKです。

> 1. 誰もが平和を祈っている。
>   **Everybody prays for <u>peace</u>.**
>   抽象的なもの
>
> 2. 塩を過剰にとりすぎないで。
>   **Don't take too much <u>salt</u>.**
>   物質的なもの
>
> 3. 私たちはそこでたくさんの家具を売った。
>   **We sold a lot of <u>furniture</u> there.**
>   総称的なもの

too much（過剰な）

　英文1のpeace（平和）は個々人で想像するものが異なる抽象的なものなので英語では不可算名詞扱いです。英文2のsalt（塩）のような物質は、例えばテーブルの上にこぼした状態を考えてください。数本の転がったペンや重ねて置いた本とは違い、どこからどこまでが1つ分なのか明確な区切りがありませんのでsaltも不可算名詞扱いです。英文3のfurniture（家具）はどうでしょうか。いかにも数えられそうですが、

furnitureは「家具類」というニュアンスで「椅子」「机」「ソファー」などを示す総称的なイメージの名詞のため、1つ1つ数えることはできません。

● 不可算名詞の例

advice（助言）、air（空気）、bread（パン）、cash（現金）、fire（火）、furniture（家具）、health（健康）、information（情報）、love（愛）、luggage/baggage（手荷物）、money（お金）、music（音楽）、nature（自然）、news（知らせ）、paper（紙）、peace（平和）、salt（塩）、sugar（砂糖）、traffic（交通［量］）、weather（天気）、wine（ワイン）、work（仕事、職場）など

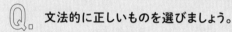

Q. 文法的に正しいものを選びましょう。

He plays [song / music] at his event.

「歌、歌曲」という意味のsongは1曲1曲区切ることができるため可算名詞扱いです。そのため単数形 a songや複数形 songsの形でなければ文法的に誤りです。一方、「音楽」という意味のmusicは様々な曲の総称になるため不可算名詞扱いとなりaや-sは不要です。musicを原形で用いたものが正解です。

He plays <u>music</u> at his event.
彼はイベントで演奏します。

可算か不可算か、場面や意味で区別する

辞書を引けばわかりますが、ほとんどの名詞は可算名詞と不可算名詞の両方の働きを持っています。どちらの用法の使用頻度が高いか、だけのことです。また、可算か不可算かで意味が異なる名詞にも注意しましょう。

名詞	可算名詞	不可算名詞
coffee	（カップ1杯の）コーヒー	（液体の）コーヒー
fire	火事	火
paper	新聞、論文	紙
work	作品	仕事
chicken	鶏	チキン（鶏肉）

液体のcoffeeはwaterと同じで基本的には不可算名詞の扱いですが、カフェなどで注文する場面では「カップ1杯の」という感覚で注文しますから可算名詞としてa coffee、two coffeesと言うのが自然です。数えられるというのはどんな状況なのか、そこに慣れていけば自然と区別できるようになります。

> コーヒーを2杯ください。
> **Can I have two <u>coffees</u>, please?**

Day 13 整理整頓クイズ

- -

Q1. 日本語を参考に、場面に合う自然な表現を選びましょう。

1. 私たちはランチにグリルチキンを食べた.

   We had [grilled chicken / grilled chickens] for lunch.

2. 私はコーヒー飲まないよ。

   ―ほんとに？ 僕は少なくとも1日3杯飲むよ。

   I don't drink (a)[a coffee / coffee].

   ―Really? I drink at least three (b)[coffee / coffees] a day.

3. 姉は東京で仕事を手に入れた。

   My sister got a [job / work] in Tokyo.

4. 今日、地方新聞でそれを読んだ。

   I read it in [local paper / a local paper] today.

5. 今朝はたくさんの雨が降りました。

   We had a lot of [rains / rain] this morning.

Q2. 場面や意味を考えて必要であれば下線部を自然な形に変えましょう。

1. 私たちは仲良しだよね？

   We are good friend, right?

2. 地面の黄色い葉っぱを見たんだ。

   I saw yellow leaf on the ground.

3. 手持ちのお金がまったくなかった。

   I didn't have any <u>money</u> with me.

4. ジムは昔、英語の先生でした。

   Jim used to be <u>English teacher</u>.

英語力をスムーズに養うためには、本書のコア英文法と並行して強化したいポイントが2つあります。1つはやはり「語彙力」を養うことですね。覚えてもない単語がとっさに自然と出てくるようにはなりませんので、語彙力UPの努力は欠かせません。**まずは1週間、自分の行動をぶつぶつ英語でナレーションしてみましょう。人前で恥ずかしければ頭の中でもかまいませんが、必要な単語や表現がどんどん浮かんでくるはずですのでリストアップしてください。そして、本書で学ぶコア英文法の知識は英単語の取説でもありますので、リストアップした単語や表現をコア英文法にのせて積極的にアウトプットしましょう。**2つ目のポイントはp.173でお話しします。

Day 14　代名詞の働き

　名詞の代わりをする代名詞は場面に合わせた活用があり、文脈を理解する上でとても重要です。ここでは日常会話でよく用いられる主な代名詞に焦点を当てて、その便利な使い方を学習します。

日本人のよくある N G 発信！

A: 電動キックボードは持ってる？
   Do you have an e-scooter?
B: 持ってないよ。
   No.
A: 買ったほうがいいよ。
   You should buy it.

　代名詞it（それ）はthe＋名詞「その（名詞）」の意味で、特定の名詞を言い換えたものです。ここでは特定の電動キックボードではなく、色んな電動キックボードがある中で、ある1台を指す場面です。そこで、不特定の「ある1つ」を意味する代名詞oneを用いるのが自然です。

 You should buy one.

　どんな名詞を指す代名詞なのか、その内容に合わせて使い分ける代名詞は文脈を理解する上で大切ですし、誤った使い方をすると相手に誤解を与えますので注意が必要です。

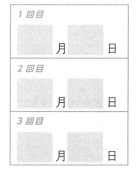

1回目
　　　　月　　　　日

2回目
　　　　月　　　　日

3回目
　　　　月　　　　日

人称代名詞

　Day 13で学習したように、名詞は英文の中でとても重要な働きをしますが、重複を避けるため、同じ名詞は代名詞に言い換えて話すのが自然です。次の人称代名詞が代名詞の基本で、名詞と同じように単数形と複数形で区別されます。

● 単数形

人称*	単数	主格 「〜は、が」	所有格 「〜の」	目的格 「〜を、に」
1人称	私	I	my	me
2人称	あなた	you	your	you
3人称	彼	he	his	him
	彼女	she	her	her
	それ	it	its	it
	アヤ	Aya	Aya's*	Aya

> 話し手の区別を「人称」と呼びます。

> 「人名＋アポストロフィー（'）s」（〜さんの）で所有を示します。

　名詞と異なる点として文中のどの位置に置くかで活用の変化があるのが厄介です。

☑ 違いをチェック！

- -

1. (a) チアキは良い生徒だった。

Chiaki was a good student.

主語を示す名詞(S)

> （b）彼女は良い生徒だった。
>
> **She was a good student.**
>
> 主格の代名詞(S)

2. （a）僕はチアキに英語を教えた。

   I taught Chiaki English.

   目的語を示す名詞(O)

   （b）僕は彼女に英語を教えた。

   I taught her English.

   目的格の代名詞(O)

　同じ名詞Chiakiでも代名詞で言い換えると主格のShe、目的格のherのように異なる活用形になります。また、代名詞にも名詞と同じ単数形と複数形の区別があります。それでは、複数形です。

● 複数形

人称	複数	主格「～は、が」	所有格「～の」	目的格「～を、に」
1人称	私たち	we	our	us
2人称	あなたたち	you	your	you
3人称	彼ら、彼女たち、それら	they	their	them

　特にhe/she/itの複数形theyに注意しましょう。いずれもtheyに変化するため、元の名詞が何だったのかを把握する必要があります。

1. （a）その子供たちは疲れていた。

   The children were tired.

   主語を示す複数名詞(S)

(b) 彼ら（彼女たち）は疲れていた。

They were tired.

<u>主格の代名詞(S)</u>

2. (a) 私はその子供たちの親を知っている。

I know **the children's** parents.

　　　　　<u>所有を示す複数名詞</u>

(b) 私は彼ら（彼女たち）の親を知っている。

I know **their** parents.

　　　　<u>所有格の代名詞</u>

3. (a) 私はその子供たちを探していた。

I was looking for **the children**.

　　　　　　　　　<u>目的語を示す複数名詞(O)</u>

(b) 私は彼ら（彼女たち）を探していた。

I was looking for **them**.

　　　　　　　　<u>目的格の代名詞(O)</u>

Q. 代名詞**They**の内容を示す名詞を記号で選びましょう。

- -

(a) **My classmates** gave me (b) **some flowers.**

They are so beautiful.

　2文目は花の話をしていることを流れから把握すると、Theyはsome flowersのことを示すと判断します。Theyは複数名詞を言い換えたものですから状況によってはMy classmatesのことを指す場合もあり、話の内容でどちらのことを指しているのかを判断します。

(b) some flowers
同級生たちが私に花を贈ってくれた。
それらの花はとても美しいです。

所有代名詞

　my＋名詞（私の〜）＝ mine（私のもの）のように、「所有格の代名詞＋名詞」は「〜のもの」という意味の所有代名詞１語で言い換えることができます。日常会話でよく用いられるカタチです。

人称	単数	複数
1人称	**mine**（私のもの）	**ours**（私たちのもの）
2人称	**yours**（あなたのもの）	**yours**（あなたたちのもの）
3人称	**his**（彼のもの） **hers**（彼女のもの）	**theirs**（彼らのもの、彼女たちのもの）

> 1. 私の考えはあなたのものだ。
>   **My idea is <u>yours</u>.**
>   　　　　　　　[= your idea]
>
> 2. その車は彼のではない。彼女のだ。
>   **The car isn't <u>his</u>. It's <u>hers</u>.**
>   　　　　　　[= his car]　[= her car]

指示代名詞

「これ」「あれ」「それ」と指し示して相手に注意を引

146

きつける代名詞を指示代名詞と呼びます。物理的・心理的に近いものは this/these、遠いものは that/those で表現します。

距離感	単数形	複数形
近い	**this**（これ）	**these**（これら）
遠い	**that**（あれ、それ）	**those**（あれら、それら）

　たった今述べたことや身近に起こった出来事など、心理的に近いものは this で表現します。

---

1. この件は来週話し合います。
   We will talk about this next week.

2. これは初めてです。
   This is my first time.

　一方、that は相手の発言内容や過去の出来事や思い出など、心理的に遠いものを指し示す感じで使います。

---

3. 5月に沖縄に行く予定です。
   —それはいいねぇ。
   We're going to Okinawa in May.
   —That sounds nice.

4. 僕は彼に嘘をついたんだ、でもそれは間違いだったよ。
   I told a lie to him, but that was wrong.

「嘘をついた」という出来事を指す that です。

指示代名詞には「〜の」という意味で名詞にくっつく形容詞の働きもあり、その場合は「this（この）/that（あの、その）/ these（これらの）/ those（あれらの、それらの）＋名詞」で1つのまとまりになります。次のような言い換えができますが、語順の変化に注意しましょう。

5. これは素敵なカメラだ。
   This is a nice camera.
   → このカメラは素敵だ。
   This camera is nice.

言い換えた場合に冠詞aがなくなる点にも注意しましょう。

6. あれ[それ]は重い箱だ。
   That is a heavy box.
   → あの[その]箱は重い。
   That box is heavy.

語順の違いによるニュアンスの変化はDay 16で学習します。

代名詞it vs this/that

this/thatを用いた疑問文に対する返答文では、itで置き換えるのが自然です。

1. これは新しいカメラですか？
   ― はい、そうです。
   Is _{単数}**this** a new camera?
   ―Yes, it is.　（×）Yes, this is.

2. あれらは彼の車ですか？
 ― はい、そうです。
 Are 複数 **those his cars?**
 ―**Yes, they are.** （×）**Yes, those are.**

単数なら it、複数なら they になります。this、that、these、those はもともと it、they を強調した代名詞で、繰り返し用いるのは強調しすぎるため、避けるのが自然です。

☑ **違いをチェック！**

- -

(A) What is this?
(B) What is it?

例えば、「これは何？」の直訳は英文（A）What is this? ですが、この表現は、英文（B）の What is it? を強調したものです。そのため状況によっては大げさに聞こえる場合もあるので使いすぎに注意です。そこまで疑問を投げかける必要性がない状況であれば What is it? とトーンを落として発信するのが普通です。

(A) これは何？
(B) それは何？

代名詞 it vs one

不特定の人やモノを指す代名詞 one は日常会話でもよく用いられますが、it との区別ができていない学習者も多いです。

不特定の名詞を示す one (ある1人、1つ) = a/an＋名詞
すでに述べている特定の名詞を示す it (それ) = the＋名詞

> 腕時計のバンドが壊れちゃった。
>
> まだつけられるけど、新しいやつを買いました。
>
> **My watch band broke.**
>
> **I can still wear it, but I bought a new one.**

　itはすでに話題にしているmy watch（自分の腕時計）のことを表現しています。購入したものは、色んな腕時計がある中の1つになり、聞き手にとって特定の腕時計ではありませんのでoneで表現します。a new one＝a new watchです。

Day **14**　整理整頓クイズ

Q.1 下線部を文法的に正しい代名詞1語で書き換えましょう。

1. Is your birthday tomorrow? <u>My birthday</u> is tomorrow too.

2. Kota never talks to <u>her father</u>.

Q.2 日本語の意味になるように、( ) に自然な英語を書きましょう。

1.【相手の発言内容を指して】

それは素晴らしいね。

( ) great.

2.【嫌悪感で相手と距離を置く感じで】

それ何だよ？臭うぞ。

What's (a)( )? (b)( ) smells.

3. 私のタブレットは古過ぎます。新しいのを買ったほうがいいな。

(a)( ) tablet is too old. I should buy a new (b)( ).

4.【自分の直前の出来事を指して】

こんなことは東京では至るところであるよ。

( ) kind of thing is everywhere in Tokyo.

5. リョウはケンの双子の兄［弟］だけど、彼に似てないんだよ。

Ryo is (a)( ) twin brother, but (b)( ) doesn't look like

(c)( ).

6.【相手の行動を指して】

私たちは去年、そのコンサートに行きました。

— 最高だったよ。

(a)( ) went to the concert last year.

— (b)( ) was awesome.

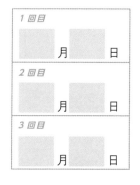

名詞と冠詞

冠詞は名詞の区別をする単語です。名詞の前に置く冠詞が違えば相手に伝わる状況は全く異なります。冠詞と名詞の文法的な組み合わせ方と、状況に合わせた冠詞の自然な選択を学習しましょう。

 日本人のよくある **N** **G** 発信！

駅までの道を教えてくれませんか？
Can you tell me the way to a station?

the way to ...（…への道）

不定冠詞aは、不特定の何か1つを示すため、a stationの場合、色んな駅がある中でどこか1つの駅までの道を教えてくれという不自然なニュアンスになります。この場面では、どの駅について尋ねられているのか相手は理解していると考えるのが自然です。定冠詞theはお互いに情報共有できている名詞に用いられるため、このような疑問文ではthe stationとするのが自然です。

◎ **Can you tell me the way to <u>the</u> station?**

▎冠詞のニュアンス

名詞の前に置く冠詞（a/an/the）は、形容詞のように名詞につながり、冠詞1つで、話し手が伝えたい名詞に関する状況が明確になります。逆に冠詞の選択ミ

1回目		
	月	日

2回目		
	月	日

3回目		
	月	日

スは相手に誤解を与える原因となります。冠詞がない
状態も文法上は「無冠詞（ゼロ冠詞）」と呼びます。

実際には「冠詞+形容詞+名詞」、「冠詞+副詞+形容詞+名詞」のように修飾語を伴うカタチも多いです。

　冠詞の用例はとても多く、情報過多になると整理が
困難です。本書では、これだけは押さえたい不定冠詞
a/anと定冠詞theの違いを整理しましょう。

不定冠詞 a/an	数ある中で、漠然とした何か1つ・1人 相手にとって「初耳」の情報に用いる。
定冠詞 the	「あれ」「それ」と特定できるもの すでに述べたことや、状況からお互いにどの名詞かが特定できる人・モノに用いる。 （情報共有のニュアンス）

　冠詞の基本的な区別を例文で確認しましょう。

今日はランチにスムージーを飲んで、晩御飯に
ピザを食べた。
スムージーはあまり美味しくなかったけど、ピ
ザは美味しかった。

I had **a smoothie** for lunch
　　　　相手は初耳

and had **a pizza** for dinner.
　　　相手は初耳

The smoothie wasn't very good,
昼に食べた特定のスムージー

but **the pizza** was good.
　　夜に食べた特定のピザ

I had a smoothie for lunch. It wasn't very good.のように1つだけの話題であれば、相手に誤解される心配もないため代名詞It[=The smoothie]で表現するのが自然です。

1文目の不定冠詞aは「スムージー」「ピザ」の情報が相手にとって初耳であることを示し、2文目は、1文目ですでに言及した食事を指して、「その〜」という意味で定冠詞theが用いられています。

 自然な冠詞を選びましょう。

電気を消してくれませんか？
Can you turn off [a / the] light, please?

turn off（〜を消す）

　この場面では、聞き手も家（部屋、建物）の中の電気だと理解していると考えるのが自然で、情報共有のニュアンスがある定冠詞theを用いましょう。「あの電気のことね」と、話の流れでお互いにわかるというのがtheを用いるポイントです。この用法では「その〜」と訳出しないのが普通です。

 Can you turn off <u>the</u> light, please?

他にも例を挙げておきましょう。

1. 私たちは図書館で勉強します。
   We study in <u>the</u> library.

2. ドアを閉めてください。
   Please close <u>the</u> door.

　英文1は、同じ地域に暮らす者同士の会話と考えると、「図書館」「駅」「公園」などは「あの」「あれ」と言わなくても、「あの図書館（駅、公園）のこと」だなと判断がつきます。英文2は、指示をする場面では「あのドアのこと」と共通認識があります。お互いの頭に特定の選択肢が浮かぶ、そのような状況にある名詞に対して定冠詞theは用いられます。

冠詞と名詞の文法的な組み合わせパターン

　冠詞は名詞のために存在するため、名詞との文法的な組み合わせパターンも理解しておくと便利です。

		不定冠詞 a/an*	定冠詞 the	無冠詞
可算名詞	単数形	**a book** （［ある1冊の］本）	**the book** （その本）	（×） **book**
	複数形	（×） **a books**	**the books** （それらの本）	**books** （［複数の］本）
不可算名詞	原形	（×） **a water**	**the water** （その水）	**water** （水）

> 不定冠詞aは後ろの単語が母音始まりの場合、音のつながりでa→anになります。

　不定冠詞a/anは色んなところで目にしますが、実は可算名詞の単数形にしか用いられず条件がかなり限られているのも注目ですね。theは文法的にはどのような形に対しても用いることが可能です。

There is/are＋名詞の表現

「（ある場所に）～がいる、～がある」という意味で、相手にとって「初耳」の名詞の存在を伝える「There is/are＋名詞」の表現をここでは見ておきましょう。日常会話でもとてもよく使われる表現ですのでぜひ覚えておきましょう。

「存在」を示す自動詞のbe動詞（いる、ある）を用いたSV文型です。真主語はbe動詞の後ろの名詞で文頭のThereは訳しません。

名詞branch（支社、支店）

> 1. 角を曲がったところに、銀行がある。
>   **There's a** bank around the corner.
>
> 2. 香港支社には日本語を話す人が全然いなかった。
>   **There weren't any** Japanese speakers at the Hong Kong branch.

英文1では、There isの短縮形There'sが会話では普通です。単数名詞に合わせてbe動詞はisになります。相手が知らない情報になるため（×）There is the bank ...のように、定冠詞theのような特定ニュアンスの名詞はNGで、次のように直接主語に置きます。

> その銀行は角を曲がったところにある。
> **The bank is** around the corner.

英文2では、複数名詞speakersに合わせてbe動詞はareとなり、それを過去形のwereにしたものです。ここでは否定文でnot ～ anyで「全く～ない」という意味です。

一般的な話をする無冠詞＋複数名詞

「（一般的に）〜というもの」というニュアンスで、漠然と不特定の名詞全般の話をする場合は「無冠詞＋複数名詞」で表現します。

---

1. （作家として）私は本を書いている。
   I write **books**.

2. 彼女はイチゴが好きだ。
   She likes **strawberries**.

3. 彼女は肉を食べません。
   She doesn't eat **meat**.

「本」「イチゴ」全般の話をする場合は、単数形ではなく複数形にするのが自然です。英文3のmeatは不可算名詞のため「無冠詞＋名詞の原形」で「肉全般」を表現します。これらにtheを用いると、特定ジャンルの本、特定種のイチゴや肉という意味になります。

Q. 自然な英文はどちら？

彼女は犬が大好きだ。

(A) She loves a dog.

(B) She loves dogs.

Day 13で学習したように、可算名詞には単数形と複数形があり、文法的には英文(A)(B)どちらも正しいです。ただし、数だけで判断する覚え方では発信力はUPしません。

　「犬が大好き」という話をしている場合、1匹(あるいは1犬種)だけの感覚では普通は話さないため英文(A)の単数形a dogは不自然です。英文(B)のように「犬全般」の話をしている場合は無冠詞の複数形dogsが自然な言い方となります。

 (B) She loves dogs.

theが不要な不可算名詞の例

　不要なtheを適当な感覚で使用してしまう学習者は多いです。特に次の名詞はいずれも不可算名詞で、無冠詞が基本です。

固有名詞 (人名、都市名、国名、山など)	Haruki Murakami (村上春樹)、London (ロンドン)、Kobe (神戸)、Japan (日本)、Mount Fuji (富士山) など
食事	breakfast (朝食)、lunch (昼食)、dinner (夕食) など
スポーツ	baseball (野球)、basketball (バスケットボール)、soccer (サッカー) など
(専門的)病名	cancer (癌)、diabetes (糖尿病)、diarrhea (下痢)、hay fever (花粉症) など

他にも「手段」や「目的」を示す表現は無冠詞でthe
は不要です。

---

1. 彼女はここにバスで来ています。
   She comes here by bus.
   ⎣手段⎦

2. 彼は休んでいます。
   He's in bed.
   ⎣目的⎦

---

by＋乗り物（［交通手段］
〜で）

in bed（休んでいる、寝
ている）

同じbedでも「物」として考える場合は、必要に応
じて冠詞が必要です。

彼は私の部屋のベッドに座った。
He sat on the bed in my room.

▍限定の強弱

冠詞は他の名詞と区別し限定するため「限定詞」と
も呼ばれますが、限定詞には数量を示す形容詞some、
指示代名詞や所有格の名詞・代名詞なども含まれま
す。どの限定詞を用いるかで響きの強さが変化します。
1→6の順番で、限定の強さがUPするイメージで整
理しておくと便利です。

限定の強さ		使用例
弱い	不特定	1. books（本）、water（水）
		2. some books（何冊かの本）、some water（いくらかの水）
		3. a book（1冊の本）
	特定	4. the book（その本）、the books（それらの本）、the water（その水）
		5. this/that book（この/あの本）、these/those books（これらの/あれらの本）、this/that water（この/あの水）
強い		6. my book（私の本）、my books（[複数の]私の本）、your water（あなたの水）、Ken's book（ケンの本）

a/anは、ばくぜんとした中でも1つ（1種類）にくくるため、複数形booksやsome booksよりも限定性が強くなります。

大きくは不特定か特定かで整理してください。theの代わりに、指示代名詞this（これ）/that（あの）や所有格の代名詞my（私の）/your（あなたの）などを用いることも多いです。

Day 15 整理整頓クイズ

Q.1　日本語を参考に、場面に合う自然な表現を選びましょう。

1. 犬というのはぐるぐる回って走る。

[A dog / Dogs] run in circles.

2. 最近、在宅勤務をしている。

I'm working from [home / the home] these days.

3. 僕はエマ・ワトソンのファンだ。

I'm [the / a] fan of Emma Watson.

4. 今日はバスで出勤した。

I went to (a)[the work / work] by (b)[a bus / bus] today.

5. 帰宅してそのまま寝た。

I got home and went straight to [the bed / bed].

Q.2 日本語を参考に、場面に合う自然な冠詞や名詞・代名詞を書きましょう。何も必要なければ「×」を書きましょう。

1. カフェの仕事に応募したんだ、店長が素敵だったからね。

I applied for (a)(　　) job at (b)(　　) café because (c)(　　) owner was nice.　＊接続詞because（なぜなら～だから）

2. 父はそのホテルの（唯一の）責任者だ。

My father is (a)(　　) manager at (b)(　　) hotel.

3. 目がかゆくて、鼻水が出てるんですよ。多分、花粉症です。

(a)(　　)(　　) are itchy and (b)(　　)(　　) is running. Maybe I have (c)(　　) hay fever.　＊形容詞itchy（痒い）

4. 電話が鳴ってるよ。

(　　) phone is ringing.

5. そのレストランには、ドレスコードはありますか？

(　　)(　　)(　　) dress code at the restaurant?

Day **16** 形容詞と副詞

　文型や他の文法単元の理解に大きく影響するのが品詞ですが、その中でも苦手な学習者が多い形容詞と副詞の働きについて今回は学習します。実践的な両者の使い方や区別を覚えましょう。

日本人のよくある **N** **G** 発信！

試験で良い結果を出しました。
I did good on my exams.

　形容詞のgoodはa good result（良い結果）のような語順で名詞の説明をする働きです。似た意味を持つ単語に副詞のwellがありますが、今回のように自動詞do（やっていく）とセットにできる、つまり動詞を修飾できる品詞がこの副詞wellです。do wellで「上手くやる」という意味があります。

◎ **I did well on my exams.**

▌形容詞と副詞の文法的な区別

　まずは形容詞と副詞の文法的な区別を整理しましょう。常にこの働きの違いをイメージできるかがポイントです。

1 回目		
	月	日

2 回目		
	月	日

3 回目		
	月	日

	補語 (C)	修飾語 (M)
形容詞	○	○ …名詞のみを修飾
副　詞	×	○ …名詞以外を修飾

　形容詞は主語 (S) や目的語 (O) の説明をする補語 (C) の働き (Day 10、12参照) をしました。形容詞と副詞は修飾語の点では共通していますが、形容詞は名詞のみ、副詞は名詞以外を修飾するという違いがあります。

 文法的に正しい形を選びましょう。

- -

君は今日、嬉しそうに見えるね。
You look [happily / happy] today.

　自動詞look（〜に見える）は後ろに補語 (C) として形容詞happyを置きます。副詞happilyは補語 (C) にはなれませんので誤りです。文型で品詞の位置に慣れていけばどのような語順で発信すればよいのか、理屈でわかるようになります。

 You look <u>happy</u> today.

形容詞の働きと位置

　形容詞は、「人」「物・事」（＝名詞）を説明（修飾）

限定詞は冠詞、指示代名詞、所有格の代名詞などを指します。

する言葉です。名詞を修飾する場合の語順は「限定詞* ＋形容詞＋名詞」です。

---

1. 私は青いやつが欲しい。

   I want a blue one.
   　　　　限定詞＋名詞の説明をする形容詞＋名詞

2. オーストラリアはその美しいビーチで有名だ。

   Australia is famous
   　　　　　　　　「主語の名詞」を説明する補語（C）の形容詞

   for its beautiful beaches.
   　　　限定詞＋名詞の説明をする形容詞＋名詞

　形容詞があることで、どんなものが欲しいのか、オーストラリアがどんな国なのか、どんなビーチがあるのかなど、名詞に関して、より詳しい情報を相手に伝えることができます。

☑ 違いをチェック！

(A) This is a nice song.
　　　　　　　修飾語（M）

(B) This song is nice.
　　　　　　　　　補語（C）

---

　thisやthatは、英文（A）（B）のように、2通りの語順で発信できますが（Day 14参照）、語順を変えると形容詞niceの品詞的な働きが変化します。英文（A）では修飾語（M）の働き、英文（B）では補語（C）の働きをし、実はこの違いでニュアンスの変化が起こります。

　英文(A)の名詞を直接修飾する「形容詞＋名詞」の語順は、その名詞の通常の性質や他の名詞との分類になるため、名詞を紹介するような場面で用いられます。例えば、色々な曲（普通の曲、ひどい曲、悲しい曲など）がある中で、これは素敵な曲である、と他の名詞と区別するために形容詞で限定して紹介する感じです。

　(A) これは素敵な曲です。…他の曲との比較

　一方、英文(B)のように、補語として後ろに形容詞だけを置いた場合、一時的な気持ち（その場で感じていること）が表現できます。

　(B) この曲、素敵だねぇ。…会話の場面での感情

　この感覚の違いを最初から理解するのは難しいですが、語順が違えば伝わり方も変化するということは意識しておきましょう。

「数量」を示す形容詞

　数量について言及する会話はよくありますが、具体的な数字を示すのではなく、次のような形容詞を用いて漠然とした感覚で伝えることも多いです。どんな名詞とセットになるのかも併せて覚えましょう。

日本語	＋可算名詞の複数形	＋不可算名詞
たくさんの	【数】many	【量】much
	【数量】a lot of/lots of	
何人（いくら）かの	【数量】some、（疑問文・否定文で）any	
2、3の/少しの	【数】a few	【量】a little

lots ofはa lot ofの口語表現です。

1. 多くの学生たちが家にいなければならなかった。

   Many students had to stay home.
   形容詞　複数名詞

2. 2、3人が彼に怒っています。

   A few people are angry with him.
   形容詞　複数名詞

3. 少しお砂糖が欲しいです。

   I want **a little sugar**.
   　　　　　形容詞　　不可算名詞

 自然な英文はどちら?

今日は仕事がとても多い。

(A) I have **much** work today.

(B) I have **a lot of** work today.

---

　a lot of/lots of は基本的に肯定文、much は主に否定文で用います。

　特に日常会話において、much を肯定文で使用することはあまりありません。so much（とても多くの）のように、2語以上で用いるのはOKです。

(B) I have **a lot of** work today.

muchの使い方としては次のようになります。

> 1. 今日はあまり仕事がありません。
>   I **don't** have **much** work today.
>   <u>否定文</u>
>
> 2. 今日はとても多くの仕事があります。
>   I have **so much** work today.
>   修飾語 + much

not 〜 much
（あまり〜ない）

「漠然とした適当な数量」を示す 形容詞some

　someはその場面に適した漠然とした数量を示し、訳出しない場合が多いです。ビジネスでは明確な数字を示すのが常識ですが、日常会話では曖昧な言い方をあえてすることも多いため、とても便利な形容詞です。否定文と疑問文ではanyを用いるのが基本です。

> 1. 私は日本出身の友人がいます。
>   I have **some friends** from Japan.
>   可算名詞の複数形
>
> 2. 彼は全く水を飲まなかった。
>   He didn't drink **any water**.
>   不可算名詞の原形

not 〜 any
（まったく〜ない）[=no]

3. 何か質問はありますか？

    ―いいえ、質問はありません。

    Do you have <u>any</u> questions?

    —No, I have no* questions.

noはnot ～ anyよりも「ない」ことを強調する響きが強くなります。

☑ 違いをチェック！

- -

(A) We need milk.
(B) We need some milk.

　「私たちはミルクが必要だ」という意味で、文法的にはどちらでも問題ありませんが、英文（A）の無冠詞は一般的な名詞の話で用いるのが基本のため（Day 15 参照）、コーヒーでも水でもなく、ミルクが必要というニュアンスになります。そこで、数量に焦点を当てたい場合は、英文（B）のようにsomeを用いることが多いです。これでミルクの量に焦点が当たります。

▎提案・要求表現のsome

　相手に提案・勧誘や要求をするような場面では疑問文でもanyではなくsomeを用いるのが自然です。

Would you like ~?
（～はいかがですか？）

1. 紅茶はいかがですか？

    Would you like <u>some</u> tea?

2. お水をもらえませんか？

    Can I have <u>some</u> water?

　英文1は相手に提案、英文2は相手に要求している場面ですが、このような場合は、相手から肯定的な返答（YES）を期待しているため、疑問文であっても肯定ニュアンスのsomeを用いるのが自然です。

▎副詞の働きと位置

　副詞は基本的に名詞以外の「動詞」「形容詞」「他の副詞」「文」などに説明を加える働きをします。また副詞を置く位置ですが、基本的には修飾したいものの近くに置くという感覚です。多くの英文に触れていきながら慣れていくことが大切です。

1. その少女は静かに読書をしていた。

   The girl was reading (M)**quietly.**
   　　　　　　　　　　　　　　動詞の説明をする副詞

2. それは本当にひどいイベントだった。

   It was a (M)**really terrible event.**
   　　　　　　形容詞の説明をする副詞

3. 彼はとても早口だ。

   He talks (M)**very** (M)**fast.**
   　　　　　　他の副詞の説明をする副詞＋動詞の説明をする副詞

4. 幸運にも、そこで新しい仕事を見つけた。

   (M)**Luckily, I found a new job** (M)**there.**
   　中心の文に説明を加える副詞　　　　動詞の説明をする副詞

文法的に正しい語順にしましょう。

- -

[really / hoodie / cute / my]

　副詞と形容詞の位置関係に注意しましょう。「限定詞 + 副詞 + 形容詞 + 名詞」の語順にします。reallyは副詞ですが、「形容詞 + ly」で副詞になる形も多く、その場合は見分けがつきやすいです。

> reallyは形容詞real（現実の、実際の）に-lyを付けて副詞になっています。

 my really cute hoodie
私の本当に可愛いパーカー

　副詞が形容詞、形容詞が名詞につながるイメージです。修飾語は説明を加えたい単語の前に置くのが基本です。

　では、最後に主な副詞を紹介しておきましょう。

ポイント	主な副詞	主な位置
程度	**almost**（ほとんど）、**hardly**（ほとんど〜ない）、**just**（〜だけ、ちょうど）、**only**（〜だけ、[数量] たったの〜）、**really**（本当に）、**so**（とても）、**much**（大いに）、**well**（うまく、十分に）、**very**（とても）など	修飾する形容詞・副詞の前

ポイント	主な副詞	主な位置
様子・状態	**hard**（一生懸命に）、**carefully**（注意深く）、**quickly**（素早く）、**fast**（速く）、**early**（早く）、**late**（遅く）など	文末「様子・状態」＋「場所」＋「時」の語順
場所	**here**（ここ）、**there**（そこ）など	
時	**now/right now**（今）、**today**（今日）、**tomorrow**（明日）、**yesterday**（昨日）、**tonight**（今夜）、**lately/recently/these days**（最近）など	
頻度	**never**（決して〜ない）、**usually**（たいてい）、**rarely [hardly ever/seldom]**（滅多に〜ない）、**sometimes**（時々）、**much**（よく）	文中
文修飾	**fortunately/luckily**（幸運にも）、**hopefully**（うまくいけば）、**seriously**（まじめな話）、**unfortunately**（残念ながら）など	文頭 後ろにコンマを伴うのが基本

Day 16 整理整頓クイズ

Q.1 日本語の意味になるように、（　　）に自然な英語を書きましょう。

1. それについての情報はまったくありません。

   I (　　) have (　　)(　　) about it.

2. パンはいかがですか?

   Would you like (　　)(　　)?

3. もうすぐ晩ご飯の準備ができます。

   Dinner (　　)(　　)(　　).

4. 母は滅多にお酒を飲まない。

   My mother (　　)(　　).

5. いくらかお金を貸してくれませんか?

   Can you lend me (　　)(　　), please?

Q.2　文法的に正しいものを選びましょう。

1. There's [an / some] egg on your face.

2. [Unfortunate / Unfortunately], he lost his job this time.

Q.3 次の場面に合う自然な英文を選びましょう。

1.【人物の本来の性格を相手に伝えたい】

   (A) He's a good dancer.

   (B) He dances well.

2.【水やりだけが唯一の手伝い】

    (A) I only water the flowers.

    (B) I water only the flowers.

3.【その場の一時的な感情を相手に伝えたい】

    (A) This was a great movie.

    (B) This movie was great.

　コア英文法と同時に強化したいポイントが2つあると書きました。1つは「語彙力」でしたが、もう1つは「**発音**」です。リストアップした単語をコテコテのフラットな日本語発音をしても残念ながらネイティブには通じません。ネイティブ並みの美しさを目指す必要はありませんが、相手が理解できる程度の発音は重要です。そのために**単語のアクセント（強弱）とイントネーション（抑揚）、そして連結（単語のお尻と頭で音がつながる）と脱落（音が聞こえない）は特に意識するようにしましょう。**まずは本書の音声をダウンロードして、ナレーターさんのリズムを真似しながら毎日、音読をしましょう。

Day 17　前置詞と名詞

　前置詞は名詞の前に置く言葉で、後ろの名詞や場面に合わせた使い分けが必要です。前置詞単体でその日本語訳だけを覚えるのではなく、用いる状況を意識して整理していきましょう。

> **日本人のよくある N G 発信！**
>
> **2階にちょっと行ってきた。**
> **I just went to upstairs.**

　不要なところに前置詞を用いてしまう誤用例がよく見られます。単語の品詞の働きに注目してください。upstairsは副詞です。前置詞は名詞とセットになるため、副詞の前に前置詞toを置くことは文法的にNGです。日本語の感覚で考えると一見、前置詞を置けそうなところですが、誤りであることが多いです。

 I just went upstairs.

1回目		
	月	日
2回目		
	月	日
3回目		
	月	日

▎前置詞＋名詞＝形容詞または副詞

　前置詞は「前置詞＋名詞」のカタマリで前置詞句と呼ばれる1つの表現となり、文法的には形容詞または副詞の働きをします。

前置詞＋名詞 （前置詞句）	形容詞の働き （形容詞句）	補語(C)または名詞を 修飾する修飾語(M)
	副詞の働き （副詞句）	名詞以外を修飾する修 飾語(M)

　Day 16で学習した形容詞と副詞の位置にこの前置詞句が入ってくるわけですね。

> 1. 彼はロンドン出身です。
>   **He's from London.**
>   　　　　補語(C)になる形容詞句（前置詞句）
>
> 2. ハワイの天気はとてもいい。
>   **The weather in Hawaii is so nice.**
>   　　　名詞＋名詞の修飾語(M)になる形容詞句（前置詞句）
>
> 3. 私たちはホテルに泊まった。
>   **We stayed at a hotel.**
>   　　　自動詞＋動詞の修飾語(M)になる副詞句（前置詞句）

▌ 前置詞in、on、atで場所を示す

「場所」を表す前置詞の表現をチェックします。コアニュアンスで整理してください。

コアニュアンス	使用例
「空間内部」を 示すin	in the library（図書館の中で）、in a pool（プールの中で）、in your hand（手の中で）、in Japan（日本で）など

コアニュアンス	使用例
「線・表面接触」を示す on	on the beach (ビーチ沿いで)、on the island (島の上で)、on the ceiling (天井に)、on the list (リスト上で)、on one's way (途中で)
「点」を示す at	at a restaurant (レストランで)、at the front (最前列で、正面で)、at the door (ドアのところで)、at the bottom (一番下で)

　at < on < in の順に広がりが大きくなるイメージです。「点」(at)が集まると、「面」(on)になり、その「面」で囲みを作れば「空間」(in)になると覚えておきましょう。このイメージはこのあとで学ぶ「時」の表現でも応用できます。

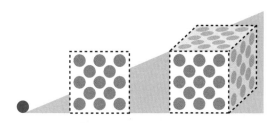

Q. 「ホテル内で待ち合わせ」に合う前置詞を選びましょう。

- -

Let's meet [on / in / at] the hotel.

　前置詞によってニュアンスが変化します。
　ロビーなど、ホテルの中で待ち合わせる場合は、「空間内部」ニュアンスの in the hotel が自然です。at the

hotel は、ホテル内には限定されず、地図上のホテルの位置を点で示す感じで、ホテルの敷地内であればOKという感じです。on the hotel はホテルの上という意味で不自然ですので完全に誤りです。

 Let's meet in the hotel.
ホテルの中で待ち合わせよう。

　特に、in と at の区別は学習者にとっては難しいですね。物理的な広さを意味するわけではなく、あくまでも個人的にどう考えているかがポイントになります。話し手が「限定された場所」と感じる場合は at、「広がりを感じる場所」の場合は in が用いられることが多いです。

> ☑ 違いをチェック！
>
> (A) I'm waiting on the corner of Albert and Queen Streets.
> (B) I'm waiting at the corner of Albert and Queen Streets.

　文法的にはどちらも正解ですし、日本語訳も「**アルバートストリートとクイーンストリートの角で待ってるよ**」で同じですが、on と at のイメージに違いがあります。on は「上（表面）に接触」が基本ですから角に歩道があってその上、あるいは体が通りに面して立っているという感じで、at は角を地図上の点で捉えた単純なイメージです。

- -

(A) I was **in** the bus.
(B) I was **on** the bus.

　これもまた学習者泣かせですが、文法的にはどちらも正解です。ただし、状況は異なります。英文（A）のinは「空間内部」ですから単純に「**バスの中にいた**」という意味です。一方、英文（B）のonは接触ニュアンスから「触れ続ける」→「連続・進行」を示すような「動きのある」ニュアンスがあるため、「**バスに乗って移動していた**」という意味になります。

　このように、文法的には正しいけれども聞き手の印象が変化するというのはよくあることです。またアメリカ英語かイギリス英語かでも前置詞の区別は異なりますので、自分で使っていく中で感じていくことが大切になってきます。まずは本書で挙げるポイントを最優先しましょう。

前置詞in、on、atで時を示す

「場所」を示すin、on、atは「時」の表現でも使えます。「場所」の物理的な感覚を、「時」という心理的な感覚に置き換えます。

コアニュアンス	使用例
時の「空間」を示すin	in 2006 (2006年に)、in June (6月に)、in summer (夏に)、in the morning (午前中に) など
接する「時間」を示すon	on Thursday (木曜日に)、on Christmas Day (クリスマスの日に)、on May 2 (5月2日に) など
時の「一時点」を示すat	at 8 a.m. (午前8時に)、at noon (正午に)、at night (夜に) など

　場所と同じように、時間の感覚も at < on < in の順に広がるイメージです。「年」や「月」など大きな時の空間を連想させるにはinが使われます。「時刻」はまさに時の点の感覚でatが使われます。「曜日」や「日付」などは「時」の点が集まったもので、時間に接する感覚*で接触ニュアンスのonが用いられます。

> 「1時間」という点が密接に集まると「24時間」=「日」=「曜日」になる感覚です。

 次の場面に合う前置詞はどちら?

- -

私の姉は仕事中です。
My sister is [in / at] work.

「仕事中」は1日の中で「一時的」状態、つまり時の「点」としてイメージされるため、前置詞atを用います。

 My sister is at work.

179

その他の前置詞 to、from、for

コアニュアンス	使用例
「到達」 を示す to	go to the museum（博物館に行く）、 get to the station（駅に着く）など
「起点」 を示す from	from Osaka（大阪から）、from here（ここから）、from 10 to 3（10 時から3時まで）など
「前方（方向）」 を示す for	for Kobe（神戸方面）、a gift for my wife（妻への贈り物）、for a week（一週間）、for lunch（ランチ のために）、for 10 a.m.（[予約] 午 前10時に）など

　to は「方向」と「到達」のニュアンスを併せ持ち、
for は「前の方向」を向いている意識で、「人の利益」
for me（私のために）や「行事」for New Year's Day
（正月を祝って）などにも使われます。

 **完全に目的地に着いたことを意味する
のはどちら?**

- -

(A) She left early **for** the beach.
(B) She walked **to** the beach.

　英文（B）の to は完全に「到達」に焦点が当たりま
すが、英文（A）の for は方向を示すだけで到達には焦点
を置いていませんので誤りです。

　（A）（彼女はビーチに向けて、早くに出発しました）。

(B) She walked to the beach.

彼女は歩いてビーチに行きました。

前置詞を置くとNGケース

次の例文は日本人学習者が誤りやすい典型的なケースです。

---

1. その会議室に入らないでください。
   Don't <u>enter</u> the conference room.
   他動詞[×in]

2. 彼はニュージーランドに留学した。
   He studied <u>abroad</u> in New Zealand.
   [×to] 副詞

3. この夏、私たちはオーストラリアに行く予定だ。
   We're going to Australia <u>this summer</u>.
   [×in] 副詞

まず、英文1は本書の文型単元でも学習しましたが、他動詞は後ろに前置詞を置けません。enterを自動詞getやgoなどにすれば前置詞とセットにできます。動詞を覚える際は他動詞と自動詞を区別して覚えてください。

英文2ですが、abroadは副詞で前置詞は置けません。abroad = in a foreign countryの意味で、副詞にはすでに前置詞の意味が含まれるため、in abroad = in in a foreign countryという感じで同じ意味の繰り返しになるため副詞の前に前置詞はNGです。一方、New

Zealandは名詞ですから場所を示す前置詞inが必要です。

英文3では、時を表すthis summerが用いられていますが、名詞の前にthis、last、nextなどを置くと自動的に副詞の表現になるため前置詞は不要です。

▎自動詞＋前置詞（句動詞）の表現

同じ意味を持つ表現として、他動詞を「自動詞＋前置詞」の表現で言い換えられる場合もあります。

---

1. 彼らはその問題について話し合った。

   They discussed the issue.
   <u>他動詞</u>＋<u>目的語（O）</u>

   = **They talked about the issue.**
   <u>自動詞＋前置詞の表現</u>＋<u>前置詞の目的語（O）</u>

2. このカーテンはその絨毯に合います。

   This curtain matches the rug.
   <u>他動詞</u>＋<u>目的語（O）</u>

   = **This curtain goes with the rug.**
   <u>自動詞＋前置詞の表現</u>＋<u>前置詞の目的語（O）</u>

日常会話においては、他動詞1語で話すよりも「自動詞＋前置詞」表現（句動詞と呼ぶ）のほうが口語的な響きがあります。

また文型学習では、「自動詞talk＋前置詞about＋前置詞の目的語の名詞」のように1語ずつ切り離して構造を考えることもありますが、最終的には、talk about～（～について話す）を1つの表現（句動詞）として押さえていくのが実践的です。

Day **17** 整理整頓クイズ

- -

Q.1 文法的に正しいものを選びましょう。何も必要なければ「×」としましょう。

1. You should [tell / discuss / talk] about it with your children.

2. We'll go for a drink [in / at / ×] next month.

3. Did I have mustard [on / in / to] my nose?
   ＊mustard（マスタード）

4. The webinar will start [from / at / for] 1 p.m.
   ＊webinar（オンラインセミナー）

5. I posted my video [in / on / ×] the morning of the 16th.

6. I met her [for / at / in] a party once.

Q.2 日本語の意味になるように（　　）に自然な英語を書きましょう。

1. 私たちはビーチ沿いのカフェで遅めのランチを食べた。
   We had a late lunch (a)(　　) a cafe (b)(　　) the beach.

2. ハナコは木曜日に、九州に向けて伊丹を出発した。
   Hanako left Itami (a)(　　) Kyushu (b)(　　)(　　).

3. この冬に大学時代の友だちと会った。
   I met a friend of (a)(　　)(　　) college (b)(　　)(　　).

4. 彼は明日午前10時に歯医者の予約がある。
   He has a dental appointment (　　) 10 a.m. tomorrow.

5. 【直行便で移動中】僕は空港行きのシャトルバスで寝ていた。
   I was sleeping (a)(　　) the shuttle bus (b)(　　) the airport.

6. 駅の中にマクドナルドがある。
   There's a McDonald's (　　) the station.

Day 18

疑問詞 what、which、who、whose

　疑問詞は会話のスターターとなる便利な表現です。何を尋ねたいかで使い分けることはもちろんですが、本書では疑問詞に備わっている品詞の働きに基づいた文法的な区別にも触れていきます。

日本人のよくある **N G** 発信！

お姉ちゃんは何を食べてたの？
What did your sister eating?

　疑問詞を用いた英文の典型的なミスは、疑問詞の後ろの誤った語順や時制の選択ミスです。疑問詞に気を取られ、ここでは「〜していたの？」＝過去進行形の疑問文の部分がしっかり意識できていません。

 What <u>was</u> your sister eating?

　文型と時制に対する基本知識が定着していない段階で疑問詞を学習すると、ミスも多くなり、とても難しく感じている英会話初心者は多いようです。日本語につられている場合もあるため、本書のように理屈とニュアンスのバランスをうまく取ることが大切になります。

1回目		
	月	日

2回目		
	月	日

3回目		
	月	日

Yes/No で答える普通の疑問文

「はい」「いいえ」で返答できる疑問文の語順がまず
は基本です。「〜ですか？」「〜しますか？」とシンプ
ルに尋ねる表現です。be動詞と一般動詞の区別がポ
イントです。

be動詞の疑問文	「〜は…ですか？」 Be動詞＋主語(S) …？
一般動詞の疑問文	「〜は…しますか？」 Do/Does＋主語(S)＋一般動詞の 原形(V) …？

1. あの人は彼の同僚だった。

   肯定文　That guy was his coworker.
   　　　　　主語(S)　　be動詞

   あの人は彼の同僚だったの？
   ―はい、そうでした。/いいえ、違います。

   疑問文　Was that guy his coworker?
   　　　　be動詞　　主語(S)

   ―Yes, he was. / No, he wasn't.

2. 父は徒歩通勤だ。

   肯定文　My father walks to work.
   　　　　　主語(S)　　一般動詞

お父さんは徒歩通勤ですか？
—はい、そうです。/いいえ、違います。

疑問文　Does your father walk to work?
　　　　　　　　　　主語(S)　　　一般動詞 (V原形)

—Yes, he does. / No, he doesn't.

Do/Doesを用いた疑問文は後ろが「主語(S)+動詞の原形(V)」になります。

　Yes/Noで返事ができると言いつつ、本当にYes./No.と返事をするとその場の雰囲気によってはとても冷たく響きますから、次のようにもう一言付け加えてあげるのが自然です。

あの人は彼の同僚だったの？
—はい、そうです。今は私の上司です。
Was that guy his coworker?
—Yes, he was. **He's my boss now.**
　（△）Yes.（はい）

疑問詞を用いた疑問文のよくある間違い

　疑問詞を用いた疑問文では、疑問詞の後ろに続く語順や形にミスが生じることがとても多いです。do/doesを用いるのか、be動詞を用いるのか、その区別の誤りや主語と動詞の語順や時制絡みの誤りなどがよくあります。

「彼女は何が好き？」

（×）What is she like?	不要な be 動詞を用いる
（×）What she likes?	does が使えていない
（×）What like she?	主語と動詞の語順が誤り

> NG例を少し意識しておくだけで、会話の経験を通して自然と修正されるようになります。

 What does she like?

　それでは、前置きが長くなりましたが、疑問詞の使い方について整理していきましょう。

疑問代名詞 what、which、who

　疑問詞は次のように、尋ねたい情報に合わせて選びます。

物事・行動・考えなどの内容を尋ねる	**what**（何）
選択肢がある中で尋ねる	**which**（どちら）
人物を尋ねる	**who**（誰）

> which は S または O の内容を尋ねる。

　疑問詞にも品詞の分類があります。まずは代名詞の働きをする疑問代名詞 what、which、who について整理します。名詞は主語（S）、目的語（O）、補語（C）を表現しますが、これらの部分を尋ねるのが疑問代名詞です。

主語(S)の部分を尋ねる疑問文

後ろは動詞(V)が続く語順になります。「疑問詞(S)+動詞(V)」。

1. ポケットには何が入ってるの？

   What is in your pocket?

   疑問代名詞(S) + (V)

2. どちらがあなたのですか？

   Which is yours?

   疑問代名詞(S) + (V)

in charge（担当して、責任を負って）

3. 担当者は誰ですか？

   Who is in charge?

   疑問代名詞(S) + (V)

　下線部の主語(S)の内容を疑問詞で尋ねるプロセスを確認します。

1. いくらかのお金が私のポケットに入っている

   Some money is in my pocket.

   主語(S)

   → **What is in my pocket?**

   主語が(S)疑問詞になる

2. この赤いやつが私のだ。

   This red one is mine.

   主語(S)

   → **Which is mine?**

   主語が(S)疑問詞になる

3. イケダさんが担当者だ。

   Mr. Ikeda is in charge.

   主語(S)

   → **Who is in charge?**

   主語が(S)疑問詞になる

　主語の位置に疑問詞が入るだけで、後ろの語順変化（主語とbe動詞の語順が入れ替わる倒置）はありません。では、一般動詞を用いた応用クイズです。

 文法的に正しく並べ替えましょう。

手をどうしたの？［手に何が起こったの？］
[happened to / what / your hand / ?]

　「疑問詞の主語＋一般動詞」の語順がポイントです。この文は主語（S）として疑問詞whatを用いたものです。「前置詞＋名詞」ルールがありますので、名詞your handの前には前置詞toを置きます。

 What happened to your hand?

このポイントを他の例文でも確認しましょう。

1. 何で彼は喜ぶの？
   What makes him happy?
   　　　3人称単数現在形

2. 誰が彼女の世話をしてくれたの？
   Who took care of her?
   　　　過去形

take care of
（世話をする）

　同じく文頭の疑問詞が主語を兼ねている疑問文ですが、この場合は疑問文を作るdo、does、didはなく、英文1のように、動詞は3人単数現在形のs*、英文2

「疑問詞+一般動詞」の場合、疑問詞が3人称単数扱いになるため、現在形には-sがつきます。

は過去の話で過去形tookになっています。この疑問文にはdidがないため、原形takeにしてしまうと過去であることがわからなくなります。その意味でも主語に疑問詞を用いた場合は、過去であればそのまま過去形を用います。

他動詞が必要とする目的語(O)の部分を尋ねる疑問文

1. あなたは何を必要としてるの？
   What do you need?
   疑問代名詞(O)　　　他動詞(V)

2. どっちが欲しい？
   Which do you want?
   疑問代名詞(O)　　　他動詞(V)

3. あなたは誰のことが好きなの？
   Who do you like?
   疑問代名詞(O)　　他動詞(V)

下線部の目的語(O)の内容を疑問詞で尋ねるプロセスを確認します。

1. 仕事が必要だ。
   I need a job.
   　　　　目的語(O)

   → **I need what.**
   　　　　目的語(O)が疑問詞になる

   → **Do you need what?**
   　　　普通の疑問文

→ **What do you need?**

文頭に疑問詞が移動 + 普通の疑問文

2. これが欲しい。

I want **this.**

目的語（O）

→ I want **which.**

目的語（O）が疑問詞になる

→ **Do you want** which?

普通の疑問文

→ **Which do you want?**

文頭に疑問詞が移動 + 普通の疑問文

3. 私は池田さんが好きだ。

I like **Mr. Ikeda.**

目的語（O）

→ I like **who.**

目的語（O）が疑問詞になる

→ **Do you like** who?

普通の疑問文

→ **Who do you like?**

文頭に疑問詞が移動 + 普通の疑問文

自動詞が必要とする補語（C）の部分を尋ねる疑問文

1. これは何？

What is this?

疑問代名詞（C）+ 自動詞（V）（S）

2. あの女性は誰？

Who is that woman?

疑問代名詞（C）+ 自動詞（V）（S）

下線部の補語（C）の内容を疑問詞で尋ねるプロセスを確認します。

---

1. これは腕時計だ。

   This is a watch.
   補語（C）

   → **This is what.**
   補語（C）が疑問詞になる

   → **Is this what?**
   普通の疑問文

   → **What is this?**
   文頭に疑問詞が移動 + 普通の疑問文

2. あの女性は私の担当医だ。

   That woman is my doctor.
   補語（C）

   → **That woman is who.**
   補語（C）が疑問詞になる

   → **Is that woman who?**
   普通の疑問文

   → **Who is that woman?**
   文頭に疑問詞が移動 + 普通の疑問文

疑問形容詞what、which、whose

　疑問詞what、which、whoseは「疑問詞＋名詞」のカタマリを文頭に置く疑問文を作ることができます。この場合、名詞を修飾する形容詞として働くため、疑

問形容詞と呼びます。

物事・行動・考えなどの内容を尋ねる	**what＋名詞** （何の～）
選択肢がある中で尋ねる	**which＋名詞** （どちらの～）
所有者を尋ねる	**whose＋名詞** （誰の～）

　疑問文の構造を理屈で最初は覚えたほうが定着効率は高いため、例文の中で「疑問詞＋名詞」の1カタマリの語順を意識してください。

1. 何のスポーツを彼はプレーしますか？
   What sport does he play?
   疑問形容詞＋名詞
   他動詞 play の目的語（O）

   > What sports でも可能です。

2. どの季節があなたは好きですか？
   Which season do you like?
   疑問形容詞＋名詞
   他動詞 like の目的語（O）

   > Which＋seasons でも可能です。

3. それらは誰の靴下ですか？
   Whose socks are they?
   疑問形容詞＋名詞
   by 動詞の後に続く補語（C）

   > whose は疑問代名詞の働きもありますが、形容詞の働きで用いるのが一般的です。

　疑問文の作り方は疑問代名詞と同じです。「疑問詞＋名詞」がここでのポイントですね。

> **Q.** 誤りを訂正しましょう。
>
> -
>
> **What does he like color?**

whatとcolorを切り離した語順が誤りです。「何色」は疑問詞「何」が名詞「色」を修飾していると考えるため What colorと1つのカタマリの語順「疑問詞＋名詞」にする必要があります。

 What color does he like?
彼は何色が好きですか？

▌軽い質問から細かい質問へ

日常英会話パターンの1つとして、Yes/No疑問文で大まかな軽い質問を行い、相手の返答内容を受けて、今度は疑問詞を用いた具体的な質問を投げるという流れがあります。

> A: オーストラリアに行ったことある？
> **Have you ever been to Australia?**
>
> B: うん、1回行ったことあるよ。
> **Yes, I've been there once.**
>
> A: オーストラリアのどこに行ったの？
> **Where did you go in Australia?**

こちらから追加の質問をうまく投げることで、相手

への関心も示すことができ、コミュニケーションの流れが良くなります。

尋ね方の工夫

それでは最後に、文法的には正しくても、ネイティブにとっては不自然な尋ね方になってしまうケースをクイズで確認しましょう。

【相手の趣味を尋ねる場面】
自然な疑問文はどちら?

- -

(A) What's your hobby?
(B) What do you do in your free time?

「趣味は何ですか?」を直訳して英文(A)のようにWhat's your hobby?とはあまりネイティブは言いません。相手との関係性にもよりますが、直接的な言い方は避けられる傾向にあります。少し遠回しに英文(B)で尋ねるほうが自然です。

 (B) What do you do in your free time?
暇な時間は何をするの?

疑問詞を用いた疑問文は英会話のやりとりには欠かせません。尋ねられてばかりよりも、こちらから質問を投げることで、会話のテーマを自分でコントロールできますから、英会話初心者でも会話を進めやすくな

watchやeatなどの動作自体がわからない場合は「何をする?」という意味でwhatとdoを組み合わせた疑問文にします。

りShe。ただ、今回の例のように、日本語で浮かんだ質問を直訳すると、あまりネイティブが言わないような質問の仕方になることがありますので注意しましょう。

Day 18 整理整頓クイズ

- -

Q.1 文法的に正しく並べ替えましょう。ただし、不要なものが1語ありますので注意してください。

[holiday / does / favorite / is / what / your]?

Q.2 日本語の意味になるように（　　　）に自然な英語を書きましょう。

1. 君たちは今日何をしたの?

(　)(　) you guys (　) today?

2. これらは誰の本ですか?あなたの?

(a)(　)(　) are these? (b)(　)(　) yours?

3. A:学校に遅刻したの?

B:うん、それで試験を受け損ねたんだ。

A:何時に起きたの?

A: (a)(　)(　) late for school?

B: Yes, and I missed my test.

A: (b)(　)(　)(　) you get up?

4. 誰がピザ欲しいの？

　　— 僕、欲しいです。

　　(a)(　　)(　　) pizza?

　　— (b)(　　) (　　).

6. お父さんの仕事は何ですか？

　　— 英語の先生です。

　　(a)(　　)(　　) your father (　　)?

　　— (b)(　　)(　　) English teacher.

7. 市内に行くバスはどちらですか？

　　— 3番のバスに乗ってください。

　　(　　)(　　)(　　) downtown?

　　— Take the No. 3.

8. 誰が食事代を払ってくれたの？

　　— 私が払ったよ。

　　(a)(　　)(　　) for the meal?

　　— I (b)(　　).

Day 19

疑問詞where、when、how、why

　会話のとっかかりにもなる便利な疑問詞と、今回は関連する表現を学習します。様々な尋ね方パターンに慣れておくと、リスニングがスムーズになりますし、何よりも日常会話スキルがアップします。

> **日本人のよくある N G 発信!**
>
> **僕の考えについてどう思う？**
> **How do you think about my idea?**

　「どう」に引っ張られて疑問詞howを用いる学習者は多いのですが、意見を尋ねる場合は、中身の情報を尋ねるwhat（何）を用いるのが自然です。

 What do you think about my idea?

　thinkをfeelにすれば、howを用いるのが一般的になります。動詞との相性があり、このあたりは経験を重ねることが大切です。

 How do you feel about my idea?
僕の考えについてどう感じますか？

1回目
　　　　月　　　日

2回目
　　　　月　　　日

3回目
　　　　月　　　日

疑問副詞 where、when、why

「場所」「時」「理由」などの説明は主に副詞で表現できますが、その副詞の部分を尋ねる疑問副詞を今回は押さえます。

場所	where （どこ）	時	when （いつ）	理由	why （なぜ）

副詞(M)の部分を尋ねる疑問文

1. あなたはどこにいたの？

   Where were you?
   <u>疑問副詞(M)</u>

2. いつこれを買ったの？

   When did you buy this?
   <u>疑問副詞(M)</u>

3. どうしてここにいるの？

   Why are you here?
   <u>疑問副詞(M)</u>

　下線部の副詞(M)の内容を疑問詞で尋ねるプロセスを確認します。

1. 家にいた。

   I was <u>at home.</u>
   副詞(M)

   → I was <u>where.</u>
   副詞(M)が疑問詞になる

→ **Were you** <u>where</u>?
<u>普通の疑問文</u>

→ <u>Where</u> **were you**?
<u>文頭に疑問詞が移動 + 普通の疑問文</u>

2. これを先週、買った。

I bought this <u>last week</u>.
<u>副詞（M）</u>

→ **I bought this** <u>when</u>.
<u>副詞（M）が疑問詞になる</u>

→ **Did you buy this** <u>when</u>?
<u>普通の疑問文</u>

→ <u>When</u> **did you buy this**?
<u>文頭に疑問詞が移動 + 普通の疑問文</u>

3. 面接のためにここにいる。

名詞interview（面接）

I'm here <u>for the interview</u>.
<u>副詞（M）</u>

→ **I'm here** <u>why</u>.
<u>副詞（M）が疑問詞になる</u>

→ **Are you** here <u>why</u>?
<u>普通の疑問文</u>

→ <u>Why</u> **are you here**?
<u>文頭に疑問詞が移動 + 普通の疑問文</u>

 正しい尋ね方はどちら？

- -

1. イギリスの首都はどこ？
  —ロンドンだよ。

  [Where's / What's] the capital of the UK?

  — It's London.

2. どうしてここに？
   ― 友だちを訪ねるんだ。
   [Why / What] brings you here?
   ― I'm visiting some friends.

他動詞 **bring**（…を持って
くる、…を連れてくる）

「どこ」＝ where、「どうして」＝ why とは限らない
例です。英文1は一般的な情報を尋ねる what（何）が
正解です。英文2「何があなたをここに連れてくるの
ですか？」が直訳ですが、来た目的を尋ねる自然な言
い方です。文法的には Why did you come here? も OK
ですが、相手によっては直接的で来てはいけないよう
な響きに聞こえます。

 1. **What's** the capital of the UK?

 2. **What** brings* you here?

たいてい現在に焦点があるよ
うな状況で用いるため、現在
形が自然ですが、文法的に
は過去形 brought でも正解
です。

疑問副詞 how の 3 用法

疑問詞 how は何を尋ねたいかを意識することが大
切です。

how	**方法**「どんな方法で」「どんな手段で」
	状態（様子・状況）「どう」「どんな調子で」
	（数量・程度・年齢・金額などの）程度*「どのくらい」「どれほど」

「how ＋形容詞・副詞」の形
で用います。

1. ここにはどうやって来たの？

   How did you come here?
   「方法」

2. 首の調子はどうですか？

   How's your neck?
   「状態」

3. 1か月に、彼は何本映画を見るの？

   How many movies does he watch
   「程度」＋形容詞＋名詞

   前置詞in（[期間] …間で）

   in a month?

下線部の副詞（M）の内容を疑問詞で尋ねるプロセスを確認します。

1. ここまで車で来た。

   I came here **by car.**
   方法

   → I came here **how.**
   「方法」を尋ねる疑問詞になる

   → **Did you come here how?**
   普通の疑問文

   → **How did you come here?**
   文頭に疑問詞が移動＋普通の疑問文

2. 首の調子は良い。

   名詞neck（首）

   My neck is **fine.**
   状態

   → My neck is **how.**
   「状態」を尋ねる疑問詞になる

→ **Is your neck how?**
　普通の疑問文

→ **How is your neck?**
　文頭に疑問詞が移動＋普通の疑問文

　英文2のhowは相手や物事の一時的な様子・状況を尋ねます。固定的、永続的な見た目や性格・性質そのものを尋ねるときはWhat is S like?（Sはどのようなものですか？）を用います。

お父さんはどんな人？
―10代の少年のような人。
What's your father like?
―**He's like a teenager boy.**

> 前置詞likeの目的語の部分が疑問代名詞Whatになっています。

3. 1か月に、彼は10本の映画を見る。
He watches ten movies in a month.
　　　　　　　　程度（数）

→ **He watches how many movies**
　　　　　　　　　　　「程度（数）」を尋ねる疑問詞になる

in a month.

→ **Does he watch how many movies**
　普通の疑問文

in a month?

→ **How many movies***
　文頭に疑問詞が移動

does he watch in a month?
　普通の疑問文

> 形容詞manyは名詞を修飾するため、それに引っ張られてmoviesも前に移動します。

形容詞 many 以外にも次のような形容詞と一緒になります。

> deep（深い）、far（遠い）、high（高い）、large（大きい）、long（長い）、much（たくさんの）、old（古い）、tall（[背が] 高い）など

▎否定疑問文

否定文を疑問文の語順にした否定疑問文は、「〜ではないの？」「〜しないの？」という意味で、日常会話で重宝します。軽い確認や遠回しに意見・提案・依頼などをする場面で用います。ある程度、相手の答えを想定している感じもありますので、相手がどう答えるのか本当に疑問である場合は普通の疑問文を用います。

> 1. お腹すいてないの？
>   ―いえ、空いてますよ。
>   **Aren't you hungry?**
>   否定疑問文
>   ―**Yes, I am.**　（×）No, I'm not.
>
> 2. タバコ吸わないの？
>   ―うん、吸いません。
>   **Don't you smoke?**
>   否定疑問文
>   ―**No, I don't.**　（×）Yes, I do.

返事ですが、日本語の「いえ」「うん」で考えてしまうと英文1ではNo、英文2ではYesとするミスが

生じます。日本語につられずに、普通の疑問文 Are you ...? —Yes, I am. / No, I'm not. (あなたは…ですか？ —はい、そうです。/いいえ、そうではありません)、Do you ...? – Yes, I do. / No, I don't. (あなたは…しますか？ —はい、します。/いいえ、しません)に対する返事と同じです。返答内容が肯定であれば日本語に関係なく Yes ですし、否定であれば No となります。

┃ 付加疑問文

　付加疑問文は、「(確信して) 同意を求める」(…だよね) または「(確信なく) 確認をする」(…ですよね？) 表現です。相手が話しやすい会話の雰囲気作りに役立ちます。同意は下げ調子 (↘)、確認は普通の疑問文のように上げ調子 (↗) で話します。

---

1. 食べ過ぎたよね？
   —うん、食べ過ぎたね。
   We ate too much, didn't we?
   　　一般動詞の過去形の肯定文
   —**Yeah, we did.**

2. ここには滞在しないんだよね？
   —うん、しないよ。
   You aren't going to stay here, are you?
   　　be動詞の否定文
   —**No, I'm not.**

作り方は、疑問文で作られた文頭の2語（Do you ... ?/Are you ... ?など）を、肯定文なら否定形、否定文なら肯定形と反対にして文末に置きます。文末をrightで置き換えても付加疑問文と同じニュアンスです。

来るんだよね？
You're coming, <u>right</u>?
[= aren't you]

▎間接疑問

「疑問詞＋SV ...」「疑問詞（S）＋V ...」のカタチを間接疑問と呼び、1つの名詞の働きをします。つまり、S/O/Cの位置に間接疑問を用いることができるわけです。特に他動詞の目的語としてよく用いられます。

間接疑問そのものは、文ではなく、それを含めた英文を「間接疑問文」と呼びます。

1. 彼女がどこに住んでいるのかわかりますか？
Do you know where she lives?
他動詞　　疑問詞　＋　(S)　＋　(V)
　　　　　　間接疑問(O)

2. 何時に出発したらいいのかなぁ。
I wonder what time I should leave.
他動詞　疑問詞　　(S)　　(V)
　　　　　間接疑問(O)

英文1はwhere does she live?（何時ですか？）を、英文2はWhat time should I leave?（何時に出発したらいいですか？）を、それぞれ間接疑問に言い換えて、他動詞の目的語に用いたものです。間接疑問は文法的に疑問文ではないため、疑問詞の後ろは普通の文になるのがポイントです。次のような倒置は誤りです。

（×）Do you know where **does she** live?

（×）I wonder what time **should I** leave.

　よく一緒に用いられるカタチも参考までに挙げておきましょう。

> **Do you know ... ?**（…を知っていますか？）**/ Do you remember ... ?**（…ということを覚えていますか？）**/ I'm not sure ...**（…かどうか確信がない）**/ I wonder ...**（…かしらと思う）など

「...」部分に間接疑問の表現を用いることができます。

☑ 違いをチェック！

- -

(A) Where is she?

(B) Do you know where she is?

　同じことを尋ねる場合でも、響きの強弱があります。英文（A）は疑問詞を用いてストレートに尋ねているため、直接的な響きがあります。英文（B）は間接疑問の名前の通り、間接的な響きになります。この強弱の使い方は個人の話し方の好みもありますし、会話の印象やリズムに影響しますので違いを意識して色々な話し方を経験していきましょう。

(A) 彼女はどこにいますか？

(B) どこに彼女がいるのか知っていますか？

▌疑問詞と品詞一覧

　では、最後にまとめて整理しましょう。品詞的な観点も押さえることで日本語に惑わされない疑問詞の区

別ができるようになります。疑問詞howに関しては、ポイントも意識して押さえてください。

疑問詞	品詞	意味
what	名詞・形容詞*	[名] 何 [形] 何の
which	名詞・形容詞*	[名] どれ [形] どの
who	名詞	誰
whose	形容詞*・名詞	[形] 誰の [名] 誰のもの
where	副詞	どこ
when	副詞	いつ
why	副詞	なぜ
how	副詞*	【方法】どのように、【状態】どう、【程度】どのくらい

形容詞の場合は「what+名詞」の語順。

形容詞の場合は「which+名詞」の語順。

主に形容詞として「whose+名詞」の語順で用います。

howは副詞ですが、例外的に「状態」用法では補語（形容詞・名詞）の部分を尋ねたものになります。

それでは以上で、品詞関連の単元は終了です。お疲れさまでした。

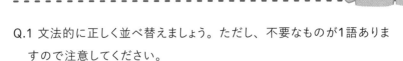

Day 19 　整理整頓クイズ

Q.1 文法的に正しく並べ替えましょう。ただし、不要なものが1語ありますので注意してください。

Someone [how much / did / me / I had / money / in / asked] my bank account.

Q.2 日本語の意味になるように（　　）に自然な英語を書きましょう。

1. お父さんは車持ってないんだよね？

   Your father (a)(　　) have a car, (b)(　　)(　　)?

2. 部長はどんな人ですか？

   (　　) your manager like?

3. 仕事の面接はどうだったの？

   (　　)(　　)(　　) job interview?

4. どうしてそんなに緊張してるの？

   (　　)(　　) you so nervous?

5. A: コストコに行ったことある？

   B: うん、よかったよ。

   A: そこにいつ行ったの？

   A: (a)(　　)(　　)(　　) to Costco?

   B: Yes, it was great.

   A: (b)(　　)(　　) you go there?

6. 昨日、彼女に電話しなかったの？

   ―うん、時間がなかったんだ。

   (a)(　　)(　　) call her yesterday?

   ― (b)(　　), I didn't have time.

7. どうして彼女は私を招待してくれなかったのかなぁ。

   I wonder (　　)(　　)(　　)(　　) me.

SHUFFLE クイズ ④

Day 13〜19の確認問題です。
何度も解き、音声を活用しながら、知識を定着させましょう。

1 回目		SCORE
月	日	100
2 回目		
月	日	100
3 回目		
月	日	100

制限時間 **15** 分

- -

[1] 次の英文には必ず状況や日本語に合わない箇所があります。訂正して自然な英文に直しましょう。(4点×6 [24点])

1. 私はあの夜、よく眠れなかった。
   I couldn't sleep very good that night.

2. 私たちの家のすぐ隣で火事があった。
   There was fire right next to our house.

3. 彼の計画についてどう思う?
   How do you think about his plan?

4. この話、素晴らしいよ。
   This is a wonderful story.

5. 空港まで迎えにきてくれませんか?
   Can you pick me up at an airport?

6. 下の階に行こう。
   Let's go to downstairs.

[2] 文法的に正しい、または自然な表現をそれぞれ選びましょう。
   (4点×7 [28点])

1. **One hundred ten years ago today, the Titanic left England [for / in] New York.**

2. **[How / What] was the weather like in Kobe today?**

3. James has a lot of money, so he will lend
   [them / it] to the owners.

4. [Who / What / Why] brought you to Osaka?
   —I'm here for work.

5. Just add [a few / many / a little] salt and pepper.

6. Can I open [a / the] window? It's getting hot in here.

7. We had [much / many / lots of] snow yesterday.

[3] 日本語の意味になるように（　　）に自然な英語を書きましょう。
　　（4点×12［48点］）

1. 彼女たちは助けが必要だ！

   (a)(　　) need (b)(　　)(　　) !

2. 【カフェの店内】サイズは何種類ありますか？

   (　)(　)(　)(　) there?

3. もうすぐ23時で、僕はまだ仕事中だ。

   It's (a)(　) 11:00 p.m. and I'm (b)(　) (c)(　) work.

4. ポテトにチーズはいかがですか？

   Would you like (　)(　) with your fries?

5. フロリダからシカゴまでのフライトはどうだったの？
   —怖かったよ、外の風が強すぎて。

   (a)(　)(　) (b)(　) flight (c)(　) Florida (　) Chicago?
   —It was scary, too windy outside.

6. Wi-Fiが古くなってきた。新しいのが欲しいな。

   My Wi-Fi is getting old. I want (　)(　)(　).

7. 彼女がどこにいたのか知ってる？

   (　) you know (　)(　)(　)?

CHAPTER 3

読解力と表現力を養う

同じ事実でも、英語と日本語では伝え方が異なります。例えば、日本語の「外で吠えている子犬」は英語では「子犬　吠えている外で」（a puppy barking outside）のように、日本語は「説明が前」、英語では「説明が後ろ」のように発信の仕方が違います。

第3章では、主に動詞を用いた表現の工夫と、相手にとってより理解しやすい状況を描写する方法を学びます。相手に「何を、どのように伝えるか？」を意識しながら進めていきましょう。

仮定法過去の表現
would、could、might

　仮定法は日常生活の中で、実現の可能性が低いことについてや、相手への物の言い方を和らげたりするためによく用いられます。このDayでは仮定法過去で用いられる過去形に含まれる3つのニュアンスにも注目します。

日本人のよくある **N** **G** 発信!

私はたぶん1週間は寝れますよ。
Maybe I can sleep for a week.

　話し手の中の気持ちとして、現実的か非現実的か、それが決め手です。

　canは現実的な能力を表現し、いつだって1週間寝ることができるという事実を伝えます。これでは少し現実離れで不自然に聞こえます。

　助動詞canを仮定法過去形(見た目は過去形と同じ)couldにすると、実際に起こる可能性が低いことが表現できます。この場面では、実際に寝るというわけではなく、寝ようと思えばそれくらい寝られることを大袈裟に表現しています。過去形だけど過去の話ではなく、現在の話をしている仮定法過去couldが正解です。

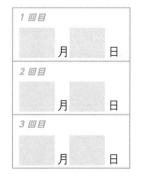

1回目		
	月	日

2回目		
	月	日

3回目		
	月	日

 Maybe I could sleep for a week.

仮定法過去のカタチ

条件を示す接続詞if（もし～なら）の中で過去形（仮定法過去形と呼ぶ）を用い、中心の文（主節）には助動詞の過去形を用いた英文を仮定法過去と呼びます。

仮定法過去	If＋主語(S')＋仮定法過去形(V'), 主語(S)＋助動詞の過去形would*＋動詞の原形(V)....（もし～すれば、…するだろう）
…実際とは異なる話（仮定）や現実に起こる可能性が低いと思っていることを表す	

「能力」「可能」の意味ではcouldを用い、「…かも」と自信のない話し方をする場合はwould→mightを用います。

1. もし十分なお金があれば、ニューヨークに移住するだろう。
   If I had enough money, I would move
   　　　仮定法過去形　　　　　　　助動詞の過去形
   to New York.

形容詞enough
（十分な）

2. もし一人暮らしなら、痩せられるのになぁ。
   If I lived alone, I could lose weight.
   　　　仮定法過去形　　助動詞の過去形

3. 私が医者だったら、同じことをしているかも。
   If I were* a doctor, I might do the same.
   　　　仮定法過去形　　　　　　助動詞の過去形

仮定法過去形のbe動詞は主語に関係なくwereですが、口語ではwasも使われます。

見た目は過去形なのに、現在の話をしているのが仮定法過去です。非現実的なことや話し手の中で実現の可能性が低いと思っていることを表します。実際の状況を現在形で言い換えてみましょう。

英文1 … but I **don't have** enough money
（でも実際は十分なお金を持っていない）

英文2 … but I **don't live** alone
（でも実際は一人暮らしではない）

英文3 … but I'm **not a doctor**
（でも実際は医者ではない）

仮定法過去の表現では、主節に助動詞の過去形 would、could、might を必ず用います。

▍直説法と仮定法

現在の事実とは反対のことを伝えるのが仮定法過去ですが、これと区別して、事実をそのまま伝える現在形、過去形、未来の表現などを直説法*と呼びます。「直に説明する」のですからそのままの意味ですね。

「法」とは話し手の気持ちを表現する形だと考えてください。

> ☑ **違いをチェック！**
>
> **(A) If you buy one, you will get two.**
> 普通の現在形（直説法）　助動詞
>
> **(B) If you bought one, you would get two.**
> 仮定法過去形　　　　　助動詞の過去形

接続詞 if（もし〜なら）は条件を表し、英文（A）のように事実をそのまま伝えるカタチである現在形 buy（＝直説法）は現実的に買う想定ですが、英文（B）の仮定法過去形 bought は「買わないだろうけど」と非現実的に、買う可能性を低く考えています。実現の可能性

がより高いのが直説法で、低いのが仮定法過去ですが、どちらも「現在の話」をしている点は同じです。

(A) 1つ買えば、2つもらえます。

(B) 1つ買ったとしたら、2つもらえるだろう。

3パターンの距離感を出す過去形

　今回学習したように、過去形＝過去の話とは限りません。過去形には3つの「距離感」のニュアンスがあり、3つの視点で使い分けることができます。これらの感覚でグッと会話力は向上します。

● **過去形のカタチ**

(A)「現在」との距離感	**時の表現**	もう終わった話
(B)「人」との距離感	**婉曲表現**	相手との距離を置いた話し方
(C)「現実」との距離感	**仮定表現**	① 現在において事実とは異なること ② 実現の可能性が低いこと

（A）初めて彼女に会ったとき、恋に落ちた。

I fell in love with her when I first met her.
　　時の表現　　　　　　　　　　　　　時の表現

（B）家まで車で送っていただけませんか？

Could you drive me home?
婉曲表現

副詞 **first**（[動詞の前] 初めて）

形容詞alive（生きて）

（C）もし現代、スティーブが生きていたなら、
　　今彼はどう感じるのだろうか。
If Steve were alive today, I wonder how
　　　　　仮定表現
he would feel now.
　　仮定表現

英文（A）…Day 02で学習した過去形です。現在はそ
　　　　うではない、「現在（時）」との距離感を表し
　　　　ます。

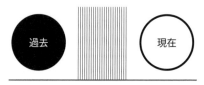

過去形が生み出す距離感（隔たり）

英文（B）…この過去形は「人」との距離感をもたら
　　　　し、婉曲（遠回し）の丁寧さを表現したもの
　　　　です。Day 07で学習した依頼表現Can/Will
　　　　you …？（…してくれませんか）をこの過去形
　　　　にすればより丁寧な伝え方ができます。

過去形が生み出す距離感（隔たり）

> 買い物にでも行こうか。
> We **could** go shopping.

このcouldもcanより控え目な提案表現になります。

英文（C）…この過去形は「現実」との距離感で非現実を表現し、現在は生存していない人物のことについて話したものです。

現実 ／ 非現実（仮定）

過去形が生み出す距離感（隔たり）

仮定法過去でアドバイスをする

仮定法過去は難しいイメージがありますが、日常会話でも重宝する表現です。ここでは仮定法過去を用いて、相手の立場に立ったアドバイスの表現をクイズで押さえましょう。

> **Q.** (A)(B)が同じ内容になるように（　　）に英語を入れましょう。
>
> ---
>
> (A) そんなことはしないほうがいい。
> **You shouldn't do that.**

（B）もし私があなただったら、そんなことはしないだろう。

If I (　　) you, I (　　) do that.

　英文（A）の助動詞shouldn'tは「…しないほうがいい」と相手に直接アドバイスをする表現で、英文（B）は、「（現実はそうでないけれど）もし私があなただったら」という条件で、そんなことはしないだろう、というアドバイスを仮定法過去で言い換えたものです。仮定法過去のほうが、shouldn'tよりも間接的なアドバイスの響きになります。

 (B) If I were you, I wouldn't do that.

　このif節は次のように省略されることも多いです。

> 1.（もし私があなただったら、）私は外出しないだろう。
>
>   **(If I were you,) I wouldn't go out.**
>
> 2.（もし君が私だったら、）君は何をするだろうか？
>
>   **(If you were me,) What would you do?**

　このように日常英会話ではif節のない助動詞の過去形を用いた英文も多いですが、ポイントは、「助動詞の過去形＝過去の話」とは考えないことです。「助動詞の過去形＝現在の話」です。

「助動詞+完了形」であれば過去の事柄（推量）を表します。（Day 08参照）

いわゆる過去形の形でも現在の話をしている例をもう少し見ておきましょう。

---

1. 私たちに起きたことをあなたは信じないでしょうね。
   You wouldn't believe what happened to us.

2. コーヒーはいかがですか？
   Would you like a cup of coffee?

3. 電話してもよろしいでしょうか？
   Could I call you?

英文1 …文法的にはwon'tでもかまいませんが、これは確信（〜しません）に近い響きがあるため、状況に応じて現実からの距離感を出すwouldn'tにすることで断定口調が和らぎます。

英文2 …Would you like ...？（…はいかがですか？）はlike（〜を好む）に人との距離感から婉曲（直接的ではなく遠回しな表現）の響きになるwouldを用いることで丁寧に相手に何かをおすすめする表現になります。

英文3 …許可を求めるCould I ...？（…させていただいてもかまいませんか？）。Can I ...？を過去形にすることで相手から距離をとった婉曲表現になり、丁寧な響きになります。

過去形の表現

仮定法過去であればbe動詞はwereになりますが、これらの表現ではwasを用いることも多く、仮定法過去というよりは過去形の表現として覚えておきましょう。

他にも現在の話なのに過去形を用いる会話表現をご紹介します。

It's time＋主語(S)＋過去形	Sは…する時間だ
I wish＋主語(S)＋過去形	Sが…すればいいなぁ

1. 君は新しい仕事を見つけるときだ。
   It's time you **found** a new job.

2. 今日は仕事がなければいいのにな。
   I wish I **didn't have** to work today.

3. トム・ハンクスが私の夫だったらいいのになぁ。
   I wish Tom Hanks **was** my husband.

4. できればいいんだけど。
   I wish I **could.**

英文1 …まだ実現されていないことに対する批判・愚痴を伝えたり、相手の行動を促したい場面で用います。It's about time ... (そろそろ…する時間だ) にすると響きが少し強くなります。

英文2 …叶わぬ願い、期待を表現したものです。実際は今日も働かなければなりません。

英文3 …現実ではそうではないことを夢見ています。

英文4 …断る表現として重宝します。実際にはできない（but I can't）というニュアンスですね。

> ☑️ **違いをチェック！**
> ‑
>
> **(A)** I hope she's here.
> **(B)** I wish she was here.

英文(A)は、現実的に期待を持っている表現です。一方、英文(B)は実際にはそれが叶わぬ願い、残念な気持ちを示します。このbe動詞wasはwereも可能ですが、口語ではwasで話されることが多いです。

(A) 彼女はここにいるといいなぁ。

(B)（実際はいないけど）彼女がここにいればいいのに。

Day 20 整理整頓クイズ

Q. 日本語の意味になるように（　　　）に自然な英語を書きましょう。

1. 炭水化物を食べるのをやめたら、痩せるだろうなぁ。

   If I (a)(　　) **eating carbs, I** (b)(　　)(　　) **weight.**

   ＊名詞のcarbs（炭水化物）

2. 荷物を預かっていただけますか?
   ーわかりました。

   (　　)(　　)(　　) **my luggage?**
   ー **Sure.**

3. 手伝えたらいいんだけど、手伝えないんだよ。

   I (a)(　　) **I** (b)(　　)(　　) **you, but I** (c)(　　).

4. 雨が降っていたら、僕はどこにも出かけないよ。

   If it (a)(　　)(　　), **I** (b)(　　)(　　) **anywhere.**

5. ここが大好きな場所なんだ。一生ここにいられるよ。

   (a)(　　)(　　) **my favorite place. I** (b)(　　) **stay here forever.**

6. あなたが本当に私の友人なら、私がそんなことをしないのはわかっているでしょう。

   If you (a)(　　) **really my friend,** (b)(　　) **know I** (c)(　　) **do that.**

7. 何があったか、彼に言ったほうがいい？

  ―あぁ、う～ん、私だったら何も言わないかなぁ。

  Should I (a)( )( )( )( )?

  ― **Ah, well,** (b)( )( )( ) **anything.**

8. 君は自分のビジネスを始めるときだ。

  It's (a)( ) **you** (b)( ) **your own business.**

　表現力を磨く Chapter 3 は、Chapter 1 の知識も合わせるとより会話力を高める章になります。そして、Chapter 2 の文型と品詞で学習したロジカルな話し方のカタチに当てはめて考えるとより定着しやすくなります。Day 20 の仮定的な表現は断定口調を避ける傾向にある日本人らしい会話の進め方にピッタリですが、全て仮定的に話すと曖昧な印象にもなるため、ときには Day 22 で学習する比較の表現を用いて、物事の比較による客観的な根拠でしっかりと相手に伝えることも必要ですね。あとは皆さん個人のスタイルに合わせてコア英文法の使いどころを想像しながら読み進めてみてください。

受け身（受動態）の表現

　受け身の「〜される」という日本語につられて何でもかんでも受け身にしようとする日本人は多いのですが、どんな場面で受け身を使うのが効果的なのか、会話の目的に合わせた学習が大切です。

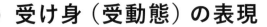
日本人のよくある **N** **G** 発信！

昨夜、私は車を盗まれた。
I was stolen my car last night.

　まず受け身は他動詞の目的語を主語にするため、受け身にできるのは他動詞を用いた英文だけです。さらに、目的語になる名詞の内容にも注意が必要です。この文の他動詞steal は目的語Oに「金品」を用いて「（金品）を盗む」という意味です。受け身では目的語の「金品」を主語にするため、（×）I was stolenのように「人」を主語にした受け身はstealの語法上、NGです。

 My car was stolen last night.

　日本語で考えると問題なさそうでも、他動詞の後ろに続く内容も用例などで意識して学んでおく必要がありますね。

1 回目		
	月	日
2 回目		
	月	日
3 回目		
	月	日

▍能動態と受動態（受け身）

「主語は〜する」が能動態、「主語は〜される」が受け身（受動態）です。まずは形を比較しておきましょう。

能動態	主語(S) ＋他動詞(V) ＋目的語(O) （S は O を…する）
受け身	主語（元・目的語）＋be動詞＋過去分詞 （S は…される）

1. 今日、誰かが私の自転車を盗んだ。
   Someone stole my bike today.
   <u>能動態の他動詞＋目的語(O)</u>

2. 今日、私の自転車が盗まれた。
   My bike was stolen today.
   主語S（元・目的語）＋受け身「be動詞＋過去分詞」

　能動態の英文1の目的語my bikeが、受け身の英文2では主語になっています。能動態と受け身で主語が入れ替わるのがポイントですね。

▍前置詞byで示す動作主

　能動態の元・主語は、受け身では「by ＋動作主」（〜によって）の形で示すことができます。

ディビッドはその椅子を壊した。

David broke the chair.

→その椅子はディビッドに壊された。

The chair was broken **by David**.

動作主

　受け身はそもそも元の主語を引っ込める英文ですが、動作主を明確にする意図がある場合にby ...の形で表現します。ただし、動作主が文脈で明らか、情報価値が低い場合は省略されるのが普通です。

1.（会社によって）ほとんどの人がクビになった。

Most people were fired (by the company).

2. この家は（彼女に）2年前に購入された。

This house was bought two years ago (by her).

英文1 …解雇するのは会社であると常識で判断できるため省略です。

英文2 …代名詞は既に言及済みで相手が分かっている情報になり、わざわざ示さなければならない情報ではないため省略です。

　文法的な形の変化を主な時制パターンに合わせて整理しておきましょう。「be動詞＋過去分詞」の形を中心に変化を押さえてください。

時制	能動態	受動態（受け身）
現在形	**I make** lunch. （ランチを作る）	Lunch <u>is made</u> (by me). （[私に] ランチは作られる）
過去形	**I made** lunch. （ランチを作った） ＊過去の出来事	Lunch <u>was made</u> (by me).（[私に] ランチは作られた）
現在完了形	**I have made lunch.** （ランチを作った） ＊完了	Lunch <u>has been made</u> (by me).（[私に] ランチは作られた）
未来の表現	**I will make lunch.** （[これから] ランチを作るよ）	Lunch <u>will be made</u> (by me).（[私に] ランチは作られるだろう）

受け身を用いる目的

どんな英文法にも使用目的というものを意識しなければアウトプットにはつながりません。受け身を用いる目的としては、主に次の2つを押さえておきましょう。

1. 「〜が…された」という意味で、「何かをされた側」（＝目的語）の話を中心にしたい。
2. 主語がわからない、またはわざわざ示す必要がない。

1. 少なくとも20人の兵士が爆撃で殺された。
   At least 20 soldiers *were killed* **in bomb attacks.**

2. この教会は100年前に建てられた。
   This church *was built* **100 years ago.**

英文1 …ニュース報道などでは、こういった受け身を用いて、「何かをされた側の立場」を主語に置くことで、被害の状況に焦点を当てることができます。

英文2 …有名建築家など、あえて建てた人たちを主語にしたい場面でない限り、普通は誰が建てたのかに関心はありませんし、また建てた人物（会社）を主語にするとしてもたいてい誰（どこ）かはわかりません。結果、自然と受け身になります。また、建てた人物（能動態の主語）を受け身によって引っ込めることで、客観的な事実が伝えやすくなります。

> Q. 響きが柔らかくなるのはどちら？
> -
> (A) 我々は携帯電話の使用を禁止する。
>   **We** prohibit **the use of cell phones.**
>
> (B) 携帯電話の使用は禁止されている。
>   **The use of cell phones** is prohibited.

「携帯電話の使用を禁止する」という事実は同じですが、英文(A)は能動態、英文(B)は受け身の違いがあります。英文(A)の場合、「我々が禁止する」と禁止をしている側が明らかにされていますので直接的な響きになります。一方、英文(B)では、誰が禁止しているのかを明言するのを避けた形になるため、客観性が増し、響きが柔らかくなる効果があります。

 (B) The use of cell phones <u>is</u> <u>prohibited.</u>

　いずれにせよ基本は能動態です。意図があってわざわざ受け身にしているということを覚えておきましょう。

▌文末焦点のための語順変化

　英語の情報の発信方法の原則は、「旧情報」から「新情報」へと流れる文末焦点です。能動態と受け身では情報（単語）の語順が変化しますが、新情報を最後に置くという考え方が重要になってきます。つまり、会話の流れにおいて、受け身にした語順の方がより自然な場合があります。

　次の英文ではいずれも下線部に焦点が当たります。

1. 私たちの便は欠航になった。
   Our flight was cancelled.

2. 私たちの便は悪天候のため欠航になった。
   Our flight was cancelled due to bad weather.

3. このキャラクターはスティーブにデザインされたものだ。
   This character was designed by Steve.

4. それは僕が貰ったんだ。
   It was given to me*.

SVOO文型の受け身で人を後ろに置く場合、SVOO文型をSVO文型で言い換えた場合にも用いられる「to/for＋人」になります。

 話の流れから、自然な英文はどちら？

この動画はとても良いですね。
―うん、同僚たちが作ったんだよ。

This video is so nice.
― **(A) Yeah, my coworkers made it.**
― **(B) Yeah, it was made by my coworkers.**

名詞 coworker（同僚）

新情報の位置を比較してみましょう。

(A) Yeah, my coworkers made it.
　　　　　新情報　　　　　旧情報

(B) Yeah, it was made by my coworkers.
　　　旧情報　　　　　　　　新情報

いかがでしょうか。情報の流れが自然なのは旧情報からとっておきの新情報へと発信されている英文（B）です。英文（A）はせっかくの新情報が前半でさらっと流れてしまい旧情報がオチになってしまっています。

 (B) Yeah, it <u>was made by my coworkers.</u>

SVOO文型とSVOC文型の受け身は不自然？

次の英文のように、目的語が2つあれば、文法的にはそれぞれの目的語を主語にした2パターンの受け身を作ることが可能です。

ボブは僕にこの車をくれた。

Bob gave me this car.
　　　　　 <u>目的語（O₁）＋ 目的語（O₂）</u>

→ **This car was given** to me by Bob.

この車はボブによって、僕に与えられたものだ。

（△）**I was given** this car by Bob.

　　 僕はボブに、この車を与えられた。

「give O to 人」の
受け身「be given to 人」

SVOO文型の受け身で、「人を」主語にした語順はあまり好まれません。目的語さえあれば、文法的に受け身を作ることは可能ですが、実際には、受け身ではなく次のように能動態で言い換える工夫もできます。

☑ 違いをチェック！

- -

(A) Bob gave me this car.
(B) I got this car from Bob.

　英文（A）はBobが何かをあげたという話ですが、英文（B）は僕が何かをもらったという話になり、何かをしてもらった（された）側にスポットを当てる受け身のような響きになります。先程の例文 I was given ...とするよりも、よほどこちらのスタイルのほうが自然です。

どんな話でも基本的には能動態で考えるようにしましょう。受け身はあえて意図的に用いるというのがポイントです。

(A) ボブが僕にこの車をくれた。
(B) 僕はボブからこの車をもらった。

　SVOC文型の受け身ですが、次のcallやnameを用いた表現以外はあまり実用的ではありません。補語（C）を後ろに残す語順です。

S is called C（SはCと呼ばれる）、S was named C（SはCと名付けられた）と覚えておくと便利ですね。

1. 私の生徒たちはこのスクールをエビンと呼ぶ。

   My students call this school Evine.
   　　　　　　　　　　　目的語（O）　　補語（C）

   → このスクールは私の生徒たちにエビンと
   　呼ばれている。

   This school is called Evine
   主語（S）[元・目的語（O）]　　　　補語（C）

   by my students.

2. 彼らはその赤ん坊をエマと名付けた。

   They named the baby Emma.
   <u>目的語（O）</u>　<u>補語（C）</u>

   → その赤ん坊は［彼らに］エマと名付けられた。

   The baby was named Emma
   <u>主語（S）［元・目的語（O）］</u>　<u>補語（C）</u>

   (by them).

get＋過去分詞＝受け身

　日常会話では「get＋動作動詞の過去分詞」（～される）も受け身の表現として用いられます。be動詞よりも口語的な響きになります。

> ただし、be動詞やknowなどの状態動詞には「get＋過去分詞」の受け身表現はNGです。

1. 僕は彼女の結婚式に招待された。
   I got invited [=was invited] to her wedding ceremony.

2. この仕事に対して十分な給料はもらってない。
   I don't get paid [=am not paid] enough for this job.

3. 今朝、怪我をした。
   I got hurt [=was hurt] this morning.

> 他動詞hurt（～を怪我させる）の過去分詞は原形と同じhurtです。

　このgetは自動詞で「（ある状態）になる」という意味です。

Day 21 整理整頓クイズ

Q.1 次の英文を受け身に書き換えましょう。

1. The mechanic fixed my car yesterday morning.
   *mechanic（整備士、修理工）

2. Our company will employ twenty people.
   *employ（〜を雇う）

Q.2 (A)(B)がほぼ同じ内容になるように（　）に自然な英語を書きましょう。

1. (A) This temple was built about 800 years ago.
   (B) This temple (　　) about 800 (　　)(　　).

2. (A) We don't allow you to park in this area.
   (B) Parking (　　)(　　)(　　) in this area.
   *allow O to do（Oが…するのを許可する）、自動詞park（駐車する）

Q.3 文脈を考え、より自然な英文を選びましょう。

   This picture is very nice.
   —(A) Yes. My cousin took it.
   —(B) Yes. It was taken by my cousin.

Q.4 日本語の意味になるように（　　）に自然な英語を書きましょう。

1. 彼は多くのファンに空港で歓迎された。

   He (a)(　　)(　　)(　　) the airport (b)(　　) many fans.

2. まだ彼の誕生日会に私は招待されていません。

   I (　　)(　　)(　　)(　　) his birthday party yet.

　受験勉強も経験したし、中学英語くらいは理解できているはず、と考える社会人の方は多いのですが、知識はあっても、話せないし書けないというのが現実です。確かに、「現在進行形は？」と尋ねると「be動詞＋動詞のing形」と答えられ、カタチや意味自体は正しく覚えている方は多いのですが、その現在進行形を適切なタイミングで話せているかとなると別問題です。知識は勝手に運用力にはなってくれません。**本書で扱う演習の解説は文法的な正しさを示すことはもちろんですが、それ以上に、アウトプットを想定したものになっています。場面を想像しながら学習を進めることで自然と運用力の向上につながっていきますので安心して最後まで取り組んでください。**

Day **22** 比較の表現①

見た目が難しそうに見える比較表現ですが、物事の比較は私たちにとって日常茶飯事です。相手に伝えたい自分の考えが、比較表現によってより説得力を持って伝えることができます。

彼の髪はエマよりも長い。

His hair is longer than Emma.

比較は「何」と「何」を比較するのかが肝になります。当たり前のことのように思えますが、文法的な理屈で考えると正しく扱えてないことが多いです。このNG例は日本語につられて「彼の髪」と「エマ」の比較になってしまっています。実際は「彼の髪」と「エマの髪」を比較しているわけですからEmma's hairとしなければなりません。重複する部分のhairは省略しても構いません。

 His hair is longer than Emma's (hair).

比較の表現は、「形容詞」または「副詞」の表現ですから、これらの単元に苦手意識がまだあるようであれば先に Day 16の復習をしておくと学習効率がアップします。

1 回目		
	月	日

2 回目		
	月	日

3 回目		
	月	日

2人・2つを比べる比較級

　人や物事の比較は「形容詞」「副詞」を軸にします。
AとBの2つの比較において「A＞B」（AはBより〜
だ）と表現する場合に用いられるのが次の比較級です。

A is 比較級［**形容詞・副詞＋er**］than B	「AはBより〜だ」
A is 比較級［**more＋形容詞・副詞の原級**］＋than B	

綴りの長い形容詞・副詞は
moreを用います。

形容詞と副詞が何も変化し
ていない状態を「原級」と呼
びます。

　比較級を用いる場面を見てみましょう。シャツのサ
イズについて話している場面です。

> このシャツは小さい。
> **This shirt is small.**
> あのシャツも小さい。
> **That shirt is small too.**

　これではどちらのシャツがもっと小さいのかは判断
できません。そこで比較するポイントである形容詞
smallを比較級smaller（もっと小さい）にし、比較す
る対象を示すthan ...（…より）で2文を1文にまとめ
ます。

> このシャツはあのシャツより小さい。
> **This shirt is smaller than that one.**
> 　　　　　　　　形容詞smallの比較級＋比較対象

代名詞one＝名詞shirt

これでthis shirtがより小さいことが表現できました。形容詞・副詞の部分がどう変化しているのか、例文でさらにチェックしましょう。誰（何）と誰（何）を比較しているのかを正しく押さえることが大切です。

than mine isも可能。mine = my dog

1. あなたの犬は私の犬よりも賢い。
   Your dog is smarter than mine.
   形容詞の比較級　比較対象

形容詞low（［価格］安い）

2. もっと安くそれが買えるよ。
   You can buy it at a lower price.
   形容詞の比較級

3. 次回の話は今回よりも面白くなるよ。
   The next episode will be more interesting
   形容詞の比較級
   than this one.
   比較対象

one = an episode

副詞lately（［現在完了・完了進行形］ここ最近）

4. 僕は最近、もっと一生懸命に努力している。
   I've been trying harder lately.
   副詞の比較級

比較する相手・モノを示す場合は、thanを用います。このthanには、前置詞と接続詞の2つの使い方があり、後に続く形が異なります。会話では、口語的な響きのある前置詞の使い方で十分です。英文2・4のように、状況から明らかな場合は省略されることも多いです。

前置詞than＋**目的格の代名詞または名詞**	than me（私より）/ than Ron（ロンより）	口語
接続詞than＋**SV**	than he is（彼がそうより）/than he does（彼がするより）	標準
接続詞than＋**S**	than I（私より）/ than he（彼より）	硬い

　比較級が比較表現の基本です。まずはここまでをしっかりと理解しましょう。物事の比較は客観的な事実として説得力が増します。学術論文などはもちろんですが、日常会話でもわかりやすい伝え方として、本書で挙げるポイントをうまく活用できるようにしましょう。

3人・3つ以上の中で
一番を示す最上級

　最上級は3人・3つ以上の中で「一番〜だ」と伝えます。

the ＋ 最上級 [**形容詞・副詞＋est] ＋ in/of …**	「…の中で一番〜だ」
the ＋ 最上級 [**most＋形容詞・副詞の原級] ＋ in/of …**	

綴りの長い形容詞・副詞はmostを用います。

　1番のものは1つに特定できるため、最上級では定冠詞theを用います。例えば、次の例文では、theによって12月以外の「月」と区別することができます。

> 12月は一年の中で一番忙しい月です。
> **December is the busiest month of the year.**
> <u>形容詞の最上級</u>

　どの場所・範囲で一番なのかを示す場合は「in＋場所・集団」や「of＋複数名詞/the＋数詞/時期・期間」などの形で表現できます。

<table>
<tr><td>theの代わりにmyやourなどの所有格の代名詞を用いることもできます。</td></tr>
</table>

1. 家族は［僕の］最も大切なものです。
   My family is the[my] most important
   <u>形容詞の最上級</u>
   thing.

2. 彼は5人の中で一番若い。
   He's the youngest of the five.
   <u>形容詞の最上級</u>

3. 私はそのとき一番一生懸命に勉強しました。
   I studied (the) hardest at that time.
   <u>副詞の最上級</u>

   at that time（そのとき）

4. 子供たちが車に乗っているときが一番注意して運転するよ。
   I drive (the) most carefully when
   <u>副詞の最上級</u>
   my kids are in the car.

　英文1は名詞thing（こと、もの）に対して用いられるtheで、英文2の場合は「the youngest＋名詞（person）」と、後ろに省略された名詞があり、それに対してtheが存在すると考えます。

英文3・4の副詞の最上級は、基本的にtheは省略できます。副詞は名詞を修飾できず、名詞に用いるtheは文法の理屈的には不要*だからです。

次の例文のように、補語（C）の形容詞が最上級になる場合も名詞がないためtheは省略できます。

> 食事をしているとき、彼女はいつも一番幸せそうです。
> **She always looks (the) <u>happiest</u> when she's eating.**

more/the mostタイプの 形容詞・副詞

「more/the most＋原級」を用いる主な形容詞・副詞です。

形容詞	**beautiful**（美しい）、**difficult**（難しい）、**excited***（興奮した）、**famous**（有名な）、**important**（重要な）、**interesting***（興味深い）、**popular**（人気がある）、**useful**（役に立つ）、**wonderful**（すばらしい）など
副詞	**carefully***（注意深く）、**quickly**（速く）、**slowly**（ゆっくり）など

比較級・最上級の不規則変化

次の形容詞と副詞の比較級・最上級は不規則に変化します。

原級	比較級	最上級
bad（[形] ひどい、悪い）/ **badly**（[副] ひどく、悪く）	worse	the worst
good（[形] 良い）	better	the best
well（[形] 健康で、元気な/ [副] 上手に）		
many（多数の）	more	the most
much（[形] 多くの/ [副] 大いに、よく）		

1. これは私の考えよりひどい。

   This is worse than my idea.

   形容詞badの比較級

2. 今日は喉が一番ひどく痛む。

   My throat hurts (the) worst today.

   副詞badlyの最上級

英文3は「get+形容詞の比較級」の現在進行形で「もっと…になってきている」という意味になります。

3. 天気はよくなってきている。

   The weather is getting better.

   形容詞goodの比較級

4. 彼女は全員の中で一番うまくプレーした。

   She played (the) best of all.

   副詞wellの最上級

5. 数え切れないほどシャツを持っています。

I have more shirts than I can count.

形容詞manyの比較級

6. ジムがみんなの中でいちばん多くのお金を
使った。

Jim spent the most money of all.

形容詞muchの最上級

☑ **違いをチェック!**

- -

(A) This book is more interesting than that one.

(B) My dad has more books than me.

英文(A)のmore interestingはinterestingの比較級、moreは「もっと」という意味で比較級を作ります。英文(B)のmoreは形容詞manyが比較級へと不規則変化したものです。後ろに名詞booksがあることから形容詞manyが変化したと判断します。

(A) この本はあれよりも面白い。

(B) 父は私よりも本を持っている。

最上級と同等の表現

比較級を用いて、意味的には最上級と同等の表現を作ることができます。日常会話で使用頻度の高いものを挙げておきましょう。

代名詞 **anything**（何でも、どれでも）

代名詞 **anyone**（誰でも）

代名詞 **nothing**（何も〜ない）

代名詞 **nobody**（誰も〜ない）

1.	比較級＋than anything/anyone else	「他のどんなもの［人］よりも〜」
2.	比較級＋than any other＋単数名詞	「他のどの…よりも〜」
3.	否定語Nothing/Nobody＋比較級＋than ...	「…ほど〜なもの［人］はない」

1. 僕は妻のことを一番よく知っている。
   I know my wife the best.
   _{最上級}

   → (a) 僕は妻のことを他の誰よりも知っている。
   I know my wife better than anyone else.
   _{比較級}

   → (b) 僕は妻のことをどんな人よりも知っている。
   I know my wife better than any other person.
   _{比較級}

2. あなたが一番特別な人だ。
   You are the most special person.
   _{最上級}

   → 誰もあなたより特別な人はいない。
   Nobody is more special than you.
   _{否定語}　　_{比較級}

else は副詞ですが、例外的に名詞を後ろから修飾できます。

　英文1の最上級は、英文(a)(b)のように2通りの比較級で言い換えることができます。英文(a)のanyone/anythingは漠然とした不特定の名詞を指すため、具体的な内容を示したい場合は、英文(b)の「any other＋単数名詞」（他のどの［名詞］）のカタチで名詞の情報を示します。ただし、実際の会話では話の流れで何の話をしているのかは明らかですからanyone/anythingでシンプルに話してもかまいません。副詞else（他の）は省略可能です。

> （A）（B）が同じ内容になるように
> Ｑ. （　　　）に英語を入れましょう。
>
> -
>
> **(A)** 彼女が僕を1番幸せにしてくれる。
>   **She makes me happiest.**
> **(B)** 彼女が僕を他の誰よりも幸せにしてくれる。
>   **She makes me （　　）（　　） anyone else.**

　どちらも同じ事実を表現したもので、伝え方の違いがポイントです。英文（A）は最上級を用いてシンプルかつストレートに一番であることを表現したものです。英文（B）はこれを比較級で少し遠回しに表現したものです。

 (B) She makes me ~~happier than~~ **anyone else.**

　最後に比較関連のフレーズで覚えておくと便利なものをチェックします。

1. **a lot[much]** ＋比較級	「ずっと～」
2. **even** ＋比較級	「さらに～、いっそう～」

3. **a little (bit)** ＋比較級	「ちょっと～」
4. **more[less] than** ＋数量	「…より多い（少ない）」

muchよりa lotの方が口語的です。

1. 妹は私よりもずっと背が高いです。
   My sister is a lot[much] taller than me.
   比較級の強調＋比較級

evenは、今日はもっと調子が良いという意味。a lot/muchの場合は、程度の差を強調し、今日のほうが具合は断然良くなったことを伝えます。

2. 私は昨日よりも今日はさらに気分がいいです。
   I feel even better today than yesterday.
   比較級の強調＋比較級

3. 僕は20年以上教えている。
   I've been teaching for more than 20 years.

lessは副詞littleの比較級です。

4. 思っていたより、このツアーは費用がかからない。
   This tour costs less than I expected.

than I expected（思ったより）

Day 22 整理整頓クイズ

Q. 日本語の意味になるように（　　）自然な英語を書きましょう。

1. もうちょっとだけ安いものはありますか？

Do you have something (a)（　　）（　　）**bit** (b)（　　）**?**

2. 何をしている時が一番幸せを感じますか？

When do you ( )( )?

3. この国の経済はさらにひどくなっていた。

The economy in this country was ( )( )( ).

4. ここは神戸で一番のケーキ屋だ。

This is ( )( ) cake shop in Kobe.

5. どこで一番よく読書をしていますか？

Where do you read ( ) often?

6. 自然食品であなたはもっと健康になるよ。

Natural foods will make ( )( ).

7. 時間ほど貴重なものはない。

(a)( ) is (b)( ) valuable (c)( ) time.

8. いつもよりそれに多く支払った。

I paid ( ) ( )( ) for it.

9. 彼女の音楽の好みは私よりずっとひどい。

Her taste in music is a ( )( )( )( ).

10. 彼女は最高の選手の1人だった。

She was one of ( )( )( ).

比較の表現②

前回に引き続き比較の表現を学習します。今回は「同じくらい」を意味する同等比較を学習しますが、同じ事実でも、伝え方の選択肢をさらに増やすことができます。比較表現は厄介な単元ではありますが、本書で挙げるポイントにのみ、まずは集中しましょう。

日本人のよくある N G 発信！

私はチームにいる他の男の子たちと同じくらいの
身長だった。
I was as taller as the other boys
in the team.

比較級の意味ではないため taller は誤りです。「同じくらい〜」は「as + 原級 tall + as」が正解です。

◉ I was as <u>tall</u> as the other boys in the team.

他にも as taller than のような比較級と混在した誤りもあります。比較している場面では、自分の感覚で比較級 -er や最上級 -est を用いて発信していることも多く、何を伝えたいのかを意識し、理屈でしっかりとふさわしい形を覚えるようにしたいですね。

1回目		
	月	日
2回目		
	月	日
3回目		
	月	日

同等比較の表現

AとBの比較において「A=B」（AとBは同じ）と表現したい場合は、as 〜 asを用いた同等比較の表現を用います。

A is as ＋形容詞・副詞の原級＋ as B	「AはBと同じくらい〜だ」

形容詞・副詞の原級を2つのasで挟んだ語順が特徴です。1つ目のasは副詞で、後ろに続く形容詞・副詞を修飾しています。2つ目のasは比較対象を示す前置詞または接続詞の働きをし「前置詞as ＋ 名詞・代名詞の目的格」、「接続詞as ＋ 主語 ＋ 動詞・代動詞*」の形になります。

1. この機種はあの機種と同じくらいの長さです。
   This type is as long as that one.
   副詞＋形容詞の原級＋前置詞＋前置詞の目的語

2. 彼女はいつか僕と同じくらい速くなるよ。
   She'll be as fast as me someday.
   副詞＋形容詞の原級＋前置詞＋前置詞の目的語

3. 彼はあなたと同じくらい早く話すよ。
   He talks as fast as you do.
   副詞＋副詞の原級＋接続詞＋主語＋代動詞

英文2は補語（C）になる形容詞fast、英文3は自動詞talksを修飾する副詞fastです。同じfastでも文型によって品詞が異なります。

動詞や名詞が変化していない状態は「原形」と呼びますが、形容詞・副詞が何も変化していない状態は「原級」と呼びます。

厳密には「A≧B」で、相手と比較した場合に少なくとも相手と同じ程度か、ほんの少しA（主語）の方が上回るニュアンスです。

代動詞とは同じ動作のくり返しを避けるために用いられる動詞のことです。do/does/did

that one = that type

代動詞doはtalkの代わりをしています。

as 〜 asの中で使われるlongやfastは「長い」「速い」という意味ではなく、「長さ」「速さ」の単位を示します。「同じくらいの長さ」「同じくらいの速さ」を伝えるだけで、本当に長いのか、速いのかどうかはわかりません。「長い」「速い」かは、文脈で判断します。尺度や単位の表現で使われる形容詞・副詞には次のようなものを覚えておきましょう。

> **old**(年齢)、**tall[high]**(身長[高さ])、**big[large]**(大きさ[広さ])、**fast**(速さ)、**far**(距離)、**deep**(深さ)、**long**(長さ)、**many**(数)、**much**(量・程度)、**wide**(幅)、**thick**(厚さ)、**often**(頻度)、**soon**(時間の早さ)、**late**(時間の遅さ)など

形容詞manyとmuchは後ろに名詞をセットにすることもあります。形容詞は名詞を修飾する働きがあるためです。

---

1. 彼は私と同じくらいの生徒を教えている。

   He teaches as many students as I do.
   　　　　　 副詞　形容詞　　名詞　　接続詞

2. 私はまだ10年前と同じ稼ぎだ。

   I still make as much money as I did ten
   　　　　　　　 副詞　形容詞　　名詞　　接続詞

   years ago.

否定文not as ～ as ...の解釈

as ～ asを否定文で用いた場合の解釈に注意しましょう。

A is not as ＋形容詞・副詞の原級 ＋ as B	「AはBほど～ではない」

1. これは君のものほど高価ではない。
   This is not as expensive as yours.

2. 私が思ったほど寒くありません。
   It's not as cold as I thought.

肯定文A is as ～ as Bの解釈は厳密には「AはBと同じか、もしくはB以上～だ」（A ≧ B）ですから、これを否定すると、「AとBは同じではないし、B以上～でもない」となります。つまり、「Bの方が上である」とAを否定したニュアンスになり、「AはBほど～ではない」という解釈になります。

> ☑ **違いをチェック！**
>
> (A) Yours is **not as new as** mine.
> (B) Yours is **older than** mine.

英文(A)(B)はどちらも「自分のものが新しい」という事実を伝えている場面ですが、表現によって響きの

違いがあります。やはりストレートな響きになる表現は英文（B）です。一方、英文（A）は not as 〜 as ...「…ほど〜ではない」という意味で、聞こえが間接的な表現になるため直接的な英文（B）よりも丁寧な響きになります。

(A) あなたのものは私のものほど新しくはない。

(B) あなたのものは私のものよりも古い。

同等比較 as 〜 as を用いた表現

それでは、as 〜 as 関連のこれだけは押さえておきたい表現を紹介しておきましょう。

twice は two times と言い換え可能です。

「数詞+times」で「○倍」となります。

強調表現 **just** as+ 形容詞・副詞の原級+as ...	「…とちょうど同じくらい〜」
half[twice/three times] as+ 形容詞・副詞の原級+as ...	「…よりも半分[2倍/3倍]の〜」
as＋形容詞・副詞の原級＋**as** **possible [S can]**	「できるだけ〜」
as much as ...	「（量・程度が）…と同じくらい」

1. 彼女はちょうど彼と同じくらいの年齢だ。
   She's just as old as him.

2. 私は以前の2倍読書をしている。
   I read twice as much as I did before.

3. それは10年前の2、3倍は費用がかかる。

   It costs two or three times as much as ten years ago.

4. できるだけ早く知らせてください。

   Just let me know as soon as possible [you can].

   let O know（O［人］に知らせる）

5. 好きなだけ食べていいですよ。

   You can eat as much as you like.

▌比較表現を整理

　同じ形容詞tallが、比較の表現で相手に伝わる内容がどのように変化するのかを最後に整理しましょう。

（A）僕は父親よりも背が高い。

   I'm taller than my father.
   　　　比較級

（B）僕は父親と同じくらいの背の高さだ。

   I'm as tall as my father.
   　　　同等比較

（C）僕は父親ほど背が高くない。

   I'm not as tall as my father.
   　　　同等比較の否定

（D）僕は家族の中で、1番背が高い。

   I'm the tallest in my family.
   　　　最上級

いずれもI'm tall.をベースに比較表現を用いたもの
ですね。以下の表の日本語のポイントを見て、右の形
をいつでも作れるように復習してください。

(A) **A > B** 　　（AはBより〜だ）	**A is 比較級 (-er/more -)** **than B**
(B) **A ≧ B** 　　（AはBと同じくらい〜だ 　　［Aは少なくともB以上］）	**A is as 原級 as B**
(C) **A < B** 　　（AはBほど〜ではない）	**A is not as 原級 as B**
(D) **A > 複数** 　　（Aは1番〜だ）	**A is the 最上級** **(-est/most -)**

Day 23　整理整頓クイズ

- -

Q.1（A）（B）がほぼ同じ内容になるように（　　）に自然な英語を書きま
しょう。

1. **(A) Our city is worse than it used to be.**
   (B) Our city (　　)(　　)(　　)(　　) it used to be.

2. **(A) This meat isn't as tasty as it looks.**
   (B) This meat looks (　　)(　　) it (　　).

Q.2 日本語の意味になるように（　　）に自然な英語を書きましょう。

1. 僕は以前ほど若くはないんだよ。

   I'm (　　)(　　)(　　)(　　) I used to be.

2. このサンドイッチは私の頭と同じくらいの大きさがあります。

   This sandwich (　　)(　　)(　　)(　　) my head.

3. 僕はできるだけの努力をした。

   I tried (　　)(　　)(　　)(　　)(　　).

4. 私の上司は私の2倍お酒を飲みます。

   My boss drinks (　　)(　　)(　　)(　　)(　　)(　　).

5. 足はまだ痛むけど、昨日ほどひどくないよ。

   My leg still hurts but it's (　　)(　　)(　　)(　　)(　　).

6. 僕は子供たちほど食べることができない。

   I (　　) eat (　　)(　　)(　　) my kids (　　).

7. 彼女は可能な限りの子供たちを助けた。

   She helped (　　)(　　)(　　)(　　)(　　).

接続詞の表現①

接続詞は、会話では話の展開や話し手の意図を理解する助けになり、対話文や長文読解では文脈を理解するキーワードになります。このDayでは等しい文法をつなぐ等位接続詞を学習します。

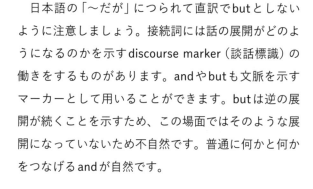

日本人のよくある **N** **G** 発信!

私には2人の息子がいるが、心から愛している。
I have two sons but love them
with all my heart.

with all one's
heart（心から）

日本語の「〜だが」につられて直訳でbutとしないように注意しましょう。接続詞には話の展開がどのようになるのかを示すdiscourse marker（談話標識）の働きをするものがあります。andやbutも文脈を示すマーカーとして用いることができます。butは逆の展開が続くことを示すため、この場面ではそのような展開になっていないため不自然です。普通に何かと何かをつなげるandが自然です。

1 回目		
	月	日
2 回目		
	月	日
3 回目		
	月	日

 **I have two sons and love them
with all my heart.**

「語」「句」「節」とは?

接続詞の学習において、まずは語、句、節について学習し、その違いを整理しておく必要があります。「語<句<節<文」の順番にカタマリが大きくなるイメージで押さえましょう。

語	1つの単語	books（本）
句	2つ以上の語が集まって1つの働きをするカタマリ	old books（古い本）
節	SVを含む2語以上からなるカタマリ	I have old books（僕は古い本を持っている）

節は、見た目は文ですが文ではありません（あくまでも文の一部）。

たった一つの「語」で用いることは少なく、基本的には2語以上の「句」（フレーズ）や主語と動詞を含んだ「節」を用いて発信するのが普通です。

接続詞の働き

接続詞は「語と語」、「句と句」、「節と節」など、言葉をつなぐ働きをします。

語と語	「黒と白」 (語) **black** (接続詞) **and** (語) **white**
句と句	「家か図書館で」 (句) **at home** (接続詞) **or** (句) **in the library**
節と節	「帰宅したとき、子供たちはゲームをしていた」 (文) { (節) [My kids were playing a video game] (節) [(接続詞) when I got home].

接続詞を用いることで、一つのカタマリが出来上がります。それが句や節になります。英文解釈においても句と節の捉え方はとても重要です。節については Day 25 で学習します。

等位接続詞

文法的に対等な関係で結ぶ接続詞を等位接続詞と呼びます。それでは覚えておきたいものを確認しましょう。

and（〜と…、〜して…する）	連結	① 何かと何かをつなぐ ② 一連の行動をつなぐ
or（〜か…）	選択	2つ以上の選択肢を挙げる

1. 彼女は日本語とフランス語を勉強している。
   She studies Japanese and French.
   単語の連結

同じ主語であれば接続詞の後ろの主語は省略されることが多いです。

2. 私はそれを100円で買って、500円で売った。
   I bought it for 100 yen and (I) sold
   文の連結
   it for 500 yen.

3. 現金かクレジットカード、どちらで支払いますか？

相手の意志を確認する
Will you 〜？（〜しますか？）

   Will you pay in cash or by credit?
   選択

andは何かと何かを結びつけている感覚、orは選択肢を挙げている感覚を押さえておけば問題ありません。

正しいものを選びましょう。

- -

We went to the cafeteria and
[have / had / having] lunch.

　接続詞 and は文法的に等しい形をつなぐのが基本で
すから、過去形 went に合わせて接続詞 and の後ろも
過去形 had が正解です。

 We went to the cafeteria and had
lunch.
私たちは食堂に行って、ランチを食べました。

　また「A も B もない」は「not A or B」で示し、and
は使わないので注意しましょう。

> 彼女は果物も野菜も食べない。
> **She doesn't eat fruits or vegetables.**

but (…しかし〜、 …だが〜)	反対・対比	① 予想・期待と反対の 　話が続く ② 2つの物事を対比させ 　る
so (…だから〜、 …そういうわ けで〜)	結果・結論	原因に結果や結論が続く

1. 雨が降っていたが、家まで歩いて帰らなけれ
   ばならなかった。
   It was raining, but I had to walk home.
   <u>反対</u>

特にこの意味では、butの後ろに焦点があります。

2. 彼女は飲むけど、僕は飲まない。
   _(A)**She drinks but** _(B)**I don't (drink).**
   <u>対比</u>

(A)(B)が対比関係になっています。同じ動詞は省略してもかまいません。

3. インフルエンザにかかったので、出社できな
   かった。
   I got the flu, so I couldn't go to work.
   <u>原因</u>   <u>結果</u>

4. 雨が降りそうなので、たぶん僕は家にいます。
   It's going to rain, so I'll probably stay
   <u>原因</u>   <u>結論</u>
   at home.

文中のsoはコンマ(,)とセットで用います。

副詞probably（たぶん）

　等位接続詞は基本的に等しい文法の形を用いますが、特にbutやsoはこの縛りが弱いです。それぞれ関連し合う独立した文（厳密には等位節と呼ぶ）が接続詞によってつながっています。

☑ 違いをチェック！

- -

(A) I want a new laptop, **and** Ayako wants
　　a new camera.
(B) I want a new laptop, **but** Ayako wants
　　a new camera.

英文（A）のandは単純につなぐ働きですから、両方の希望を叶えるニュアンスがあります。一方、英文（B）butの場合はどちらかの意見が採用されるニュアンスとなり、両方の希望を叶えるかは曖昧です。

(A) 僕は新しいノートパソコンが欲しくて、アヤコは新しいカメラを欲しがっている。

(B) 僕は新しいノートパソコンが欲しいが、アヤコが新しいカメラを欲しがっている。

今回、学習した接続詞and、or、but、soで異なる主語の別々の英文をつなげる場合は、その接続詞の前にコンマ（ , ）を置くのが基本ルールです。コンマで一呼吸置くことで読みやすくなりますし、ここから別の主語の話が展開するという目印になるからです。ただし、ライティングスタイルには個人差がありますし、文自体が短くコンマの必要性がないような場合は省略されることも多いです。

Day 24 整理整頓クイズ

- -

Q.1 文脈から判断し、自然な接続詞を選びましょう。

1. I was going to go home before the movie, [so / but / and] maybe I'll just go straight from work.

2. He lives in New York [but / and / or] works there.

Q.2 日本語の意味になるように（　　　）に自然な英語を書きましょう。

1. 来るの、来ないの？

   Are you coming (　　)(　　)?

2. その箱を開けたけど、何も入っていなかった。

   I opened the box (　　)(　　)(　　) nothing in it.

3. 娘は老けて見えますが、まだ20歳です。

   My daughter looks old (　　)(　　) only 20.

4. 僕はタバコもお酒もギャンブルもしません。

   I don't smoke, drink, (　　) gamble.

   ＊自動詞gamble（賭け事をする）

5. 座って私と話をしよう。

   Have a seat (　　)(　　) to me.

6. 急いで帰宅したけど、誰も（そこに）いなかった。

   I hurried home (　　) no one was there.

7. 電車が遅れたので、会議に行くのにタクシーを使いました。

The train was delayed, (　)(　)(　) a taxi to the meeting.

句や節など、文構造に関わる学習は一見堅苦しい英文法単元だと感じる読者も多いですが、ネイティブらしい情報発信に直接つながる要素満載で、本書で扱うものはいずれも実践的な英会話力向上に欠かせない知識です。**構造を意識的に学習しておくことで無意識的な感覚が養われるため、文型や品詞単元の学習との相乗効果でよりテンポ良く、かつ論理的で相手が理解しやすい話し方ができるようになっていきます。**じっくりと丁寧に何度も復習して、皆さんの英語力に磨きをかけましょう！

接続詞の表現②

　会話を自然な文脈で展開する上で欠かせない接続詞を、引き続き学習します。この Day では節の話と中心の文（主節）にプラス α の説明を加える従属接続詞について整理しましょう。

日本人のよくある **NG** 発信！

I woke up early because I'm very sleepy today.

　中心の文（主節）と「原因」「理由」をつなぐ接続詞 because の流れを考えます。I'm very sleepy today（今日はとても眠い）を主節と考え、この状況になった理由を because で表現するのが自然です。完全に主節と because 節の置き方が反対でしたね。

◎ **I'm very sleepy today** because I woke up early.
　今日はとても眠い、早く目が覚めたので。

　話の展開を作る接続詞を用いた英文では、どこを中心（主節）にし、どんな説明を接続詞によってつなぐのかを理屈で押さえる必要があります。今回は特に学習者にとって苦手意識が強い、あるいはピンとこない副詞節をチェックします。

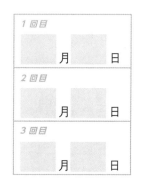

副詞節を作る従属接続詞

　中心の英文（「主節」と呼ぶ）につながる節を導くのが従属（従位）接続詞で、次の接続詞はいずれも「副詞節」を作ります。節は、主語と動詞を含むカタマリですが、副詞節は文として自立できません。

if（もし〜なら）	条件を加える
when（〜のとき） **while**（〜している間）	時の説明を加える
even though／though／although （〜だけれども）	驚き・予想外な事実や考え、対照的な事柄を加える
because （なぜなら〜だから）	原因・理由を加える

whenよりも継続を強調したものがwhileで、基本的に進行形が続きます。

althoughは基本的に書き言葉で、文頭に用いることが多いです。

1. もしジーンを見かけたら、彼にあなたの言葉を伝えるよ。
If I see Gene, I'll give him your message.
　条件を示す副詞節　　　　　　　　主節

2. ロンドンに来たら、ぜひとも私たちに会いに来てね。
You must come and see us
　　　　　主節
when you visit London.
　　時を示す副詞節

口語ではcome seeのように省略形でよく話されます。「come+動詞の原形」（…しに来る）の形で用いられます。

3. 僕は予防接種したのに、インフルエンザにかかった。
I've got the flu **even though I got**
　　主節　　　　　　　　対象を示す副詞節
a vaccine.

even thoughはthoughを強調した表現で、thoughやalthoughよりも口語的な響きがあります。

名詞vaccine（ワクチン）

4. アンジが疲れてそうだったので、エレンは彼
　をデートに誘わなかった。

Ellen didn't ask out Anji
主節
because he looked tired.
理由を示す副詞節

　副詞節は、主節に補足説明を加えます。どのような
説明を加えるかが接続詞によって変わるわけですね。
　英文4のbecauseですが、理由が目立って、相手に
よっては理屈っぽく響くため、soやandなどを用いた
ほうが柔らかい響きになります。

（A）アンジが疲れていそうだったので、エレン
　　　は彼をデートに誘わなかった。
　　　**Anji looked tired, so Ellen didn't ask
　　　him out.**

（B）アンジは疲れていそうだった、それでエレ
　　　ンは彼をデートに誘わなかった。
　　　**Anji looked tired, and Ellen didn't ask
　　　him out.**

主節と副詞節の関係

　基本は「主節＋副詞節」ですが、英文1のif節ように、「副詞節＋主節」で表現されることも多いです。その場合は、主節の前にコンマ（ , ）を置くのが原則です（会話では一呼吸置きましょう）。

　節と節がつながると1文が長くなり、中心の主語と動詞がわかりにくくなりますので、このコンマを目印に、メインの主語と動詞を見抜くようにしてください。

　副詞節は「主節」をサポートするために存在します。主節だけでも文は成立しますが、サポート役の副詞節があることで、相手により詳しい説明ができます。

　副詞節だけでは文として成立しません。主節があるから副詞節は存在できます。英文1であれば、If I see Gene（もしジーンを見かけたら）の副詞節だけでは意味的にも不完全です。

等位接続詞と従属接続詞の違い

　英文3のeven though/though/althoughはDay 24で学習したbutで文法的に言い換え可能ですが、ニュアンスが異なります。

- -

(A) She still goes swimming **but** she's almost 80.

(B) She still goes swimming **even though** she's almost 80.

まず理屈で区別します。英文(A)のbutは等位接続詞、英文(B)のthoughは従属接続詞です。文と文をつなぐ場合の違いを整理しましょう。

等位接続詞	2文が文法的に等しい形または話の重要度が同じ
従属接続詞 (従位接続詞とも呼びます)	基本的に主節の情報が上で、従属節はより控え目な主張や説明になります。 (従属節：従属接続詞+SV)

(A) 彼女は今でも泳ぎに出かけます、だけどもう80歳近いんだよね。

She still goes swimming <u>but</u>
　　　　　　①　　　　　　　従位接続詞

<u>she's almost 80.</u>
　②

(B) 彼女は今でも泳ぎに出かけます、もう80歳近いんだけどね。

She still goes swimming <u>even though</u>
　　　　　　①　　　　　　　従位接続詞

<u>she's almost 80.</u>
　②

　英文(A)は、基本的に、①と②の内容どちらも等し
く相手に伝えたい情報です。ただ、その中でも英語に
は文末焦点の考え方があるためbutの後ろの②に意識
はあります。一方、英文（B）では、あくまでも①の
主節が中心で、②の従属節はより弱い主張・説明にな
ります。単純に言えば、それだけの違いですので、ど
ちらで話しても変な誤解を生むことはありません。伝
え方のこだわりが出る部分です。

条件節では未来でも現在形

　主節に条件を加えるifやwhenを用いた副詞節の中
は常に現在形（または現在完了形）で表現されます。

1. もし今日、雨が降れば、家にいます。

   条件節 **If it rains** today, I'll stay at home.
   接続詞　現在形

2. 仕事が済んだら知らせてね。

   Just let me know 時の条件節 **when you**
   接続詞

   have finished your work.
   現在完了形

3. そこに着いたら、あなたに電話します。

   I'll call you 時の条件節 **when I get there.**
   接続詞　　現在形

> 命令文につける副詞justは
> 普通のトーンで話せば直接
> 的な響きが和らぐ効果に、強
> く話せば「さっさとやりなさ
> い」という苛立ちの響きになり
> ます。

　このif節やwhen節は、未来の事柄や予定を表現し
ているわけではなく、主節の動作をするための条件に
なっているため、シンプルに現在形にします。完了を

示唆する場合は現在完了形を用いてもかまいません。

SVOとSVOOで用いるthat節

接続詞thatは「〜ということ」という意味で、名詞節を作ることができます。名詞節は名詞と同じ働きをするため文型のS/O/Cの位置で用いられます。本書では目的語Oの働きのみを押さえます。

● 名詞節を作る接続詞thatの例

I think ＋他動詞の目的語(O) [(that) SV]	〜ということを思う
I hope ＋他動詞の目的語(O) [(that) SV]	〜ということを願う

have a fever（熱がある）

1. 私は熱があると思います。
   I think (that) I have a fever.
   他動詞　　目的語(O)

2. そのオーディションに合格したらいいなぁ。
   I hope (that) I pass the audition.
   他動詞　　目的語(O)

接続詞thatは省略されることが多く、英文の途中で急に「主語＋動詞」の節が始まった場合、接続詞thatの省略（存在）を疑ってみましょう。

that節と相性の良い他動詞

> **believe**（信じる）、**know**（知っている）、**learn**（学ぶ）、**say**（言う）、**tell**（言う、教える）、**think**（思う、考える）など

☑ 違いをチェック！

(A) She **said** she got promoted.

(B) He **told** me he's in Japan.

sayとtellはどちらも他動詞で、似たような意味ですが、理屈で整理しましょう。sayは目的語が1つのみ、tellは目的語を2つ置きますので、tell O_1 + O_2（O_1にO_2を話す）の2つ目の目的語O_2にこのthat節を用いることができます。

どこからどこまでが、目的語（O）となるthat節の部分かを見抜くことが大切です。

> (A) 彼女は昇進したと言った。
> **She said (that) she got promoted.**
>   目的語（O）
>
> (B) 彼は私に日本にいると言った。
> **He told me (that) he's in Japan.**
>   目的語O_1 目的語O_2

get promoted
（昇進する）

Q. **自然な英文はどちら?**

- -

彼は忙しくないと思います。

(A) I don't think he's busy.
(B) I think he's not busy.

　日本語をそのまま訳した英文(B)が実は不自然です。
I thinkの後ろにthat節を置く場合、that節内を否定
にしません。that節内の事実を直接的に否定するより
も、あくまでも自分がそうは思っていないとする英文
(A)のI don't think SVの形にするのが自然です。

 (A) I <u>don't think he's</u> busy.

▌ 副詞節を作る接続詞that

　目的語(O)で働く名詞節のthat節は、次の表現で
副詞節として用いることもできます。

I'm＋形容詞 sorry[sure/ afraid/glad] (that) SV	～ということを申し訳なく思う(確信している/心配している/喜んでいる)	感情・心情の原因・理由
so＋形容詞・副詞 that SV	とても(形容詞・副詞)なので～	結果

1. 遅れて申し訳ありません。
   I'm sorry (that) I'm late.
   　主節　　　　　　副詞節

2. あなたはきっとそれが気に入りますよ。
   I'm sure (that) you'll like it.
   　主節　　　　　　副詞節

3. とても忙しく、電話をかけ直せなかった。
   I was so busy (that) I can't call back.
   　　主節　　　　　　　副詞節

call back
(電話をかけ直す)

　英文1・2ではsorryやsureなど、感情・心情を示す形容詞の後ろにthat節が続いていますが、このthat節（副詞節）は主節I'm sorryやI'm sureが表す気持ちの理由を説明しています。

　英文3では、主節I was so busyの状態になって、それでどうなったのか、その結果をthat節（副詞節）が説明しています。

　このように、副詞節の+αの補足説明の働きは共通しています。その働きを意識した読解・発信が大切ですね。

Day 25 整理整頓クイズ

Q.1 ほぼ同じ内容になるように（　）に自然な英語を書きましょう。

1. **(A) I couldn't meet Yuko because she was out for lunch.**
   (B) Yuko was out for lunch, (　)(　)(　)(　)(　).

2. **(A) I eat veggies every day even though I don't like them.**
   (B) I don't like veggies (　)(　)(　)(　) every day.

Q.2 日本語の意味になるように（　）に自然な英語を書きましょう。

1. 私が話しているときは、静かにしてよ。
   Be quiet (　)(　)(　).

2. 早くもっと良くなるといいですね。
   I (　)(　)(　)(　) soon.

3. 残念ながら、僕は息子の試合に行けないんです。
   I'm (　)(　)(　)(　) go to my son's match.

4. 店長は本当に早口だから、ほとんどついていけない。
   My manager speaks (　)(　)(　)(　)(　) hardly keep up with him.

5. 明日雨が降ったら、私たちは泳ぎに行きません。
   (　)(　)(　) tomorrow, (　)(　)(　) swimming.

6. 彼女が彼と話すとは思わない。
   I (　)(　)(　)(　)(　)(　) to him.

7. 彼は私を友人に紹介するつもりだと言った。
   He (　)(　)(　)(　)(　) to set me up with his friend.

MEMO

SHUFFLE クイズ ⑤

Day 20〜25の確認問題です。
何度も解き、音声を活用しながら、知識を定着させましょう。

制限時間 **15** 分

- -

[1] 次の英文には必ず状況や日本語に合わない箇所があります。訂正して自然な英文に直しましょう。

1. 【例え話】運動のあとは、何だって食べられるよ。
   I can eat anything after my workout.

2. 今朝、私は新しいiPadと一緒にバックパックを盗まれた。
   This morning, I was stolen my backpack with my new iPad.

3. 彼には2人の子どもがいるが、2人とも結婚している。
   He has two kids but both are married.

4. 私のiPhoneはトムより新しい。
   My iPhone is newer than Tom.

5. 【アドバイスを求めて】君だったらどうする?
   What will you do?

[2] 文法的に正しい、または自然な表現をそれぞれ選びましょう。(5点×4 [20点])

1. The use of tents [will prohibit / will be prohibited] in this area.

2. I had a toasted sandwich with chicken and salad inside. [My sister made it / It was made by my sister]. It tasted great.

3. I got (a)[injure / injured / injuring] on my leg while (b)[played / playing] catch with my son.

4. **If it [won't / doesn't] rain tomorrow, we'll go.**

[3] 次の日本語の意味になるように（　　）に自然な英語を書きましょう。(4点
×15 [60点])

1. このバーガーはちゃんと十分に調理されてないと思う。生肉みたいだ。

   **I (a)(　)(　) this burger (b)(　)(　)(　) enough. It looks
   like raw meat.**

2. あとで電話してもよろしいでしょうか?―もちろん、午後1時以降がいいかな。

   **(a)(　)(　) call you later?
   ― Sure, after 1 o'clock (b)(　)(　) nice.**

3. あなたが子どもたちと一緒に家にいることができて良かったわ。

   I'm (　)(　)(　)(　)(　) stay home with your kids.

4. 僕がジェシーと一緒ってことは彼女には言わない。

   I won't (　)(　)(　) with Jessie.

5. 妻が大好きなパン屋が今日閉まってた。
   毎日営業していると思ってたんだけど。

   **My wife's favorite bakery (a)(　)(　) today.
   I thought (b)(　)(　)(　) every day.**

6. 男性と女性、どちらが嫉妬深い?

   Who (a)(　)(　) jealous, men (b)(　)(　)?

7. 職場で、今までで最悪の日だったけど、すぐに状況が良くなるといいんだ
   けどな。

   **I had (a)(　)(　)(　) ever at work, (b)(　)(　)(　) it
   (c)(　)(　) soon.** ＊副詞ever（かつて、今まで）

8. 昔と同じくらいの量を食べられればいいのに。

   I wish I (a)(　) eat (b)(　)(　)(　) I used to.

Day 26 不定詞の表現

不定詞は、元々動詞だったものに動詞以外の品詞の働きを加えたもので、文型や品詞の観点で整理することが重要です。場面に合わせた表現の選択肢を広げてくれ、会話には欠かせないツールです。

日本人のよくある **N** **G** 発信!

あなたも一緒に来られますか？
Would you like come along?

Would you like ... ?は相手に何かすすめる場面で用いますが、何らかの行動を表現する場合は、不定詞to doを用いた「Would you like ＋動詞の原形？」（〜しませんか？、〜したいですか？）にします。

◎ Would you like <u>to come along</u>?

文法的な理屈も軽く見ておきます。この英文にはlikeというメインの動詞があるわけですから、動詞のcomeは別の品詞に変える必要があります。そこでcome along（一緒に来る）を今回の不定詞to come alongにすれば「一緒に来ること」という名詞的な扱いになり、他動詞likeの目的語Oとして使えるようになります。このような文型や品詞的なつながり意識があれば、どこに不定詞のtoを使うべきかが見えてきます。

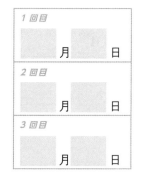

come along（一緒に来る、同行する）

1回目	
月	日

2回目	
月	日

3回目	
月	日

不定詞の形と基本的な役割

不定詞は「to＋動詞の原形」のカタチで相手により細かな「描写」や「追加情報」を伝えることができます。

人称（特に3人称単数he/sheなど）や時制に合わせた形が定まっていない（変化しない）ことから不定詞と呼ばれます。

不定詞	to＋動詞の原形

☑ 違いをチェック！

(A) I **like** sports.

(B) I **like to watch** sports.

不定詞のない英文（A）ではスポーツをどうするのが好きなのかまではわかりません。そこで英文（B）のように不定詞to watch（見ること）を用いると「スポーツを見ること」が好きであると細かく表現することができます。

(A) スポーツが好きです。

(B) スポーツを観るのが好きです。

不定詞は元々動詞であるため、不定詞で用いている動詞が自動詞か他動詞かによって不定詞の後には必要に応じて目的語や補語などが続きます。英文（B）であればwatchは他動詞の機能も残っているため、目的語になる名詞sportsとセットになっています。

不定詞の3用法（品詞の働き）

　不定詞の品詞的な働きに注目しましょう。「to + 動詞の原形」は2語以上で1つの名詞、形容詞、副詞の働きをします。それによって位置や解釈が異なりますが、用法ごとの不定詞の使用目的を押さえるようにすれば自然な発信や解釈ができるようになります。

● 不定詞の3用法

名詞的用法	主語 (S)、目的語 (O)、補語 (C) になる
形容詞的用法	名詞を後ろから説明する修飾語 (M) になる
副詞的用法	動詞や形容詞などを後ろから説明する修飾語 (M) になる

　それでは各用法の使用ポイントをチェックしていきましょう。

不定詞の名詞的用法

　不定詞の名詞的用法は「〜すること」という意味で、S、O、Cいずれの位置でも用いることができます。シンプルな名詞を置くよりも、不定詞を置くことでより多くの情報を発信することができます。

1. 話す前に考えるのは難しくはない。
   To think before you talk is not difficult.
   　　　　主語(S)　　　　　　自動詞(V) + 補語(C)

2. 僕のゴールは自分の新しい仕事をマスターすることだ。
   My goal is to master my new job.
   　主語(S) + 自動詞(V)　　　　補語(C)

3. 私はいくつか新しい家具を買いたい。
   I want to buy some new furniture.
   　主語(S) + 他動詞(V)　　　目的語(O)

　英文1は文頭の主語に不定詞を用いた形で、これは文法的には可能ですが、特に日常会話では、不定詞を文頭に主語（S）として置くのは一般的ではありません。そこで、次のように言い換えるのが普通です。

 It is not difficult
　　　形式主語+自動詞(V)+補語(C)

to think before you talk.
　+真主語(S)

(△) **To think before you talk**
　　　主語(S)+

is not difficult.
自動詞(V)+補語(C)

　このように、「それ」とは訳さない形式主語itを文頭に置いて、真主語であるto不定詞を後ろに移動させる語順が自然です。英文解釈では、itを見つけたら後ろに不定詞がないかを確認するといいですね。また、不定詞が示す動作の意味上の主語を「for ＋ 人」（[人]

にとって）で表現することもよくあります。

朝ごはんの時間を作るのが僕には難しいです。

It is difficult for me to make time
　　　　　　　　不定詞の意味上の主語＋不定詞（真主語S）

for breakfast.

It is ～（for＋人）to＋動詞の原形「（［人］にとって）…することは～だ」

　このfor me to makeは意味的にI makeと、SVで解釈できます。

不定詞の形容詞的用法

　不定詞の形容詞的用法は、普通の形容詞と同じように名詞を説明する修飾語（M）の働きがあります。形容詞の形を軽く整理して、例文で比較しましょう。語順に注目です。

Day 17で学習したように、「前置詞＋名詞」を「前置詞句」と呼び、その前置詞句は形容詞句または副詞句の働きをします。

普通の形容詞	形容詞＋名詞	**big** apples（大きなりんご）
前置詞＋名詞（前置詞句）	名詞＋形容詞句（前置詞＋名詞）	**people from Kobe**（神戸出身の人たち）
to＋動詞の原形（不定詞）	名詞＋形容詞句（to＋動詞の原形）	**something to drink**（飲み物）

☑ **違いをチェック！**

- -

（A）私には親切な大阪出身の友人がいる。

I have a **nice** **friend** from Osaka.
　　　　　普通の形容詞＋**名詞**＋形容詞句（前置詞句）

（B）私には助けてくれる友人がいる。

I have a **friend** to help me.
　　　　　　名詞＋不定詞の形容詞的用法

　英文（A）では、普通の形容詞と、前置詞＋名詞（前置詞句）で1つの形容詞として働く形容詞句を用いたものです。前後から名詞に説明を加えています。

　英文（B）は不定詞で、to help meが名詞friendの追加説明になっています。

> 2語以上のカタマリを「句」と呼びましたね。

　共通している点として、2語以上のカタマリになれば名詞の後ろから修飾（後置修飾）します。

（×）a nice **from Osaka** friend

（×）a **to help me** friend

　このように無理に2語以上のカタマリを名詞friendの前に置くと情報がゴチャゴチャして伝わりにくくなります。

1. それは友だちを作る方法じゃないぞ。
   That's not the way to make friends.
   名詞＋名詞を説明する修飾語M（形容詞的用法）

2. 今日はやるべきことがたくさんあった。
   I had a lot of things to do today.
   名詞＋名詞を説明する修飾語M（形容詞的用法）

英文1… 名詞the way（方法）を不定詞の表現to make friends（友人を作る）で補足説明しています。

英文2… a lot of things（たくさんのこと）を不定詞の表現to do（するべき）で補足説明しています。

基本的には「〜するための（名詞）」と覚えておけばOKですが、難しく考えずに、後ろから補足説明を加えるイメージをしっかりと持ってさえいれば、自然な解釈はできるようになります。

 ノートやメモ帳などを指しているのはどちら？

- -

(A) She has something to write with.
(B) She has something to write on.

She has something（彼女は何か持っている）では、何を持っているのか具体的にわからず、聞いている相手は困ってしまうため、後ろから不定詞で内容を説明したカタチですね。ポイントは文末にある前置詞の違いです。

実は文構造は次のようになっています。

(A) to write with (something)
　　　（何かを使って書く）

(B) to write on (something)
　　　（何かの上に書く）

前置詞withはペンや鉛筆などの道具を示し、onは書きつけるもの、つまりノートやメモ帳などを示します。正解は英文（B）です。

 (B)（ノートなど）彼女は書くものを持っている。
(A)（ペンなど）彼女は書くものを持っている。

形容詞的用法文末の前置詞（ここではwithとon）が前の名詞（ここではsomething）とニュアンス的につながっている文構造があるわけです。とてもよくある英文パターンですので、もう1例チェックしておきましょう。

彼には話し相手が必要だ。
He needs someone to talk to.

---

talk to（someone）「誰かと話す」の感覚です。
理屈で考えると、他動詞needsの目的語Oである名詞someone（誰か）が前置詞toの目的語の働きも兼ねて、意味的につながっています。

```
He needs someone  to    talk   to .
─────────  ─────────  ───────────── ─────
他動詞(V)   目的語(O)   不定詞＋自動詞(V')  前置詞
                    ↑
                    └── 名詞の補足説明
```

　文末のtoは学習者にとってあまり重要でない気も
するのですが、ここでは「話し相手」がテーマで、自
動詞talkを用いて「人と話す」という表現にするには
必ず「前置詞to＋人」または「with＋人」の形が必要
です。やはりtoが抜けるのは文法的に誤りになるわ
けです。

▍不定詞の副詞的用法

　それでは最後の用法です。不定詞を用いた副詞の表
現です。副詞は名詞以外の色んなものを修飾しますが、
不定詞の表現については2点だけ基本を押さえましょ
う。

不定詞の副詞的用法	動作の目的
	気持ちの理由

1. サラは鼻をかむのにハンカチを使う。
   Sara uses a handkerchief to blow her nose.
   　　　動作　　　　　　　　　　　動作の目的

blow one's nose
（鼻をかむ）

2. ここカナダに来られてうれしいです。
   I am happy to be here in Canada.
   感情を示す形容詞　　気持ちの理由

英文1は「どんな目的でハンカチを使用するのか」を不定詞の副詞的用法で動詞useを補足説明したものです。

英文2は「なぜhappyなのか」を不定詞の副詞的用法で形容詞happyを補足説明したものです。

Q. **主語として不定詞を用いているのはどちら?**

- -

(A) To predict your future is difficult.

(B) To predict your future, you should go to meet her.

どちらも文頭に不定詞を用いたものですが、品詞が違うため解釈も異なります。文構造を比較しましょう。

(A) 将来を予測するのは難しい。

To predict your future is difficult.
名詞的用法の不定詞を用いた主語(S)＋自動詞(V)＋補語(C)

(B) 将来を予測するために、彼女に会うといいよ。

To predict your future,
動作の目的を示す副詞的用法の不定詞(M)

you should meet her.
主語(S)＋自動詞(V)＋目的語(O)

他動詞predict
(…を予測する)

正解は英文(A)ですね。be動詞isをポイントに、その前は主語の表現だと考えます。実際はIt is difficult to predict your future.と形式主語itを用いるのが一般的です。

一方、英文(B)ではコンマに注目しましょう。Day 25で学習したように、メインの主語の前にはコンマを置くのが基本です。このように「～するために」という意味では文頭に不定詞を置くことも多いです。

Day 26 整理整頓クイズ

- -

Q.1 [　　]内の語句を並べ替えて自然な英文を完成させましょう。

1. We [have anything / eat / didn't / to].

2. [must / you / to / your permit / renew / show / ,] your passport.

*名詞permit（免許）、他動詞renew（～を更新する）

Q.2 日本語の意味になるように（　　）に自然な英語を書きましょう。

1. ここであなたに会うなんて思ってなかったよ。

I didn't expect (　　)(　　)(　　)(　　).

2. ナナは昇給試験のセカンドチャンスを手にした。

Nana got a second (　　)(　　)(　　) the promotion test.

*promotion test（昇給試験）

3. お姉さんの昇進について聞いたらリナは喜ぶでしょうね。

Rina (　　)(　　)(　　)(　　)(　　) about her sister's promotion.

4. それをするのは僕には簡単ではなかった。

(　　)(　　)(　　)(　　)(　　)(　　)(　　) that.

5. 僕はMBAを取得するために留学したいと思っています。

I'd (　　)(　　)(　　)(　　) for an MBA.

＊MBA...Master of Business Administration（経営学修士号）の略

6. 学びの最良の方法は、それを誰かに教えることだ。

The (　　)(　　)(　　)(　　) (　　)(　　)(　　)(　　)(　　) someone.

7. 僕には考えなければいけないことがある。

I have (　　)(　　)(　　)(　　).

　　不定詞の3用法（名詞的用法、形容詞的用法、副詞的用法）、皆さんはいかがでしたか？会話に有益であると同時に、いかにも文法的で苦手な方もいらっしゃるでしょう。もし難しいな…と感じたら、難しくないように捉えてみてください。例えば、「不定詞は、詳しい状況描写・説明や名詞の追加説明に用いる」と、まずは**使用する場面を優先して感覚を掴む**ようにしてみましょう。**語順感覚を定着させるにはどうしても品詞的な理屈は必要になります**が、それは何度か復習する中で解決すればいいのです。まずは用途を意識しながら「適当」に使ってみてください。

不定詞と動名詞

　不定詞と動名詞は「～すること」という意味の名詞の働きをする点で、文法上の共通点はありますが、根本的なニュアンスに違いがあります。その違いはアウトプットには欠かせない知識になるためしっかりと押さえてください。

日本人のよくある N G 発信！

私の趣味の1つは料理をすることだ。
One of my hobbies is to cook.

「～すること」という意味で不定詞to cookを用いたもので、文法的には正しいのですが、実は不自然です。この場面では動名詞cooking（料理すること）が正解です。

 One of my hobbies is cooking.

　両者にはニュアンスの違いがあり、不定詞は「未来志向」、そして動名詞は「現実志向」のニュアンスです。この場面では「趣味」がテーマで、趣味は普段から実際にしていることですから「現実志向」ニュアンスの動名詞cookingを用いるのが自然です。

1 回目		
	月	日

2 回目		
	月	日

3 回目		
	月	日

動名詞の形と働き

動名詞は「動詞のing形」で文字通り「名詞」の働きをします。

動名詞	動詞のing形

普通の名詞や不定詞の名詞的用法と同じで、英文の中でS、O、Cとして動名詞は働きます。

1. ちゃんと寝ることは大切だ。

   Sleeping well is important.
   <u>主語(S)</u>

2. 私の朝の日課は植物に水をやることだ。

   My morning routine is watering the plants.
   <u>補語(C)</u>

3. また雨が降り始めた。

   It started raining again.
   <u>目的語(O)</u>

4. 彼はペンキ塗りが得意だ。

   He's good at painting.
   <u>前置詞 前置詞の目的語(O)</u>

名詞 routine（日課）
他動詞 water（…に水をやる）
名詞 plant（植物）

英文2は現在進行形のように見えますが、違いますね。状況を考えれば「…すること」という意味の動名詞と判断できます。

英文4のように、動名詞は前置詞の目的語に使えますが、不定詞は文法的に使えません。

(×) **He's good at to paint.**
<u>不定詞</u>

- -

(A) This is chewing gum **for brushing** teeth.

(B) I use this chewing gum **to brush** my teeth.

　動名詞を用いたfor -ingや不定詞to doは目的を表現することができますが、少し意味が異なりますので注意してください。

　英文(A)のfor -ingは「…するための」、英文(B)のto doは「…するために（〜する）」という意味です。つまり、英文(A)の場合は、歯磨き専用のチューイングガムの紹介の意味で、英文(B)は私が単にチューイングガムを歯磨き目的で使用しているという意味になります。

(A) これは歯磨き用のチューインググムだ。

(B) 私は歯磨きのために、このチューインググムを使っている。

不定詞と動名詞のニュアンスの違い

　冒頭の「NG発信例」でも確認した不定詞と動名詞の根本的なニュアンスの違いを整理しましょう。

不定詞「to＋動詞の原形」	「**未来志向**」 …非現実的、未完了あるいは漠然とした事柄
動名詞「動詞の ing 形」	「**現実志向**」 …現実的あるいは完了している事柄

　特に補語として両者を用いる場合、主語の内容によって、不定詞と動名詞を使い分けなければ不自然な場合があります。

☑ **違いをチェック!**

- -

(A) My dream is **to** be a fashion designer.
(B) His hobby is collect**ing** sneakers.

名詞 designer
(デザイナー)
他動詞 collect
(…を収集する)

　英文(A)は「夢」という未来を意識したテーマになっていますから、不定詞 to be a fashion designer（ファッションデザイナーになること）を用います。

　　(△) **being** a fashion designer

　英文(B)は「趣味」という現実的な話ですから、動名詞 collecting sneakers（スニーカー集めをすること）が用いられています。

　　(△) **to collect** sneakers

(A) 私の夢はファッションデザイナーになることだ。
(B) 彼の趣味はスニーカー集めだ。

同じ補語でも、どんな話をするかによって使い分けたほうがいいわけですね。アウトプットを意識した学習において、この感覚の違いを意識することはとても大切です。

目的語としての不定詞と動名詞

不定詞と動名詞を目的語として用いる場合、他動詞によってはどちらかに限定される場合がありますが、両者のニュアンスの違いである程度は押さえることができます。

● 不定詞とセットにする「未来志向」の他動詞

agree（…することに同意［賛同］する）、decide（…することに決める）、expect（…することを期待する）、hope（…したいと望む）、manage（［困難を伴って］どうにか…する）、offer（…しようと申し出る）、plan（…する計画を立てる）、pretend（…するふりをする）、promise（…する約束する）、refuse（…するのを拒否する、…しようとしない）、want（…したい）など

● 動名詞とセットにする「現実志向」の他動詞

admit（…を認める）、avoid（…するのを避ける）、consider（…することを検討する）、deny（…したことを否定する［…していないと言う］）、enjoy（…することを楽しむ）、finish（…するのを終える）、give up（…することを諦める）、mind（…するのを嫌に思う）、practice（…する練習をする）、recommend（…することを薦める）、stop（…するのをやめる）、suggest（…することを提案する）など

　ぜひ辞書などで用例を確認して使い方のイメージを押さえるようにしてください。では1例を挙げておきましょう。

おじいちゃんは車の運転をやめることに決めた。

My grandpa decided 不定詞(O) **to stop**
　　　　　　　未来志向の他動詞　　　　現実志向の他動詞

動名詞(O) **driving his car.**

他動詞decidedの目的語が不定詞(O)to stopで、他動詞stopの目的語が動名詞drivingです。

　まず他動詞decideには「これから先」（未来）のことを決めるニュアンスがあるため不定詞を用いてdecide to do（〜することを決める）とし、他動詞stopには「現実」に行っていることをやめるというニュアンスがあるため動名詞を用いたstop -ing（〜することを止める）のカタチにします。このように感覚の組み合わせで覚えておくと便利です。

　ちなみに、begin[start]（〜を始める）、like（〜を好む）、love（〜が大好き）、hate（〜を憎む）、continue（〜を続ける）などは、あまり意味の違いを気にすることなく不定詞と動名詞の両方を目的語で使えます。

---

1. 私は旅行が好きだ。

   I like traveling. = I like to travel.
   　　　 動名詞　　　　　　　　　不定詞

2. 雪が降り始めた。

   It started snowing. = It started to snow.
   　　　　　　動名詞　　　　　　　　　不定詞

ただし、元々 -ing や to do が用いられている英文には同じカタチを避けるようにどちらかを選択するのが自然です。

---

1. 雪が降り始めています。
   It is starting to snow.
   現在進行形　　[△ snowing]

2. ここで働き続けたい。
   I want to continue working here.
   不定詞　　　　　[△ to work]

他動詞 continue
（…を続ける）

不定詞と動名詞で意味が異なる表現

他動詞 forget、remember、try は不定詞と動名詞の両方を目的語にできますが、意味が異なりますので注意してください。不定詞と動名詞が持つニュアンスの違いで整理しましょう。

不定詞 …これからする動作（未来）	**forget to ...** （…するのを忘れる）
	remember to ... （…するのを覚えている）
	try to ...（…しようとする）
動名詞 …実際に行動したこと（現実的）	**forget -ing** （…したことを忘れる）
	remember -ing （…したことを覚えている）
	try -ing（試しに…してみる）

ではよく用いられる組み合わせで確認しましょう。

---

1. 昨夜、その電気を消し忘れました。

   I <u>forgot to turn</u> the light off last night.
   不定詞

2. 昨夜、その電気を消したのを覚えています。

   I <u>remember turning</u> the light off last night.
   動名詞

また、try は特に過去形でニュアンスの違いが際立ちます。

 結局、行動に移せなかったのはどちら?

- -

この件でトモヒコは上司を説得しようと頑張りました。

(A) Tomohiko tried hard to persuade his boss for this.

(B) Tomohiko tried hard persuading his boss for this.

他動詞 persuade
(〜を説得する)

英文(A)は未来ニュアンスの不定詞を用いてこれからする行動を示唆してますが、過去形になると実現しなかったというニュアンスが含まれます。つまり、but couldn't[didn't](でも結局、できなかった[しなかった])のニュアンスです。よって正解は英文(A)でした。

一方、英文(B)は現実ニュアンスの動名詞を用いて

いることからand did（そして、やった）と、実際に説得のために行動したことを意味します。

 (A) Tomohiko <u>tried</u> hard <u>to persuade</u> his boss for this.

動名詞の表現

不定詞と間違えやすい前置詞toを用いた動名詞の表現に注意しましょう。見た目では区別できませんので、覚えるしかありません。

look forward to ＋ 名詞・動名詞	…を […することを] 楽しみに待つ
be used to ＋ 名詞・動名詞	…に […することに] 慣れている（状態）
get used to ＋ 名詞・動名詞	…に […することに] 慣れる（変化）

1. またお会いするのを楽しみにしています。
   I'm <u>looking forward to seeing</u> you again.
   　　　　　　　　　　　　　動名詞

2. 待つことには慣れています。
   I'm <u>used to waiting</u>.
   　　　　　　　動名詞

3. カメラに話しかけることにはすぐに慣れるでしょう。
   You'll <u>get used to speaking</u> to
   　　　　　　　　　　　　動名詞

   the camera soon.

不定詞の意味上の主語

　不定詞の動作主は、基本的にその文の主語と同じですが、その文の主語と異なる場合は、不定詞の直前に不定詞の意味上の主語を目的語（O）のカタチで表現できます。

他動詞 want O to do	O［人］に…してもらいたい
他動詞 tell O to do	O［人］に…するように言う、O［人］が…することを指示する（指示）
他動詞 ask O to do	O［人］に…して欲しいと頼む、O［人］が…することをお願いする（依頼）

would like O to do（O［人］に…していただきたい）（want よりも丁寧）

☑ 違いをチェック！

(A) I want to have more rest.

(B) I want him to have more rest.

名詞 rest（休憩）
形容詞 more（もっと）

　英文（A）は休みを取る動作の主語は当然 I（私）です。一方、英文（B）は、不定詞の動作主は I ではなく him（彼）になりますから「彼が休む」ことを私は望むという解釈になります。

　(A) 私はもっと休みたい。
　(B) 私は彼にもっと休んでもらいたい。

それでは例文をチェックしましょう。

you to listenは意味上、you listen（あなたが聞く）というSVの関係です。

me to goは意味上、I go（私が［寝に］行く）というSVの関係です。

him to pickは意味上、he picks（彼が迎えに来る）というSVの関係です。

例文1〜3の文型はSVOC文型で、不定詞の意味上の主語を兼ねる目的語Oの情報（ここでは動作の情報）を、補語Cの働きをする不定詞で表現したものです。

1. 君に私の話を聞いてもらいたい。
   I want you to listen to me.
   他動詞（V）＋意味上の主語（O）＋不定詞（C）

2. 彼が私に寝ろと言った。
   He told me to go to sleep.
   他動詞（V）＋意味上の主語（O）＋不定詞（C）

3. 私は彼に迎えに来てくれるよう頼んだ。
   I asked him to pick me up.
   他動詞（V）＋意味上の主語（O）＋不定詞（C）

　いずれの表現も、現実になっていない行動を相手に促すことから「未来志向」の不定詞が用いられています。

　英文1は、文法的により丁寧に言い換えると、I would like you to listen to me.となります。ただし、丁寧といっても、自分の願望で相手を動かそうとしている表現ですから指示的な響きは残ります。そこで、本当の意味で丁寧にお願いする場合はCan[Could] you ...？で話すほうが自然だと覚えておいてください。

疑問詞＋不定詞の表現

　「疑問詞＋不定詞to do」で１つの名詞（厳密には「名詞句」）の働きをする表現になります。主に目的語としてよく用いられます。

what to do	何を…するべきか
what＋名詞 to do	何の（名詞）を…するべきか
which to do	どちらを…するべきか
which＋名詞 to do	どの（名詞）を…するべきか
how to do	…する方法（どのように…するべきか）
where to do	どこに…するべきか
when to do	いつ…するべきか

　この表現はいずれも先の行動を示唆したものですから、やはり不定詞の未来志向ニュアンスで押さえておくと覚えやすくなります。

---

1. 明日何を着ていけばいいのかまだ決まっていない。

   I haven't decided **what to wear**
   他動詞(V)　　　　　　　目的語(O)

   tomorrow.

2. 医者が僕に健康でいる方法［どうやって健康のままでいられるか］を教えてくれた。

   My doctor told me how to stay fit.
   他動詞(V)＋目的語(O₁)＋目的語(O₂)

形容詞 fit（健康な）

　疑問詞とshould（〜するべき）の意味を加えた解釈で、英文1であれば、直接 What should I wear tomorrow?（明日何を着たらいい？）のような尋ね方もあるので、ぜひ表現の選択肢を増やしていきましょう。

Day 27 整理整頓クイズ

- -

Q.1 （A）（B）がほぼ同じ内容になるように（　　）に自然な英語を書きましょう。

(A) When should I call my doctor?

(B) I don't know (　　)(　　)(　　) my doctor.

Q.2 日本語の意味になるように（　　）に自然な英語を書きましょう。

1. 早く痩せるためにジムで何をすればいいのか、もっと知りたいです

   I'd (a)(　　)(　　)(　　) more about (b)(　　)(　　)(　　) in the gym (c)(　　)(　　) weight fast.

2. 電話が鳴りやまなかった。

   The phone (　　)(　　)(　　).

3. 私は君たちには雨が降り始める前に下山してほしい。

   I (a)(　　)(　　) guys (b)(　　) get down the mountain before it (c)(　　)(　　).

4. もう少しあなた自身のことを私に話していただけませんか？

   Do you mind (　　)(　　) a little about yourself?

5. 弟はネクタイの着用に慣れていない。

   My brother's not (　　)(　　)(　　) a tie.

6. リビングの電気を消したのは覚えてるよ。

I ( )( ) off the lights in the living room.

7. お母さんの趣味は僕に勉強しに行けと言うことだと思う。

I think my mom's hobby ( )( )( )( ) go study.

さあ、いよいよコア英文法学習も終盤ですね。本書のコア英文法知識と例文や演習の中で覚えた語彙や表現力、そしてダウンロード音声を使った音読で、自然でネイティブが理解しやすい英語の運用力は確実に養われているはずです。本書では、コア英文法を使用する「目的意識」の重要性について触れていますが、英語はそもそも勉強ではなくコミュニケーションの道具として私は考えています。「いつ？」「どこで？」「誰が誰に？」「何をどう伝える？」など、会話の目的意識を持って努力しなければ英語力は向上しません。ぜひ、そのことも常に意識していただき、皆さんの生活や仕事のシーンに合わせて、本書のコア英文法をカスタマイズしてフルにご活用ください。

現在分詞と過去分詞

進行形や受け身で使われる現在分詞-ingと過去分詞
-edの実践的な使い方を学習します。分詞は、名詞に
情報を追加する便利な表現であるだけでなく英文解釈
力の向上のためにも重要な単元です。

日本人のよくある Ⓝ Ⓖ 発信！

その家に住んでいるおじいさんがいる。
There's an old man live in the house.

There's an old man（おじいさんがいる）が中心の
文で、これに対して補足説明がくっついていると考え
ます。この場面では名詞an old manに対して「その家
に住んでいる」という説明を加えます。現在分詞-ing
には「…している（名詞）」の意味で名詞に補足説明を
加える形容詞の働きがあります。動詞の原形liveでは
名詞を説明する働きはないため、現在分詞livingにす
れば正解です。日本語の感覚だけで考えるのではなく、
論理的な形でしっかりと理解するようにしたいですね。

 There's an old man <u>living</u> in the house.

1 回目		
	月	日
2 回目		
	月	日
3 回目		
	月	日

現在分詞と過去分詞

これまでに学習した現在分詞と過去分詞を用いる形をまずは復習しましょう。

現在分詞	進行形	be動詞＋現在分詞-ing
過去分詞	現在完了形	have/has＋過去分詞-ed
	受け身	be動詞＋過去分詞-ed

1. うちのネコが金魚鉢のそばで何かしている。
   My cat is doing something by the fishbowl.
   <u>進行形</u>

2. ロンはちょうど皿ふきを終えたところだ。
   Ron has just finished drying the dishes.
   <u>現在完了形</u>

   他動詞dry（…を乾かす）

3. 日本人はその勤勉さで知られている。
   The Japanese are known for their diligence.
   <u>受け身</u>

   名詞diligence（勤勉）

今回はこの分詞（-ing/-ed）の部分を使って、新しい表現方法を学びます。

分詞＝形容詞

分詞（現在分詞と過去分詞）は、形容詞と同じ働きをします。

分詞の働き	① 名詞の修飾語
	② 主語Sや目的語Oを説明する補語C ＊SVC文型やSVOC文型のCとして用いる

他動詞release
（…を発売する）

1. 今月、そのバンドが新しいワクワクするような歌をリリースした。

   The band released a new exciting song
   名詞の修飾語（M）＋名詞

   this month.

2. ファンたちはその新曲に興奮していた。

   The fans were **excited** at the new song.
   主語（S）　　　　主語を説明する補語（C）

3. その新曲でファンたちは興奮した。

   The new song made the fans excited.
   目的語（O）＋目的語を説明する補語（C）

　形容詞として分詞はこのように３つの使い方があるわけですね。

① 名詞の修飾語として働く分詞

　それでは、名詞に説明を加える分詞の働きをチェックします。現在分詞と過去分詞の違いに注意しましょう。

現在分詞 -ing	一時的な動作・状態「…している（名詞）」
	一般的な事柄（習慣・性質）「…する（名詞）」

2つ目の用法は馴染みがないかもしれませんね。-ingは動きを感じて「…している」というイメージが先行しますが、一般的な話にも使えます。例文で確認しましょう。

● **現在分詞**

1. 風船で動物を作っている人がいた。
   There was a guy
   名詞

   making balloon animals.
   現在分詞（一時的な動作）
   形容詞句

   > 2語以上のカタマリで形容詞の働きをするものを「形容詞句」と呼びましたね。

2. 以前、兄は携帯電話のゲームを作る会社で勤務していた。
   My brother used to work for

   a company making **mobile games.**
   名詞　現在分詞（一般的な事柄）
   　　形容詞句

英文1はA guy **was making** balloon animals.（ある人が風船で動物を作っていた）と過去進行形のニュアンスがあります。

英文2はA company **makes** mobile games.（ある会社は携帯電話のゲームを作っている）と現在形で一般的な事柄を表しています。

慣れていけば文脈で自然と解釈の区別はできますので心配はいりません。基本は進行形と同じ解釈で覚えておきましょう。それでは続いて、過去分詞です。

-edの形を持たない不規則
変化動詞もありますので注意
しましょう。

過去分詞 -ed	受け身「…されている」「…される」

過去分詞：

> 姉はユーチューブのインフルエンサーに作られ
> た動画を見るのが好きだ。
> **My sister likes watching <u>videos</u>**
> 名詞
>
> **made by an influencer on YouTube.**
> 過去分詞（受け身）
> 　形容詞句

　過去分詞を用いたこの英文は Videos are made by
an influencer on YouTube.（動画はユーチューブのイ
ンフルエンサーに作られている）と受け身の意味で解
釈することができます。

　名詞に分詞が説明を加えるイメージを押さえ、あと
は文脈で自然な解釈をすればOKです。

Q. **-ingと-edのどちらが自然?**

- -

形容詞gorgeous
（素晴らしい）

I still remember the gorgeous sunset
[seeing / seen] from the bridge.

310

この分詞は名詞sunset（日没）に対する説明で、日没は人に「見られる」ものですから、正解は過去分詞seenです。

 I still remember the gorgeous sunset seen from the bridge.
その橋から見えた最高のサンセットをいまだに覚えている。

まずは単純に「〜している」＝現在分詞-ing、「〜られる」＝過去分詞-edと覚えてください。

基本は「名詞＋分詞」の語順

基本的に2語以上のカタマリ（形容詞句）で名詞を後ろから説明（後置修飾）するパターンが多いです。

飛行機で泣いている赤ん坊
a baby crying on a plane
　名詞　　　現在分詞の表現

激しい嵐に壊された屋根
a roof broken by a big storm
　名詞　　　過去分詞の表現

この日本語訳でもわかるように、日本語は名詞に対する説明が先に置かれますが、英語は名詞を置いてから説明を後付けします。英語と日本語の情報の発信方法の違いも意識しましょう。

名詞＋分詞１語

　分詞は２語以上のまとまりで名詞の後ろに置く、これがもう基本だと覚えて構いません。では、分詞１語の場合はどうでしょうか。教科書的な押さえ方は「分詞１語＋名詞」の語順で習いますが、実はそうとは限りません。

　主に現在分詞のケースですが、「…している（名詞）」という意味で、一時的な動作や状態を説明する場合は、分詞１語でも名詞の後ろに置くことが多いです。

☑ 違いをチェック！

(A) There was a smoking man.
(B) There was a man smoking.

　意味の違いを考えてみましょう。
　名詞の前に置く形容詞はその名詞がどんな名詞なのか（一般的なニュアンス）を分類する働きをするため、英文(A)は、こんな習慣を持っている男性となります。一方、英文(B)のように、名詞の後ろに置いた分詞は、男性の一時的な状態を説明する意味になります。

(A)（いつも）喫煙する男性がいた。（喫煙者）
There was a smoking man.
現在分詞　　名詞

(B) タバコを吸っている男性がいた。

(一時的に喫煙中)

There was a man smoking.
　　　　　　名詞　　現在分詞

 どちらが自然でしょうか?

- -

踊っている女の子はとても可愛かった。

(A) The girl dancing was so lovely.

(B) The dancing girl was so lovely.

英文(B)のように、-ingを名詞の前に置いた dancing girlは「踊り子」を指すため誤りです。一時的に踊っていた話であれば「名詞the girl + 現在分詞 dancing」の語順にします。

 (A) The girl dancing was so lovely.

> 例外は存在するため、文脈での判断や経験を重ねることが重要です。

過去分詞1語を名詞の前に置く場合は、次のような例がありますが、1つの表現として覚えてしまうほうが早いです。

> fried chicken (唐揚げ)、frozen fruit (冷凍果物)、fallen leaves (落ち葉)、boiled eggs (ゆで卵)、boiled water (熱湯) など

いずれも受け身というより、完了的なニュアンスの表現になります。例えば、boiled water (熱湯)の過去分詞boiledは「沸かすことが完了した状態」を指します。

「There is＋名詞＋分詞」の表現

　名詞の存在を表現するカタチで「There is/are ＋ 名詞」（〜がある、いる）の構文（Day 15参照）がありますが、この名詞の状態を説明するために分詞を伴うことがよくあります。

There is/are＋名詞＋ 現在分詞-ing	「〜している (名詞) がいる、ある」
There is/are＋名詞＋ 過去分詞-ed	「〜された (名詞) がいる、ある」

1. 釣りをしている人が何人かいた。
   There were some people fishing.
   現在分詞

2. ケーキが残っていた。
   There was some cake left.
   過去分詞

> cakeは不可算名詞のため、someがあってもbe動詞はwasです。
> (×) were

② 補語Cとして働く分詞

　では最後に2つ目の分詞の働きを解説します。主語Sや目的語Oを説明する補語Cの働きをする分詞です。重要なのは、感情・心情を表す分詞の使い分けです。

　感情・心情を表す分詞は、「人」自身の気持ちなのか「モノ」の状態を描写するのかで現在分詞と過去分詞を使い分けます。すぐに覚えておきたいものを整理し

ておきます。

「人」自身の気持ち ＝ -ed	「物事」自体の状態・様子 ＝ -ing
amazed（びっくりして）、**annoyed**（イライラして）、**bored**（退屈して）、**disappointed**（ガッカリして）、**excited**（興奮して）、**interested**（興味を持って）、**surprised**（驚いて）など	**amazing**（びっくりするような、驚くほどよい）、**annoying**（イライラさせる）、**boring**（退屈な）、**disappointing**（ガッカリの）、**exciting**（興奮するような）、**interesting**（面白い）、**surprising**（驚くような）など

● 「人」自身の気持ち

1. 彼の長いスピーチで私たちは退屈した。
   His long speech made us bored.
   　　　　　　　　　　　　　目的語（O）過去分詞の補語（C）

   make OC（OをCの状態にする）　O ＝ Cの関係。

2. 私たちはその速報に驚いた。
   We were surprised at the breaking news.
   主語（S）　　過去分詞の補語（C）

   S ＝ Cの関係。

   breaking news（速報）

● 「モノ（こと）」に対する周囲の気持ち

1. 彼の長いスピーチで全部つまらないものになった。
   His long speech made everything boring.
   　　　　　　　　目的語（O）現在分詞の補語（C）

   O ＝ Cの関係。

315

2. その速報は驚きだった。

The breaking news was surprising.
　　　　主語（S）　　　　　　　　現在分詞の補語（C）

S＝Cの関係。

　　例えばboredであれば元々、他動詞bore＋人（人を
　退屈させる）が受け身「人 is bored」（〜は退屈させ
　られている［退屈している］）になり、この過去分詞
　boredが形容詞化し、人自身の気持ちを指すと覚える
　こともできます。他の分詞も同じ理屈です。

Day **28**　**整 理 整 頓 ク イ ズ**

- -

Q.1 ［　　］内の単語を必要であれば、文法的、意味的に正しく書き直し
　　ましょう。

　(a)[Eat] less is (b)[annoy] and I'm (c)[annoy] I need it to
　live.

Q.2 日本語の意味になるように（　　　）に自然な英語を書きましょう。

1. タバコを吸っている人の隣に私は座りたくない。

　I don't want to sit next (　　)(　　)(　　).

2. 冷蔵庫に食べ物が何も残っていなかった。

　(a)(　　)(　　) no food (b)(　　)(　　) the fridge.

3. 鳴っている電話で起こされ、それから寝られなかった。

I (a)(　)(　)(　)(　) my (b)(　)(　)(　) couldn't sleep after that.

4. 朝食にゆで卵をいかがですか?

Would you like a (　)(　)(　) breakfast?

5. 沸騰しているお湯を加えて、3分間フタをしたままにしてください。

Just add the (　)(　)(　) leave the lid on for three minutes.

6. そこで働いている人を知ってるよ。

I know someone (　)(　).

7. このオイルはカリフォルニアで育てられたオリーブで作られている。

This oil (a)(　)(　)(　) olives (b)(　)(　) California.

8. ワクワクする一日だった。

It was (　)(　)(　).

Day **29** 使役動詞と知覚動詞の表現

　不定詞と分詞の知識を応用した使役動詞と知覚動詞の表現をまとめます。日常会話力に繋がるだけなく読解力の向上にも欠かせない知識ばかりですので、じっくり解説していきます。

日本人のよくある **N** **G** 発信！

今日、散髪するためにそこに行った。
I went there to cut my hair today.

　「目的（〜するために）」を示す副詞的用法の不定詞 to cut の意味上の主語は I（私）ですから、to cut my hair は「（自分が）自分の髪を切るために」という意味になります。自分自身で髪を切るという話であればこの英文でOKですが、誰かに切ってもらうという意味では、使役動詞の用法を持つ have を用います。使役動詞 have は「have O ＋過去分詞」のカタチで「O［モノ］を…してもらう」という意味になりますので、この場面ではこのカタチが自然です。詳しくはあとで学習します。

cut（〜を切る）は過去分詞も原形 cut と同じです。
cut-cut-cut

1 回目		
	月	日

2 回目		
	月	日

3 回目		
	月	日

 I went there to **have my hair cut** today.

「O［人］に〜させる」の使役表現

人を使って何かをさせるというニュアンスがある
使役動詞make、have、letを用いた表現を押さえます。
カジュアルな日常英会話でもとても便利に使えます。

make O＋動詞の原形（原形不定詞）	（無理に）Oに…させる、（物事などが）Oに（自然と）…させる
have O＋動詞の原形（原形不定詞）	（当然のように）Oに…してもらう
let O＋動詞の原形（原形不定詞）	（Oが望むように）Oに…させる

1. 彼は私にこれを片付けさせた。

   He made me clean this.
   使役動詞(V) ＋ 意味上の主語(O) ＋ 原形不定詞(C)

2. 彼にあなたを家まで送ってもらおう。

   I'll have him take you home.
   使役動詞(V) ＋ 意味上の主語(O) ＋ 原形不定詞(C)

3. 彼の母親は絶対に彼にゲームをさせない。

   His mother never lets him play video
   使役動詞(V) ＋ 意味上の主語(O) ＋ 原形不定詞(C)
   games.

文型はSVOC文型で、原形不定詞の意味上の主語を兼ねる目的語Oの情報（ここでは動作の情報）を補語Cで表現しています。

英文(1)の使役動詞makeは相手（＝目的語Oの「人」）の意志とは無関係に、何かをさせるという強制的なニュアンスで使います。ここではOCがme clean = I clean（私は片付ける）のようにSVの関係になっています。I cleanの状況をmake（作る）するイメージです。

また、強制ではなく自然とそのようになってしまう（動いてしまう）状況もこのmakeで表現できます。

自然とI smile（私はほほえむ）の状態になる、思わず笑顔になるニュアンスです。

> このシーンを見ると、私はいつも笑顔になってしまう。
> **This scene always <u>makes me smile</u>.**

英文2の使役動詞haveは、部下や家族、あるいは店員さんなどに対して、「ごく当たり前のこととしてやってもらう」ニュアンスです。頼めばしてもらえる関係性で、目上の人や相手が初対面の場合には失礼に聞こえる場合もあります。OCはhim take = he takes（彼が送る）というSVの関係です。

またこの表現のhaveをより口語的なgetで言い換えることができます。その場合は普通のto不定詞を用いますので注意しましょう。

> 彼にあなたを家まで送ってもらおう。
> **I'll <u>get him to take</u> you home.**
> 他動詞(V) + 意味上の主語(O) + 不定詞(C)

英文3の使役動詞letは、「許可をする」という物々しい感じではなく「相手の行動を邪魔しない」「相手が望むようにさせる」というニュアンスです。ここでも、him play = he plays（彼はプレーする）というSVの関係です。

「O[モノ]を〜してもらう」の表現

「O[モノ]を〜してもらう」という意味では、使役動詞haveと過去分詞を組み合わせたカタチが用いられます。

have[get] O＋過去分詞	① **O**を［…された状態に］…してもらう（使役）
	② **O**を…される（経験［被害、受け身］）（主にhaveを用いる）
	③ **O**を…してしまった（完了）

getはより口語的な響きになります。

　3つの用法に分けましたが、基本的に「O＋過去分詞」の部分を受け身の関係で考え、あとは場面に合わせた解釈をすればうまくいきます。

> 1. 他の医者に歯を検査してもらった。
>   **I had my teeth examined by another doctor.**
>   使役動詞(V) + 意味上の主語(O) + 過去分詞(C)

他動詞examine
（…を検査する）
形容詞another
（他の、もう一つの）

2. 明日までに報告書を仕上げてください。

Please get your report done

<u>他動詞(V)＋意味上の主語(O)＋過去分詞(C)</u>

by tomorrow.

前置詞by（[期限]〜までに）

後ろの過去分詞が補語Cとして、意味上の主語であるOの情報を伝えるわけですが、この表現ではOCを受け身のカタチで言い換えることができます。

英文1…my teeth examined

= my teeth were examined（歯が検査された）

英文2…your report done

= your report is done（報告書が仕上げられる）

 自然な表現はどちら？

名詞blood（血液）

医者に血液検査をしてもらった。

I had my doctor [check / checked] my blood.

my doctor checkedとするとmy doctor was checked（医者は検査された）という受け身のニュアンスになるため不自然ですね。

正解は原形不定詞のcheckでした。

 I had my doctor <u>check</u> my blood.

「知覚動詞＋Ｏ＋現在分詞(C)」 の表現

他動詞see（～を見る）、hear（～が聞こえる）、feel（～を感じる）など「人」の感覚を示す動詞を知覚動詞と呼び、「知覚動詞＋Ｏ＋現在分詞(C)」（ＯがＣしているのを…する）のカタチで用いることができます。

see O ＋現在分詞 -ing	Oが…しているのを見る
hear O ＋現在分詞 -ing	Oが…しているのが聞こえる
feel O ＋現在分詞 -ing	Oが…しているのを感じる

1. 人前で彼がこれを着ているのを見た。
   I saw him wearing this in public.
   <u>知覚動詞(V)＋意味上の主語(O)＋現在分詞(C)</u>

   in public（人前で）

2. 下の階で誰かが叫んでいるのが聞こえた。
   I heard someone yelling downstairs.
   <u>知覚動詞(V)＋意味上の主語(O)＋現在分詞(C)</u>

   自動詞 yell（叫ぶ）
   副詞 downstairs
   （1階で、下の階で）

3. 何かが私の足に触れているのを感じた。
   I felt something touching my leg.
   <u>知覚動詞(V)＋意味上の主語(O)＋現在分詞(C)</u>

いずれも知覚動詞の目的語が現在分詞の意味上の主語になっており、次のように進行形で解釈できるのがポイントです。

英文1…him wearing = he was wearing（彼は着ていた）という状況をseeしたというニュアンスです。

英文2…someone yelling = someone was yelling（誰

かが叫んでいた）という状況をhearしたというニュアンスです。

英文3…something touching = something was touching（何かが触れていた）という状況をfeelしたというニュアンスです。

「知覚動詞＋O＋動詞の原形（原形不定詞）」の表現

知覚動詞を用いた表現では、現在分詞だけではなく原形不定詞（toなし不定詞）を用いることもあります。ニュアンスの違いは次のようになります。

知覚動詞＋O＋現在分詞 -ing	Oが〜しているのを…する …「一時的動作の一部」
知覚動詞＋O＋動詞の原形（原形不定詞）	Oが〜するのを…する …「動作の一部始終（動作の完了）」

現在分詞を用いた場合は、進行形の一時的なニュアンスが元々含まれますので、一時的な動作の途中を見たり、聞いたり、感じたりという意味になります。一方、動詞の原形の場合は、動作の完了ニュアンスが出ます。例文で比較してみましょう。

☑ 違いをチェック！

- -

(A) I saw you **crossing** the street the other day.

(B) I saw you **cross** the street the other day.

他動詞cross
（…を横断する）

ニュアンスで言い換えて考えましょう。

（A）you crossing ＝ you **were crossing**（あなたは渡っているところだった）という「進行形」のニュアンスです。つまり、「通りを渡っている途中の一時的な動作」を見たという話です。

（B）you cross ＝ you **crossed**（あなたは渡った）という一連の動作の完了ニュアンスで、「渡り始めから渡り終わるまでの一連の動作すべて」を見たという話です。

（A）先日、僕は君が通りを渡っているところを見た。

I saw <u>**you crossing**</u> the street the
　　　　意味上の主語(O)＋現在分詞(C)

other day.

（B）先日、僕は君が通りを渡るのを見た。

I saw <u>**you cross**</u> the street
　　　　意味上の主語(O)＋原形不定詞(C)

the other day.

Ⓠ **自然な表現はどちら？**

- -

今朝、男の子が一輪車から落ちるのを見た。

I saw a boy [fall / falling] off his unicycle
this morning.

名詞unicycle
（一輪車）

これは難しいかもしれませんね。日本語で考えるとfallingもOKに思えますが、この文のように、一瞬で

終わるような出来事の場合は「動詞の原形」（原形不定詞）を用いるのが自然です。現在分詞fallingの場合、落ち始めから落ち終わるまでの途中の一時的な動作を見るというニュアンスになるため、それなりに高い場所から落ちるのではなく一瞬で落ちてしまう場面では不自然になります。

 I saw a boy <u>fall</u> off his unicycle this morning.

では最後に、知覚動詞として覚えておくべき動詞をまとめておきます。必ず辞書で用例を確認してください。

> **feel**（〜を感じる）、**hear**（〜が聞こえる）、**listen to**（〜を聞く）、**look at**（[ある方向を意識して]〜を見る）、**notice**（〜に気づく）、**see**（〜が見える）、**smell**（[-ingと一緒に]〜のにおいがする）、**watch**（[動くものを注意して]〜を観る）など

Day 29 整理整頓クイズ

- -

Q.1 場面を考え、自然なものを選んで英文を完成させましょう。

1. **I saw a girl [fall / falling] down the stairs while she was taking a selfie.**

  ＊名詞selfie（自撮り）

2. I had my blood pressure [check / checked / to check] today.

*blood pressure（血圧）

3. I noticed a guy [stolen / steal] his wallet.

4. I want to get my hair [to dye / dyed / dye] like yours.

*dye（〜を染める）

Q.2 日本語の意味になるように（　　）に自然な英語を書きましょう。
[　　]に指定された動詞がある場合、必要に応じて適切な形に直して使用してください。

1. 妻に迎えに来てもらうよ。

（　　）（　　）（　　）（　　）（　　）pick me up.

2. プチ断食することで、僕は夜の間食をしなくなった。[snack]

Intermittent fasting（　　）（　　）（　　）（　　）at night.

*intermittent fasting（断続的な断食）

3. 外で男の子が叫んだの聞こえた？[scream]

Did you（　　）（　　）（　　）（　　）outside?

4. 私たちは今朝初めて、赤ちゃんが（お腹を）蹴っているのを感じた。

We（　　）（　　）（　　）（　　）this morning for the first time.

5. お父さんは僕にPS5を絶対買わせてくれないよ。

My dad would never（　　）（　　）（　　）a PS5.

Day 30 関係詞の表現

「句」のカタチで名詞に説明を加えるのが不定詞や分詞でしたが、最後のDayでは「節」の形で名詞に情報を加える関係詞を学習します。読解だけではなく、英会話にも便利に使える用例だけを学習します。

日本人のよくある **N G** 発信！

走り回っていた男の子は私たちの息子だ。
A boy was our son who was running around.

who was running around（走り回っていた）が今回学習する主格の関係代名詞節と呼ばれるカタチですが、その働きは名詞を修飾し、その名詞と他の名詞が区別できるように説明するものです。この文では、a boyとour sonが名詞になります。どちらの名詞を修飾するべきかというと、「ある1人の男の子」という意味のa boyです。このままでは、どの男の子を示して私たちの息子と言っているのか、関係代名詞節がなければ不明確です。そこで、a boyの後ろに直接who ... aroundをつなげてあげると、相手が理解しやすい自然な英文になります。

1 回目
月　　　日

2 回目
月　　　日

3 回目
月　　　日

 A boy who was running around was our son.

名詞を修飾するカタチ

名詞は英文の中で、S、O、Cと色んな位置で使用されますが、名詞だけでは詳しいことを相手に伝えることはできませんので、どんな名詞の話をしているのか、名詞を修飾する形容詞を補って発信していきます。形容詞として働く文法的なカタチを、今回の関係詞も含めてまとめて一覧にしてみました。

1. 形容詞＋名詞	「かわいい犬」 a 形容詞**pretty** dog
2. 名詞＋形容詞	「何か新しいもの」 something 形容詞**new**
3. 名詞＋前置詞句	「オーストラリア出身の人たち」 people 形容詞句**from Australia**
4. 名詞＋不定詞	「飲み物」 something 形容詞句**to drink**
5. 名詞＋現在分詞	「ステージで踊っている男の子」 a boy 形容詞句**dancing on the stage**
6. 名詞＋過去分詞	「韓国で作られたスマートフォン」 a smartphone 形容詞句**made in Korea**
7. 名詞＋SV （接触節）	「私が失くしたスマートフォン」 a smartphone 形容詞節**I lost**
8. 名詞＋関係代名詞	「ステージで踊っている男の子」 a boy 形容詞節**who is dancing on the stage**

9. 名詞＋関係副詞	「僕がリラックスできる部屋」 a room 形容詞節 **where I can relax**

　いかがでしょうか。少なくとも全部で9パターンです。これだけのカタチが名詞の前後に置けるわけですね。左から右に流れて聞こえてくるリスニングもこのような情報の置き方パターンに慣れておけば捉え方が変わるはずです。当然ながら読解力向上にも欠かせないポイントですので他の単元も復習しながら頭にイメージを残しておいてください。

名詞を説明する形容詞節
（関係代名詞節）の働き

　主語の働きを兼ねる主格の関係代名詞who、that、whichを使えば、2文を1文にまとめることができます。実際にやってみましょう。下線部に注目です。

（A）ある日本人男性を探している。

I'm looking for a Japanese man.
名詞

（B）彼は英語を話す。

He speaks English.
主語（S）

英文(B)は英文(A)の下線部の日本人男性についての説明です。そこで英文(B)で主語(S)として働く下線部を主格の関係代名詞に置き換えて1文にまとめます。

(A)+(B)
私は英語を話す日本人男性を探している。
I'm looking for a Japanese man
　　　　　　　　　　名詞（先行詞）

who speaks English.
主格の関係代名詞(S')

関係代名詞節（形容詞節M）

　関係代名詞で作られたカタマリを関係代名詞節と呼び、関係代名詞節は前の名詞（先行詞と呼ぶ）を修飾することから形容詞節とも言えます。この関係代名詞節によって、どんな日本人男性の話をしているのかが、明らかになり、これが関係代名詞節の働きです。

　この英文では、英文(B)の主語(S)の部分を代名詞whoに置き換えています。そのwhoは主格の関係代名詞と呼ばれ、全部でwho、that、whichの3種類あります。これは関係代名詞節によって修飾される名詞（先行詞）の種類によって使い分けられます。

名詞（先行詞）	主格の関係代名詞
人	who （文法的にはthatも使用可能です）
人以外	that （書き言葉ではwhichも使用されます）

1. 僕は2000年に、自分の妻になる女性と
   出会った。

   In 2000, I met a woman
   <u>「人」を示す名詞（先行詞）</u>

   who became my wife.
   主格の関係代名詞(S')

   　関係代名詞節（形容詞節M）

2. これはニュージーランドで撮られた
   僕らの写真だ。

   This is a picture of us
   <u>「人以外」を示す名詞（先行詞）</u>

   that was taken in New Zealand.
   主格の関係代名詞(S')

   　関係代名詞節（形容詞節M）

英文（1）… 関係代名詞whoは関係代名詞節内の
　　　　　becameに対する主語の代わりです。この
　　　　　whoは、元々「人」を尋ねる疑問詞を利用
　　　　　したもので「誰の話」をしているのかを説
　　　　　明します。

英文（2）… 関係代名詞thatは関係代名詞節内のwas
　　　　　takenに対する主語の代わりです。この
　　　　　thatは、「それ」「あれ」と指し示す感覚で
　　　　　「何の話」をしているのかを説明します。

▍名詞＋SV（接触節）

　　主格があれば次は目的格の関係代名詞を、と言いた
いところですが、実用性が低い目的格よりも、本書で

はそれ以上に重要な、SとVで前の名詞を説明するパターンを解説します。

　主格よりもシンプルです。見た目は文のようなカタチで、名詞の後ろにピッタリくっつくことから接触節とも呼ばれます。

文として自立してないSVを含むカタマリを「節」と呼びましたね。

---

1. 私たちはエナがすすめてくれたそのモールに行った。

   We went to the mall Ena recommended.
   　　　　　　　名詞　　主語(S') + 他動詞(V')
   　　　　　　　　　　SVの接触節（形容詞節M）

   名詞mall（商業施設）
   他動詞recommend
   （…をすすめる）

2. 携帯電話に昨日インストールしたアプリは
   うまく動いている。

   The app I installed on my phone yesterday
   　名詞　　主語(S') + 他動詞(V')
   　　　　　SVの接触節（形容詞節M）

   is working well.

   名詞app（アプリ）
   他動詞install
   （…をインストールする）

　後ろの他動詞から前の名詞へのつながりを押さえてください。次のように前の名詞が後ろの他動詞の目的語の働きも兼ねているのが特徴です。

英文1… Ena recommended the mall
　　　　　　　　他動詞(V)　　目的語(O)

英文2… I installed the app on my phone
　　　　　他動詞(V)　目的語(O)

　　　　yesterday

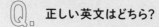

Q. 正しい英文はどちら?

- -

(A) A girl I saw her in front of the school was my son's classmate.

(B) A girl I saw in front of the school was my son's classmate.

名詞a girlは他動詞sawの目的語も兼ねているため目的語herが残ってしまっている英文（A）は誤りです。シンプルにSV（主語＋他動詞）だけでくっつけるカタチを押さえておきましょう。

 (B) A girl I saw in front of the school

主語(S')＋他動詞(V')
SVの接触節（形容詞節M）

was my son's classmate.

学校の前で会った女の子は息子のクラスメートだった。

時と場所の説明をする関係副詞節

時や場所を示す名詞（先行詞）に説明を加える形容詞節は関係副詞を用いて作ります。名詞が場所なのか時なのかで関係副詞を使い分けてください。

場所を示す名詞＋関係副詞where SV	Sが…する（場所）
時を示す名詞＋関係副詞when SV	Sが…する（時）

1. いつか自分が育った街に戻るよ。

I'll go back to <u>the city</u>
　　　　　　　　　　　場所を示す名詞（先行詞）

where　I　grew up someday.
関係副詞＋主語(S')＋自動詞(V')

関係副詞節（形容詞節M）

grew up（育つ）

2. カツヤと初めて出会った日をまだ覚えている。

I still remember <u>the day</u>
　　　　　　　　　　時を示す名詞（先行詞）

when　I first met Katsuya.
関係副詞＋主語(S')＋他動詞(V')＋目的語(O')

関係副詞節（形容詞節M）

英文1 … I grew up _{「場所」を示す副詞}**there**（私はそこで育った）の下線部の副詞が関係副詞whereになったものです。

英文2 … I first met Katsuya _{「時」を示す副詞}**then**（私はそのとき、初めてカツヤと出会った）の下線部の副詞が関係副詞whenになったものです。

▌関係代名詞what

　同じ関係代名詞とされていますが、ちょっと使い方が異なる関係代名詞whatについて解説します。whatを用いた関係代名詞節は名詞節を作り、英文の中でSやOとして働きます。何かを修飾するものではないため、普通の関係代名詞（who/that/which）のように修飾する名詞（先行詞）は不要です。

what S' + V'	S'がV'すること、S'がV'するもの

　関係代名詞whatはこの日本語をそのまま参考にしておけば使いやすいです。

---

1. 将来起こることは誰にもわからない。

Nobody knows what will happen
主語(S)　　　他動詞(V)　主語(S')の働きをする関係代名詞
目的語(O)になる関係代名詞節（名詞節）

in the future.

2. クミがしたことは、それほど悪いことじゃなかった。

What Kumi did
目的語(O')の働きをする関係代名詞＋主語(S')＋他動詞(V')
主語(S)になる関係代名詞節（名詞節）

wasn't that bad.
自動詞(V)　補語(C)

副詞 that
（そんなに、それほど）

英文1… 関係代名詞whatを用いた節が英文の中で他動詞knowの目的語の働きをしていますが、関係代名詞節の中ではこのwhatは主語(S')の働きです。

英文2… 英文の中でwhatを用いた節が主語(S)の働きをすると同時に、関係代名詞what自体は他動詞didの目的語の働きです。

英語の語順のまま理解しよう

　英語は日本語と語順が異なり、名詞の後ろに説明を
つけることが多く、ついつい日本語の語順にしようと
後ろから前へ前へと戻り読みする学習者がいますが、
それはもう基本的にNGにしましょう。

　本書で学習してきた英語の文構造はネイティブの自
然な情報の出し方を教えてくれているわけですから、
英語のそのままの語順を受け入れることが大切です。

> A person who never made a mistake never
> tried anything new.

　有名な物理学者アインシュタインの言葉です。この
英文の解釈イメージは次のようになります。

> 人、間違いを犯したことがない人、挑戦したこ
> とがない、新しいことに。
>
> **A person** who never made a mistake
> 　主語（S）　　　「人」の説明文
>
> **never tried anything new.**
> 　他動詞（V）　　　目的語（O）
>
> （間違いを犯したことがない人は、新しいことに
> 挑戦したことがない人である）

　関係代名詞whoを見て「あ、ここから人の説明に入
るんだな」と心の準備をする程度に、前から順にカタ
マリで解釈していくのが英語らしい自然な捉え方です。

本書のレッスンは以上です。皆さん、お疲れさまでした！

整理整頓クイズ

- -

Q.1 自然な英文になるように [   ] 内の語句を並べ替えましょう。

The clerk [the hotel / we stayed / very nice / at / where / was].

Q.2 文法的に正しい表現を選びましょう。

1. I got on the bus [that goes / is going] to the airport.

2. Is this [which / what] you want?

3. This is the dictionary I [use it / use] very often.

Q.3 日本語の意味になるように（   ）に自然な英語を書きましょう。

1. あなたが話していることを僕は理解できない。

I don't (   )(   )(   )(   ) about.

2. 誰か私のメガネを修理できる人はいますか。

Is (   )(   )(   )(   ) fix my glasses?

3. これは私が今まで見た中で一番大きなパフェだ。

This is the biggest chocolate parfait (　)(　)(　).

4. 何をすべきか知らないのはお前だけだ。

You're the only person (　)(　)(　)(　) to do.

5. 自分の生きる人生を愛せ。自分の愛する人生を生きろ。

Love (a)**(　)(　)(　)(　).**

Live (b)**(　)(　)(　)(　).**

お疲れさまわん！

SHUFFLEクイズと
修了テストで
知識の定着度を
チェックしてみるわん。

*SHUFFLE*クイズ ⑥

Day 27〜30の確認問題です。
何度も解き、音声を活用しながら、知識を定着させましょう。

制限時間 **20** 分

- -

[1] 次の英文には必ず状況や日本語に合わない箇所があります。訂正して自然な英文に直しましょう。（4点×4 [16点]）

1. 私の趣味の1つは料理をすることだ。

   One of my hobbies is to cook.

2. 【店員に依頼する】注文を調べてもらいます。

   I'll check my order.

3. 泣くのをやめて、何があったのか僕に教えてください。

   Please stop to cry and tell me what happened.

4. 外でずっと犬が吠えているのが聞こえた。

   I heard the dog bark outside.

[2] 文法的に正しい、または自然な表現をそれぞれ選びましょう。
   （4点×8 [32点]）

1. **There was a guy [lying / lay / lain] down on a bench.**

2. **She likes the man who [living / lives / live] next door.**

3. **I'm getting used to [eat / eating / eats] alone at a restaurant.**

4. **"Love is [put / putting / puts] someone else's needs before yours." Olaf, *Frozen***

5. **What (a)[made / have] you decide (b)[giving / to give] up smoking?**

6. **It was such a long and (a)[bored / boring] speech. The students were all (b)[bored / boring].**

[3] 次の日本語の意味になるように（　　）に自然な英語を
書きましょう。（4点×11［44点］）

1. 夢は宝くじに当選し、プライベートジェットを購入することだ。

My dream (a)(　　)(　　)(　　) the lottery (b)(　　)(　　) a private jet.

2. お前が俺にこれをさせたんだろ！

You (　　)(　　)(　　) this!

3. 私たちが結婚式を挙げたチャペルを覚えてる？

Do you remember the chapel (　　)(　　)(　　) our wedding?

4. それは家から徒歩5分のビーチだ。

That is a (　　)(　　)(　　) a five-minute walk from our house.

5. 何かご質問があればお知らせください。

Please (　　)(　　)(　　) if you have any questions.

6. 日の出を見に、山に登るのが私たちは大好きなんだ。

(a)(　　) mountains (b)(　　)(　　) the sun (　　) is our favorite thing.

7. 他人を助けようと努力するのが私たちにとって重要だ。

(a)(　　)(　　)(　　)(　　)(　　) (b)(　　)(　　)(　　) others.

8. 【レストランでの会話】君が食べてるものを僕も貰うよ。

I'll have (　　)(　　)(　　).

[4] 次の日本語の意味になるように、［　　］内の語句を文法的に正しく並べ替
えましょう。（4点×2［8点］）

1. 彼に電話をかけなおさせましょうか？

Do you [call you / have / want / to / me / him] back?

2. 妻が僕に作ってくれたシーフードサラダはとっても美味い。

[me / so good / my wife / seafood salad / is / the / made].

341

コア英文法 修了テスト

1 回目			SCORE
	月	日	200
2 回目			
	月	日	200
3 回目			
	月	日	200

いよいよ最後の仕上げです。
常に場面を想像しながら自然な表現を
アウトプットしましょう。

制限時間 **45** 分

- -

[1] [　] 内の単語を、場面または文法的に正しい形に必要であれば直しましょう。(2点×8 [16点])

1. I found there (a)[be] no milk (b)[leave] in the fridge.

2. I work for a company that [pay] me well.

3. Maybe I should [get] married five years ago.

4. She's (a)[look] forward to (b)[meet] you.

5. My brother told me (a)[enter] his room (b)[quiet].

[2] 文法的に正しい、または自然な表現をそれぞれ選びましょう。(2点×25 [50点])

1. If your card has (a)[lost / been lost / been losing], you should contact (b)[us / to us / at us] as (c)[sooner / soon] as possible.

2. Wow, this (a)[is a good video / video is good]. I'll show (b)[Emma it / it to Emma].

3. (a)[You've been driving / You've driven] (b)[at / for] almost three hours. Let's drop by (c)[a / the] next service area.

4. His office (a)[furniture / furnitures] seems (b)[like expensive / expensive / expensively].

5. She never (a)[let / lets] her kids (b)[to buy / buy] capsule toys (c)[called / calling] Gacha Gacha.

6. 【ホテルの受付】
   I think you must (a)[make / have made / made] a mistake on this bill. I've been (b)[charging / charged] $30 for (c)[drinking / drink] this wine, (d)[but / and] I didn't drink any alcohol at all.   *not ~ at all（全く～ない）

7. Who (a)[make / made / makes] hot chocolate (b)[to / for] Kaho? She (c)[told / said] it (d)[had / made] her feel better.

8. [She'll have / She's going to have / She's having] a baby next month.

9. [How / What] does Mr. Tanaka look like?

10. He did it, (a)[but / so / because] it (b)[can't / must not] be my fault, right?   *名詞fault（責任、落ち度）

[3] 次の日本語の意味になるように（　　）に自然な英語を書きましょう。（2点 ×34 [68点]）

1. お仕事は何をされてますか？
   What (　　)(　　)(　　)?

2. ニューヨークで新店舗を出すことになっているそうだね。

   I hear (a)(　　)(　　) (b)(　　)(　　)(　　) **in New York.**

3. 大丈夫?

   ― 大丈夫じゃないよ。メガネをなくしたんだ。

   Are you OK?

   ―**No,** (a)(　　)(　　) (b)(　　)(　　).

4. 私の天気アプリでは、今週、雨は降らない予報だ。

   My weather app says it's (　　)(　　)(　　)(　　) **this week.**

5. 道が混んでないなら、もっと頻繁に会いにここに来るんだけどなぁ。

   If the traffic (a)(　　)**so bad, I** (b)(　　)(　　)(　　) (c)(　　)(　　)

   (d)(　　)(　　) **you.**

6. 両親は私に何か買ってくれたんだけど、それが何か私に教えてくれなかった。

   My parents (a)(　　) **something** (　　)(　　), **but they didn't**

   (b)(　　)(　　) (c)(　　)(　　)(　　)(　　).

7. 旦那が子供たちとスマホのゲームで遊んでいるのを見た。

   I (　　)(　　)(　　)(　　) **a smartphone game with my kids.**

8. 明日、神戸空港に到着です。どうやって、そこから三宮まで行けばいいですか?

   ―シャトルバスに乗れるよ。

   (a)(　　)(　　)(　　) **Kobe Airport tomorrow.** (b)(　　)(　　)(　　) **go**

   (c)(　　)(　　)(　　) **Sannomiya?**

   ―**You can take a shuttle bus.**

9. 去年からずっとロンドンを訪ねたいと思っていた。

   I've (a)(　　)(　　)(　　) (b)(　　)(　　)(　　) (c)(　　)(　　) **year.**

10. 生徒の1人が宿題をまったくやろうとしない。

　　―う～ん、無理やりさせたほうがいいよ。

　　One of my (a)(　　) (b)(　　)(　　) **any homework.**

　　―Well, (c)(　　)(　　) (d)(　　)(　　) **student** (　　) **it.**

11. 彼女の夫は年下だけど、僕は彼ほど経験豊かではない。

　　Her husband is (a)(　　)(　　)(　　), (b)(　　) **I'm** (c)(　　)(　　)

　　experienced (d)(　　)(　　) **is.**

12. 自転車をどこに置いたのか思い出せない。

　　― いやぁ、盗まれたのかもしれないよ。

　　I (a)(　　)(　　) (b)(　　)(　　)(　　) **my bike.**

　　―Oh no, it (c)(　　)(　　)(　　)(　　).

13. この映画を見なきゃよかった、そのせいで悲しい気分になったからね。

　　I (a)(　　)(　　)(　　)**this movie** (b)(　　) **it** (c)(　　)(　　) **me sad.**

[4] 日本語の状況に合うように、[　　] 内の語句を文法的に正しく並べ替えましょう。(2点×3 [6点])

1. いつ彼が戻るのか教えてくれませんか?

　　[tell / will / he / can / when / be / you / me] back?

2. 何か持ってくものありますか?

　　Do you [bring / to / want / anything / us]?

3. 雨が降り出したとき、僕は洗車をしているところだった。

　　[, / raining / my car / when / I / washing / started / it / was].

[5] 偉人の名言（日本語）を表す自然な英語を（　　）に書きましょう。
（2点×30 [60点]）

1. 「自分が本当にやりたいことは絶対に諦めるな。大きな夢を持っている人は、ただ事実を並び立てるだけの人より強いのだから」アルバート・アインシュタイン

   "Never give up on (a)(　　) you (　　)(　　)(　　)(　　). The person with big dreams is (b)(　　)(　　)(　　) (c)(　　)(　　) all the facts." Albert Einstein

2. 「夢は必ず叶う。それを追う勇気があれば」ウォルト・ディズニー

   "All our dreams can come true, (a)(　　)(　　)(　　) (b)(　　)(　　) (c)(　　) pursue them." Walt Disney

3. 「成功へ向かうエレベーターなどない。階段で一歩一歩登らなければならない」

   "(a)(　　)(　　) no elevator (b)(　　) success. You (c)(　　)(　　) take the stairs."

4. 「リスクを取らなければ、味気なく、つまらない人生を送ることになる」ハーヴィー・スペクター、海外ドラマ『スーツ』

   "You (a)(　　)(　　) a dull and (b)(　　)(　　) if you do not take risks." Harvey Spector, *Suits*

5. 「チャンスは頻繁にはやってこないわ。なので、来たときには、しっかり掴まきゃ」オードリー・ヘップバーン

   "Opportunities (a)(　　) often come along. So, (b)(　　)(　　)(　　), you (c)(　　)(　　) grab (　　)." Audrey Hepburn

6. 「自分を元気づける一番良い方法は、誰か他の人を元気づけてあげることだ」マーク・トウェイン

   "(a)(　　)(　　)(　　)(　　) cheer (b)(　　) up (c)(　　)(　　)(　　)(　　)(　　) cheer somebody else up." Mark Twain

7. 「成功というのは、あなたが稼いだお金のことではない。あなたが人々の生活におよぼした変化のことである」

"Success (a)(　) about (b)(　)(　)(　) you (　), it's about the difference (c)(　)(　) in people's lives"

8. 「今いる場所が嫌なら変えた方が良い。あなたは木ではないのだから」ジム・ローン

"If you don't like (　)(　)(　), change it. You're not a tree." Jim Rohn

9. 「自分自身を信じてみるだけでいい。きっと、生きる道が見えてくる（生き方を知ることになる）」ゲーテ

"Just (a)(　)(　), then you (b)(　)(　)(c)(　)(　) live." Goethe

10. 「一番大切なのは、人生を楽しむこと、幸せでいること。大切なのは、それだけだわ」オードリー・ヘップバーン

"(a)(　)(　)(　)(　)(b)(　)(　)(　) your life — (c)(　)(　) happy — it's all that matters." Audrey Hepburn

11. 「もし今日が人生で最後の日だとしたら、今日やろうとしていることをやりたいと思うか?」スティーブ・ジョブズ

"If today (a)(　) the last day of your life, (b)(　)(　)(　)(　) do (c)(　) you are about to do today." Steve Jobs

MEMO

MEMO

★ Evine が主宰する教室
やりなおし英語 JUKU ～英文法から英会話をもう一度！～
https://evinet.biz

Evine の英語塾　～個に焦点を置いたチームラーニング～
https://www.evinez-es.com

★ Evine の英語学習ブログ「エビンズワーズ」
https://evine.hatenablog.com

著者紹介

Evine（エビン）

▶本名、恵比須大輔。神戸在住。株式会社 evinet biz 代表取締役。Teaching Director。
神戸と大阪で社会人向けの「やりなおし英語 JUKU」と学生向けの「Evine の英語塾」を主宰。
10 代〜80 代まで幅広い世代の方を対象に、コア英文法を軸に、実際に使える英語・英会話指導に従事している。観光専門学校での「英文法＆英会話クラス」や「TOEIC」クラス、教員向けセミナーなど多方面で活動実績がある。著書に、『Mr. Evine の中学英文法を修了するドリル』『Mr.Evine の中学英文法を修了するドリル 2』、『Mr. Evine の中学英文法＋α で「話せる」ドリル』、『完全攻略！英検準 2 級』、『動画でわかる！ Mr. Evine の中学英文法を修了するドリル』（アルク）、『7 時間で中学英語をもう一度やり直す本』（あさ出版）など多数。その他、学校専売品『英文法総合問題集ES（エス）【はじめて編】／【高校入門編】／【高校標準編】／【高校発展編】』（アルク）など著書多数。趣味は旅行と映画鑑賞。

付属音声

・日本語 → 英語
・英語のみ
　ナレーター：Howard Colefield　遠近 考一

◉── カバーデザイン　　都井 美穂子
◉── DTP・本文図版　　wave 清水 康広
◉── 本文イラスト　　　Waco
◉── 校正　　　　　　　仲 慶次
◉── ネイティブチェック　Alynn

［音声DL付］Mr. Evine の英語塾 コア英文法

2022 年 8 月 25 日　　初版発行

著者	Evine（恵比須 大輔）
発行者	内田 真介
発行・発売	ベレ出版 〒162-0832　東京都新宿区岩戸町12 レベッカビル TEL.03-5225-4790 FAX.03-5225-4795 ホームページ　https://www.beret.co.jp/
印刷	モリモト印刷株式会社
製本	株式会社宮田製本所

落丁本・乱丁本は小社編集部あてにお送りください。送料小社負担にてお取り替えします。
本書の無断複写は著作権法上での例外を除き禁じられています。購入者以外の第三者による本書のいかなる電子複製も一切認められておりません。

©Daisuke Ebisu 2022. Printed in Japan

ISBN 978-4-86064-698-1 C2082　　　　　　　　　　編集担当　大石裕子

CORE
ENGLISH GRAMMAR
MR. EVINE'S ENGLISH SCHOOL

別冊

解答集

間違えたところは解説をしっかり読み、各Dayを復習し、
再度問題に挑戦してください。
付属音声を活用して、知識を運用力に変えていきましょう！

ベレ出版

CORE
ENGLISH GRAMMAR
MR. EVINE'S ENGLISH SCHOOL

別冊 〉

解答集

間違えたところは解説をしっかり読み、各Dayを復習し、
再度問題に挑戦してください。
付属音声を活用して、知識を運用力に変えていきましょう！

ベレ出版

現在の表現──現在形と現在進行形

Q.1

1. What **do you do**?

お仕事は何をされてますか?

仕事は基本的に定職=固定的な話で考えるので現在形が自然です。What is your job? は直接的すぎるため、What do you do? が好まれます。

2. My mother **is working** at a restaurant this summer.

この夏、私の母はレストランで働いている。

「この夏」を期間限定で考えると現在進行形が自然です。フルタイムであれば現在形worksもOKです。

3. The moon **goes** around the earth.

月は地球の周りを回っている。

永続的な自然現象は現在形が自然です。

4. I **wear** glasses.

[いつも]私はメガネをかけている。

いつもの習慣は現在形でOKです。現在進行形にすれば一時的に今はメガネをかけているというニュアンスになります。

5. My hair **is getting** really long.

髪が本当に伸びてきちゃってるよ。

徐々に変化している様子も一時的ニュアンスの現在進行形で表します。

*自動詞get(〜になる)

6. I **get** hungry late at night.

僕は深夜にお腹が空くんだ。

いつもの習慣的な話は現在形でOKです。＊late at night（深夜に）

7. Someone **is taking** a picture of us.

誰かが私たちの写真を撮っているよ。

まさに今、何かが進行中の状況は現在進行形にします。
＊a picture of ～（～の写真）

8. **I live** in Kobe.

僕は神戸に住んでいる。

日本語では「～している」ですが、ずっと住んでいるという意味では現在進行形ではなく、現在形にします。現在進行形にすると、神戸に住んでいるのは一時的なことであると相手には伝わります。

Day 02　過去の表現 ― 過去形と過去進行形

🔊 02

1. We **were having** dinner when the phone rang.

電話が鳴ったとき、私たちは晩ごはんを食べていた。

何かが起こった（ここでは「電話が鳴った」）時点での一時的な継続状態を過去進行形で表現したものです。＊自動詞ring（鳴る）の過去形rang。

2. I **watched** a movie yesterday.

私は昨日、映画を見た。

過去に完了した出来事を過去形で表現したものです。過去進行形was watching（見ていた）にすると「映画を見終わっていない」というニュアンスも状況によって含まれます。

3. It **was getting** hot in my room.

部屋が暑くなってきていた。

「get＋形容詞」の過去進行形で「〜になってきていた」という「変化」を表すことができます。

4. In August, I **was working** at a restaurant.

8月は、私はレストランで働いていた。

「8月」だけに限定された一時的な状況は過去進行形で表現できます。文法的には過去形worked（働いた）でもかまいませんが、働いた過去の出来事（経験）をシンプルに語るニュアンスになります。

5. She got on the bus and **sat** behind the driver.

彼女はバスに乗って、運転手の後ろに座った。

過去の出来事を示す過去形です。「過去形and 過去形」で「〜して…した」という意味になります　＊前置詞behind（〜の後ろに）

6. It **was raining** when I woke up.

目が覚めたとき、雨が降っていた。

目が覚めた（＝過去形）時点での、一時的な雨降り状況を過去進行形で表したものです。＊自動詞rain（雨が降る）　wake up（目が覚める）の過去形woke up

7. I **started** my first job in 2001.

2001年に最初の仕事を始めた。

過去にこんなことがあったとシンプルに伝える過去形です。in 2001 が過去を明示しています。

8. When I **was** a kid, I sometimes **did** this.

子供の頃、時々これをした。

一時的ではなく、安定したニュアンスで、過去の状況や習慣を示すものが過去形です。＊他動詞do（〜をする）　副詞sometimes（時々）

未来の表現①―be going toとbe -ing

🔊03

Q.1

1. What are you going to do?

あなたは何をする予定ですか?

相手の個人的な予定を尋ねる場合はbe going to doまたはbe -ingをよく使います。What do you do?だと「普段は何をされているんですか?」と職業を尋ねる表現になるため、この場面では合いません。

2. Oh, it's already 9:30!

うわ、もう9時半だ。

―You're going to miss your class!

―授業に間に合わないよな!

現在の時刻に基づく予測はbe going to do(…するだろう、…しそうだ)で表現します。現在進行形be -ingに予測を表す用法はありません。

Q.2

1. Look at the dark snow clouds.

黒い雪雲を見てよ。

―Yeah, it's going to snow again soon.

―ほんとだ、またすぐに雪が降りそうだね。

雪雲から今にも雪が降りそうだと予測している場面で、このような予測はbe going to doで表現できます。

2. **I'm going** fishing with some friends tomorrow.

明日何人かの友だちと魚釣りをしに行くんだ。

個人の予定を表現するbe -ingです。I'm going to go fishingで言い換えても大差はありません。*go fishing（魚釣りをしに行く）

3. Asato studies hard every day. **He's going to pass** the exam.

アサトは毎日必死に勉強してる。（だから）その試験に合格するよ。

予測を表すbe going to doです。1文目で示される状況からの予測です。be -ingにこの用法はありません。

4. Ayako, when **are you going[planning] to** meet Kumi?

アヤコ、いつクミと会うの？

個人の予定を尋ねる場合はbe going to doまたはbe -ingが自然です。when are you meeting（いつ〜と会うことになっているの？）やwhen are you planning to meetで言い換えてもOKです。plan to do（…するつもりだ、…する予定だ）のほうがより明確な計画があるニュアンスです。

5. Sakuma **was going[planning] to play** a video game.

サクマは今日、ゲームをする予定だった。

結局、実現できなかった予定を示すwas going to doです。was planning to doで言い換えることもできます。

6. **I'm going to** the bank later.

あとで銀行に行ってくるよ。

身近で確定的な予定を示すbe -ingをgo to（〜に行く）に用いたものです。I'm going to go to the bankまたはI'm planning to go to the bankと言ってもかまいません。

Day 04 未来の表現②──現在形と助動詞will

🔊 04

Q.1

1. My train leaves at 7:00 this evening.

電車は今日の夜7時に出発する。

時刻表は現在形で表現すると自然です。個人の主観で話すwill leaveで言い換えても文法的にはOKです。

2. Are you guys ready to order?

ご注文よろしいでしょうか?

── Yes. **I'll** have the steak burger, please.

── お願いします。ステーキバーガーにします。

店員さんとのやり取りの場面で、注文する場合はwillを用いるのが一般的です。be going to doは個人的に決めていた予定を相手に投げるため親しい間柄では問題ありませんが、このような場面では避けられます。

3. If you take this, your headache will soon be gone.

これを飲めば、じきに頭痛はなくなるよ。

明確な根拠なく、個人的にそうなるだろうと思っている予想はwillが自然です。*副詞soon (すぐに) は文末に移動させてもOKです。　be gone (なくなる)

4. We're going to leave at 7:00 tomorrow.

明日は7時に出発する。

自家用車など個人手配の移動手段を指す場合はbe going to doやbe -ingを用いるのが自然です。現在形は、旅行会社の日程や公共交通機関を利用するような印象になります。

5. Would you like to come tonight?

今夜来ませんか?

— No, **I'm going to** work late today.

— いや、今日は残業予定なんです。

be going to doを用いて、前からの予定という断り方にすれば相手を傷つけません。I'llはその場で無理に予定を作った印象なので不自然です。

Q.2

1. Ayako **has** her driving test next week.

アヤコは来週、運転免許の試験がある。

haveは個人の予定を現在形で表現できます。「will+動詞の原形」になるためwill hasは文法的に誤りです。

2. He says he **won't** get vaccinated.

彼は予防接種を受ける気はないと言っている。

「〜する気はない(つもりはない)」という拒絶も意志表示としてwillが自然。will notの短縮形won'tを使いましょう。現在形saysで普段からそんな話をしているという意味になっています。he doesn't get vaccinatedは普段から受けない習慣を示すため、この場面には合いません。

3. **It'll be** sunny tomorrow.

明日は晴れだ。

シンプルな未来の予測はwillでOKです。そもそも天気のような曖昧で断定できないものは、現在形を用いて先の推測を表現することはできません。
*「明日」を強調してTomorrow will be sunny.と話すことも可能です。

Day 05 過去形と現在完了形

🔊 05

Q.1

1. We're going shopping at Costco. Actually, **I've never been** there.

   私たちはコストコで買い物をする予定です。実はそこに行ったことはないんだ。

   「have never been＋場所を示す副詞」で「今までに〜に行ったことがない」という意味になります。there（そこへ）は副詞で、副詞の前に前置詞は置けませんのでtoは不要です。

2. I (a)**lost** my new earrings but now (b)**I've found** them.

   私は新しいイヤリングをなくしたんだけど、もう見つかったんだ。

   (a) 過去の特定の出来事はシンプルに過去形で表現しましょう。(b) 見つかって、今ホッとしている現在の状況や心境を現在完了形で表現できます。

3. When **did you find** it?

   いつそれを見つけたの？

   疑問詞when（いつ〜したのか？）を用いて、過去の特定の出来事をピンポイントで指し示す場合は過去形が自然です。

4. **I lived** in Japan for ten years. And now I'm living in New York.

   10年日本に住んでいた。今は（一時的に）ニューヨークに住んでいる。

   現在はそうではない過去の習慣は過去形で表現できます。2文目より、今はニューヨークで暮らしているため、日本在住は過去の話と判断できます。

5. I **haven't talked** to her since the party.

   そのパーティー以来、ずっと彼女と話していない。

   「話していない」という状態が過去から現在まで続いていることを現在完了

形で表現できます。現在完了進行形haven't been talkingは「話し続けていない」という意味になり、継続が誇張され不自然です。

6. A: Hi, Yuko, (a)**have you read** this book?

ねぇ、ユウコ、この本読んだことある?

B: Yes, I (b)**have**.

うん、あるよ。

A: What (c)**did you think** of it?

どう思った?

(a) 現在完了形で、現在までの漠然とした経験を尋ねることができます。(b) は現在完了形の疑問文に対する返答ですが、そのままhaveを用います。(c) 具体的に「過去のいつ」といった話は、このように過去形を用います。

このダイアローグのように、現在完了形で時点をピンポイントで指さずに大きく質問をし、話の流れの中で細かい点を尋ねる場合は過去形がよく用いられます。*What have you thought ... ?も文法的にはいけそうですが、過去から現在まで、中長期的に悩んで考えてきたような印象もあり、このような場面では普通は使いません。

Q.2

(A) **I haven't decided**.

[まだ]決めてない。

(B) I have never been to New York.

今までにニューヨークに行ったことがない。

(A) not 〜 yet (まだ〜ない) のカタチがなくても現在完了形の基本は「完了」用法になるため、否定文にすると「まだ〜していない」という意味で自然に伝わります。(B)は「have never been to+場所」(〜に行ったことがない) という「経験」用法の否定文になるため場面に合いません。

Day 06　完了形と進行形

🔊》06

- -

Q.1

1. My wife **has called** me three times today.

妻は今日、3回僕に電話をかけてきた。

「（完了した）回数」は現在完了形が自然で、今日1日の中で完了した動作を表しています。現在完了進行形にすると引き続きまだ電話がかかってきそうなニュアンスがあります。

2. **She's been staying** here this week.

今週、彼女はずっとここに滞在している。

週のある時点から週末にかけて「過去から現在までのつながり」感覚は現在完了進行形を用いるのが自然です。

3. **It's been** raining.

ずっと雨が降っている。

朝から晩まで（＝終日）といった「ずっと〜」の感覚は現在完了進行形で表現するのが自然です。現在進行形は今だけに焦点が当たり、過去からの継続ニュアンスはありません。

4. My son **is practicing** karate hard today.

今日、息子は熱心に空手を練習している。

今の一時的な状況に焦点が当たるのは現在進行形です。

5. **We've been working** on it since yesterday.

私たちは昨日からそれにずっと取り組んでいる。

これからまだ作業が続くことを表す場合は、現在完了よりも継続性が強調される現在完了進行形を用いるのが自然です。＊work on 〜（〜に取り組む）。

6. **I've waited** for him for hours.

何時間も彼を待った。

現れたことで「待つこと」は「完了」するため現在完了形が自然です。まだ彼が現れておらず、引き続き待つ状態が続くのであれば現在完了進行形が使えます。

7. How long **has it been snowing** there?

そこではどれくらいずっと雪が降っているの？

雪の降り始め（＝過去）から現在までの継続期間をhow longで尋ねる場合は、現在完了進行形を用いるのが自然です。

Q.2

1. (a)**I've been eating** this (b)**since I was** little.

僕は小さいときからずっとこれを食べている。

(a) 過去から現在まで「ずっと」と継続性が強調される現在完了進行形が自然です。(b) 食べ始めた過去の起点を示す接続詞sinceです。since I was（僕が〜だった時から）。

2. My computer (a)**has been** dead (b)**for** a few months.

私のパソコンが故障して数か月が経つ。

(a)「ずっと〜の状態だ」という意味で、状態動詞の現在完了形「has been＋形容詞」で継続を表現したものです。(b) 継続期間を示す前置詞for（〜の間）です。＊形容詞dead（［機械が］動かない）　形容詞a few（2、3の）。

Day 07 助動詞の基本用法

🔊 07

- -

Q.1

1. I **had to** wait for two hours yesterday.

昨日は2時間待たないといけなかった。

助動詞 must は過去形では用いられませんので、have to を過去形 had to にします。

2. I feel so sick, but I **can't[cannot]** stay home today.

とても気分が悪いけど、今日は家にいられないんだ。

接続詞 but（でも〜）より、「…できない」という意味の can't または cannot を用います。＊can't の方が一般的で、否定を強調したい場合は cannot を用います。can not とはしません。

3. Finally, I **was able to** see my doctor.

やっとお医者さんに診てもらえた。

「実際にできた」という意味では was able to が自然です。

Q.2

1. **Can** you answer my question?

質問に答えてくれませんか？

「お願い」の意味では Can you ...? が Will you ...? よりも丁寧で自然です。

2. **May I** use your bathroom?

トイレをお借りしてもよろしいですか？

遠慮がちにとても丁寧に許可を求める表現です。カジュアルな場面では Can I ...? のほうが一般的です。

3. I **have to** work there every Wednesday.

毎週水曜日に、そこで仕事をしなければならない。

文法的にはどちらでもかまいませんが、厳密には仕事は契約上従うべき義務であり、個人の事情に聞こえるmustは避けたほうが無難です。

4. Maybe you **should** get some rest.

たぶんちょっと休んだほうがいいと思うよ。

アドバイスをする際はshouldが一般的です。have toは義務感が強くなるため、このような場面では大袈裟に聞こえます。

5. You **don't have to** go. I'll go first.

あなたは行かなくていいよ。まずは僕が行きます。

「不必要」はdon't have toを用います。

6. **Should** I take it home?

それは家に持って帰ったほうがいいですか?

相手にアドバイスを求める場面ではshouldを用いた疑問文が自然です。

*take ～ home(～を家に持って帰る、連れて帰る)

Day 08　可能性を表す助動詞、助動詞＋完了形

🔊)) 08

- -

1. Where are Asato and Sakuma?

アサトとサクマはどこ？

— Well, they **could** be in the gym.

―えっと、彼らならジムにいるんじゃないかな。

自分に関係する具体的で現実的な可能性を表すcouldです。この場面では
mayやmightで言い換えてもOKです。

2. It **might** be true, but I'm not sure.

それは本当かも、でも自信ないなぁ。

確信度の弱い可能性を表現するmightで、mayやcouldで言い換えても
OKです。mustは根拠に基づいて自信を持って発言するため誤りです。

3. Happy birthday, Ayako!

お誕生日おめでとう、アヤコ！

— Wow! You **shouldn't have**!

―わあ！ こんなことしなくていいのに！

プレゼントを買った、プレゼントをくれたというのは過去の行動になるため
「助動詞＋完了形」を用います。「shouldn't have＋過去分詞」（〜するべき
じゃなかった）はこの場面のように、批判的なことだけではなく驚きを表現
することもできます。状況から理解できる場面では過去分詞以下は省略さ
れ、ここではYou shouldn't have (got me a present)!が元のカタチです。

4. You **must** be tired after such a long trip.

そんな長い移動でしたら、きっと疲れているでしょう。

「長い移動のあと」という根拠に基づいた確信度の高い可能性（推量）を表すmustです。　＊名詞trip（移動、旅）

5. We **might not get** back tonight.

私たちは今夜戻らないかもしれない。

確信度が弱い未来の可能性を表すmightの否定形です。「might not have＋過去分詞」は「〜ではなかったかもしれない」という意味で、過去の話で用いるカタチです。

6. Ryoko **should** have come with me.

リョウコは僕と一緒に来るべきだったんだよ。

過去に実現しなかったことに対する後悔や残念な気持ちを表す「should have＋過去分詞」（〜するべきだった）です。「must have＋過去分詞」にすると「きっと〜したに違いない」という意味になります。

7. Yuko **won't** be at work now.

ユウコはきっと今職場にはいない。

「〜ではない（だろう）」という意味で、話し手の強い確信度で可能性を表現するwillの否定形です。won't ＝ will notの短縮形。must not（〜してはいけない）は「禁止」の意味になるためこの場面では合いません。

8. I **could** go to Australia this summer.

この夏オーストラリアに行けるかもしれない。

「〜するかもしれない」という意味で、弱い可能性や選択肢などをcouldで表現できます。文法的にはmayやmightで言い換えてもかまいません。canはこの場面では普通に「〜ができる」という意味になり、「〜かも」というニュアンスはありませんので文意に合いません。

Day 09　英語の語順①—SV文型とSVO文型

🔊》09

1. You **look** at me like this.

あなたは私をこんなふうに見てくる。

「自動詞 look ＋前置詞 at ＋名詞」で「〜を見る」。see は他動詞のため前置詞と一緒には使えません。＊like this（このように）

2. I was **listening** to music.

私は音楽を聴いていた。

「自動詞 listen ＋前置詞 to ＋名詞」で「［耳を傾け意識しながら］〜を聴く」。hear（〜が聞こえる）は他動詞で前置詞は NG です。

3. Hey, I'm **talking** to you!

ねえ、私は君に話してるんだよ！

「自動詞 talk ＋前置詞 to ＋名詞」で「〜と話す、〜に話しかける」。tell は他動詞で前置詞は NG です。話を聞いていない相手に対する苛立ちを表現しています。

4. You should **contact** your manager right now.

上司に今すぐ連絡を取ったほうがいいよ。

「他動詞 contact ＋目的語の名詞 your manager」。contact の後ろに何か前置詞を置きたくなりますが、他動詞 contact 自体に「〜に連絡を取る」という意味があるため前置詞は不要です。

5. Don't **run in** the restaurant.

レストランで走らないで。

「走る」という意味では自動詞で run を使うため、「自動詞 run ＋場所」を示すためには前置詞 in が必要です。run は他動詞として「〜を経営する」とい

う意味もあるため、run the restaurantとすると「そのレストランを経営する」という解釈になります。

6. Can you **hear** me?

聞こえていますか？

「自然と耳に入る」という状況では他動詞hear（〜が聞こえる）を用います。listenは自動詞になるため、「listen to＋人」（[人の話]を聴く）の形で前置詞が必要です。see、hear、feelなどの知覚動詞は慣用的にcanとセットで用いることが多いですが、「〜することができる」と訳出する必要は特にありません。

7. I **moved to** Kobe two years ago.

私は2年前に神戸に引っ越した。

「自動詞move＋前置詞to＋名詞」で「〜に引っ越す、移動する」。自動詞は他動詞のように後ろに直接名詞を置けません。

＊moveを他動詞で用いると「…を動かす」という意味になります。

8. I'm **leaving** Tokyo tomorrow morning.

明日の朝、東京を出る予定だ。

「〜を出発する」という意味では他動詞として用いるため「leave＋目的語（＝出発地点を示す名詞）」で用います。前置詞forを用いる場合は自動詞の働きとなり、自動詞leave for 〜「〜に向けて出発する」という意味になります。

9. We **arrived** at the hotel at 3 p.m. yesterday.

私たちは昨日の午後3時にホテルに到着した。

前置詞atと一緒に使える自動詞と考えます。「自動詞arrive at＋場所を示す名詞」（〜に到着する）。getの過去形gotも自動詞ですが、get to 〜（〜に着く）のようにtoを使います。reach（〜にたどり着く）は他動詞で前置詞を後ろに置けません。

10. The price will **rise** next month.

その料金は来月上がるよ。

修飾語（M）となる副詞next monthと一緒に使えるのは自動詞rise（上がる）。raiseは他動詞で「〜を上げる」という意味で、後ろには「何を上げるのか」その内容を示す目的語（O）［＝名詞］が必要です。

Day 10 英語の語順②―SVC文型

🔊 10

Q.1

1. This burger **tastes like** pizza.

このバーガーはピザみたいな味がする。

具体的に名称を挙げて「〜のような味がする」と話す場合は前置詞likeを用います。

2. It's **getting** cold in here.

この中は寒くなってきた。

「自動詞get＋形容詞cold」（寒くなる）。getの進行形には「〜になってきている」という意味があります。Itは気温を示す形式的な主語（S）で「それは」と訳しません。

＊部屋や建物を指すhereは名詞になるため場所を示す前置詞inが必要。in here = in this room/building（この部屋/建物の中で）のようなイメージです。

3. He **seems** angry at me.

彼は僕に怒っているようだ。

「自動詞seem＋形容詞」（〜のようだ）。likeは前置詞で名詞と必ずセットになります。　＊angry at 〜（〜に怒って）

4. I **got** here at 3:00.

僕は3時にここに着いた。

SV文型で用いるgetは「到着する」という意味です。この英文のように、修飾語（M）として、「場所を示す副詞または前置詞+名詞」の形を用いることが多いです。ここは副詞here（ここに）がMになり、Mの前に前置詞は不要です。

Q.2

1. **Were** you tired last night?

昨夜は疲れてたの？

主語（S）の様子を補語（C）として働く形容詞tired（疲れた）で表現したものです。この場合、SとCをつなぐ文法的な働きをするのがbe動詞で、疑問文の場合は主語（S）とbe動詞を逆にします。ここではareの過去形wereが用いられています。

2. His new sweater **looks** nice on him.

新しいセーターは彼に似合っている。

見た目の印象を伝える自動詞look（〜に見える）に、形容詞nice（素敵な）を補語（C）として用いたものです。 *look nice on+人（〜に似合う）

Q.3

1. **SV**文型

(S)**Sales** (V)**are growing** (M)**fast**.

売り上げが急速に伸びている。

「増える」「増加する」という意味の自動詞growにどんな感じで伸びているのかを修飾語（M）で説明したものです。

2. **SVC**文型

(S)**I** (V)**have grown** (C)**fat** (M)**during the lockdown**.

ロックダウン期間、僕は太った。

「自動詞grow＋補語（C）」で「〜の状態になる」。時間経過で、結果的にある状態に現在はなってしまった様子をgrowの現在完了形で表現したものです。補語の形容詞fat（太った）で主語の状態を説明します。「前置詞during＋期間を示す名詞」で「〜の間」。

＊fatは露骨な言い方なので目の前にいる相手に用いるのは基本的に避け、You've put on[gained] weight.（あなた太ったね）のような表現が使われます。

3. **SVO**文型

(S)**We** (V)**grew** (O)**all these flowers**.

私たちはこれら全ての花を育てた。

他動詞grow（〜を育てる）は後ろに育てるものを目的語（名詞）として置きます。＊「形容詞all＋the（または所有格・指示代名詞）＋名詞」（すべての〜）の語順。

4. **SVC**文型

(S)**This place** (V)**stays** (C)**open** (M)**late** (M)**over the weekends**.

この場所は週末の間は遅くまでずっと営業している。

「自動詞stay＋補語（形容詞）」で「〜のままである」。このopenは形容詞です。「営業中の」の意味で、主語を説明する補語の働きをしています。

英語の語順③
─SVO文型とSVOO文型

🔊 11

Q.1

1. He **left some money for me**.

彼はいくらか私にお金を残してくれた。

「他動詞leave O_1O_2」（O_1［人］にO_2［モノ］を残す）を言い換えると「leave O for＋人」の形になります。

2. **It will cost me \$10** for the first three months.

最初の3か月間、それは10ドルかかる。

「他動詞cost O_1O_2」で「O_1［人］にO_2［費用］がかかる」。costは「SVO＋前置詞＋人」で言い換えることはできません。＊for the first＋期間（最初の～）

3. **I'll get you something** later.

あとで何か買ってきてあげるよ。

「他動詞get O_1O_2」で「O_1［人］にO_2［モノ］を買ってくる、手に入れる」
＊代名詞something（何か）　副詞later（あとで）

4. This math **homework took me hours**.

この数学の宿題に私は何時間もかかった。

「他動詞take O_1O_2」で「O_1［人］にO_2［時間］がかかる」。takeは「SVO＋前置詞＋人」で言い換えることはできません。＊名詞hours（何時間も）

Q.2

1. I made dinner **for** my family.

私は家族に晩ご飯を作った。

「他動詞make O_1O_2」（O_1［人］にO_2［モノ］を作る）を言い換えると「make O for＋人」の形になります。

2. I **found** the answer for Jim.

その答えをジムのために見つけた。

「他動詞find O_1O_2」（O_1［人］にO_2［モノ］を見つける）を言い換えると「find O for＋人」の形になります。相手が必要な動作を示すsendはtoとセットにします。

3. My mother taught **me this**.

母は私にこれを教えてくれた。

「他動詞teach O_1O_2」（O_1［人］にO_2［モノ］を教える）にあてはめて考えます。itは文末にあまり置かれませんが、thisやthatは普通に置けます。

Q.3

1. I'll **show you the map**.

その地図を見せてあげるよ。

「他動詞show O_1O_2」（O_1［人］にO_2［モノ］を見せる）の語順です。

2. She didn't **tell me the number**.

彼女はその番号を教えてくれなかった。

「他動詞tell O_1O_2」（O_1［人］にO_2［モノ］を教える、話す）の語順です。単に情報を教えるという意味ではteachではなくtellが自然です。

3. I can't **lend this to you**.

これはあなたに貸せません。

「他動詞lend O_1O_2」（O_1［人］にO_2［お金・モノ］を貸す）を言い換えると、「lend O to＋人」という形になります。

Q.4

1. I take pictures and send **them to some friends**.

僕は写真を撮って、それらを友人に送ってるんだ。

「写真」と「友人」の2つの情報のうち、新情報は「友人」で、それを文末に置くのが英語の自然な発信です。「他動詞send O to＋［人］」（Oを［人］に送る）の語順にします。＊pictures = them（それら）。

2. Where's the watch?

（その）腕時計はどこ?

— I gave **it to my cousin**.

—いとこにあげたんだ。

「腕時計」と「いとこ」の2つの情報のうち、新情報は「いとこ」で、それを文末に置くのが英語の自然な発信です。「他動詞give O to＋［人］」（Oを［人］にあげる）の語順にします。＊the watch = it（それ）　名詞cousin（いとこ）

英語の語順④—SVOC文型

🔊 12

Q.1

1. **He kept the TV on all** night.

彼は一晩中、テレビをつけておいた。

他動詞keep OC（OをCのままにしておく）。このon（作動して）は副詞ですが形容詞的な働きでテレビの状態を示す補語（C）と考えるのがわかりやすいです。keepはleaveで言い換え可能ですが、keepは意図があってその状態を保つというニュアンスです。

2. **E-sports make him so excited**.

Eスポーツは彼をとても興奮させる。

他動詞make OC（OをCの状態にする）。このmakeは主語（S）が原因で自然とそうなってしまう状況を示しています。

3. **She left the window open**.

彼女は窓を開けっ放しにした。

他動詞leave OC（OをCのままにしておく）。leaveは基本的に「残す」という意味があるため、the window was open（窓が開いていた）という状況を放置するというニュアンスです。このopenは形容詞です。

4. **I'll get my kids ready** for school.

子供たちに学校の準備をさせます。

他動詞get OC（OをCの状態・状況にする）。my kids are readyという意味上の関係になっています。get readyで「準備する」という意味があり、makeではなくget O readyが慣用的に用いられています。

Q.2

1. (a)**He made me** a nice coffee. It (b)**made me happy**.

彼は私に美味しいコーヒーをいれてくれた。それで私は嬉しくなった。

同じmakeでも文型によって異なる解釈に注意しましょう。(a)「他動詞make O_1O_2」(O_1 [人] に O_2 [モノ] を作る) の過去形です。(b) 他動詞make OC「OをCの状態にする」の過去形です。

2. My wife **keeps the house clean**.

妻は家をきれいにしておいてくれる。

「他動詞keep OC」(OをCのままにしておく)。意図的にthe house is clean (家がきれい) の状態を保つという意味です。

Q.3

1. **SVOC**文型

(S)**It** (V)**will make** (O)**you** (C)**a good person**.

それが君を素敵な人にしてくれるよ。

you are a good personが意味的に成立しているのがSVOC文型の特徴で、このmakeは「OがCの状態に自然とそうなる」というニュアンスで使われています。

2. **SVOO**文型

(S)**He** (V)**found** (O_1)**me** (O_2)**a nice apartment**.

彼は私に素敵なアパートを見つけてくれた。

「人にモノをあげる」というのがSVOO文型の特徴的なニュアンスです。「他動詞find O_1O_2」(O_1 [人] に O_2 [モノ] を見つける)。

3. SVC文型

(S)**It** (V)**gets** (C)**really hot** (M)**in my room**.

自分の部屋はとても暑くなる。

「自動詞get＋補語C（形容詞）」（…になる）。hotは名詞ではないため目的語（O）にはなりません。really hotは「副詞＋形容詞」ですが、これで1つの形容詞の表現（形容詞句）として考えます。

4. SVOC文型

(S)**I** (V)**found** (O)**the app** (C)**interesting**.

そのアプリは面白いと思った。

「他動詞find OC」（OがCであると思う）。thinkで言い換え可能ですが、thinkはI thought (that) the app was interesting. のように「接続詞that＋SV」（…ということ）を用いた形のほうが一般的です。

Day 13　名詞の働き

🔊 13

Q1.

1. We had **grilled chicken** for lunch.

私たちはランチにグリルチキンを食べた。

chickenは庭で飼っているような「1羽」、「2羽」のニワトリという場合は可算名詞としてa chicken、two chickensで区別しますが、加工された「鶏肉」の意味では不可算名詞扱いとなり原形chickenのままで用います。

2. I don't drink (a)**coffee**.

私はコーヒー飲まないよ。

—— Really? I drink at least three (b)**coffees** a day.

—— ほんとに？　僕は少なくとも1日3杯飲むよ。

27

（a）漠然とコーヒそのものを示す場合、不可算名詞になるため原形のままで表現します。（b）具体的に「何杯」飲むかの話をする場合は、可算名詞扱いできるためthreeに合わせて複数形coffeesにします。

＊at least（少なくとも）　a day（1日につき）

3. My sister got a **job** in Tokyo.

姉は東京で仕事を手に入れた。

work（仕事）は抽象的な概念を示すため不可算名詞の扱いで、aを用いるのはNGです。一方、jobは具体的な職種の1つを示すため可算名詞の扱いとなり、ここでは単数形a jobが正解です。

4. I read it in **a local paper** today.

今日、地方新聞でそれを読んだ。

paperは「新聞」「論文」の意味では可算名詞となるため単数形を示すaを用いた形が正解です。＊形容詞local（ある地域の、地元の）

5. We had a lot of **rain** this morning.

今朝はたくさんの雨が降った。

rain（雨）は不可算名詞でa lot of（たくさんの〜）を伴っても原形rainのままが正解です。

Q2.

1. We are **good friends**, right?

私たちは仲良しだよね?

主語の数に合わせます。We（私たち）は私とあなたの少なくとも2人いますのでfriendも複数形friendsが正解です。

2. I saw yellow **leaves** on the ground.

地面の黄色い葉っぱを見たんだ。[地面には黄色い葉っぱが落ちていた]

leaf（葉っぱ）は可算名詞で原形のままはNGです。複数形leavesが正解です。1枚の葉っぱを意味する単数形の場合は、a yellow leafの語順であれば正解です。

3. I didn't have any **money** with me.

手持ちのお金がまったくなかった。

money（お金）は「紙幣」や「硬貨」を総称したイメージになるため不可算名詞の扱いです。原形のままで正解です。＊not 〜 any（まったく〜ない）

4. Jim used to be **an English teacher**.

ジムは昔、英語の先生だった。

1人の主語の職業を話しているため、数を合わせて単数を示すanが必要です。Englishのような母音で始まる単語の前はa→anにします。
＊used to be 〜（以前は〜だった）

Day 14　代名詞の働き

🔊) 14

- -

Q.1

1. Is your birthday tomorrow? **Mine** is tomorrow too.

明日はあなたの誕生日なの？　私も明日だよ。

「私の誕生日」（my birthday）→「私のもの」で所有代名詞mineが正解です。文法的にはmy birthday = itでもかまいませんが、これだと誰の誕生日も明日なのか、内容がわからなくなるため不自然です。

2. Kota never talks to **him**.

コウタは彼と全く話さない。

「彼女の父」（her father）は「男性」を示しますからheの活用形を考えます。前置詞toの後ろの名詞は前置詞の目的語となるため、主格heを目的

格him にします。

Q.2

1. **That's** great.

それは素晴らしいね。

相手の発言を受けるのは指示代名詞that（それ）が自然。ここではThat is の短縮形That'sと考えます。

2. What's (a)**that**? (b)**It** smells.

それ何だよ？ 臭うぞ。

（a）相手のそばにあるものや距離感を置きたい状況では指示代名詞that（それ）を用いるのが自然。（b）thatは繰り返さずitにするのが自然です。
*自動詞smell（臭う）

3. (a)**My** tablet is too old. I should buy a new (b)**one**.

私のタブレットは古過ぎます。新しいのを買ったほうがいいな。

（a）「私の〜」は所有格の代名詞my＋名詞で表現します。副詞too（〜すぎる）（b）a new tabletを言い換えたa new one。oneは「〜なもの、〜なやつ」のイメージで便利に使えます。ちなみに（×）a new itのようにitを形容詞と一緒に用いることはできません。

4. **This** kind of thing is everywhere in Tokyo.

こんなことは東京では至るところであるよ。

自分の直前の出来事など「身近で近い」感覚で指し示す場合はthisが自然です。*this kind of thing（このようなこと） 副詞everywhere（どこでも、どこにも）

5. Ryo is (a)**Ken's** twin brother, but (b)**he** doesn't look like (c)**him**.

リョウはケンの双子の兄［弟］だけど、彼に似てないんだよ。

(a) 所有を示す「人名+'s」。(b) Ryoを言い換えた主格のhe。(c) look like（〜に似ている、〜のように見える）のlikeは前置詞で、前置詞の後ろの名詞は目的語になるため、主格heの目的格himにします。＊形容詞twin（双子の）

6. (a)**We** went to the concert last year.　— (b)**That** was awesome.

私たちは去年、そのコンサートに行きました。— 最高だったよ。

(a)「私たちは」は主格の代名詞we。(b) 相手の行動（あるいはセリフ）を指す指示代名詞thatです。

名詞と冠詞

🔊 15

- -

Q.1

1. **Dogs** run in circles.

犬というのはぐるぐる回って走る。

「犬というのは〜」と「犬全般」の話をする場合は無冠詞の複数名詞dogsで表現するのが自然です。文法的にはA dogも正解ですが、ある1つの犬種に絞った響きになります。＊in circles（ぐるぐる [回って]）

2. I'm working from **home** these days.

最近、在宅勤務をしている。

あえて「その家」といったニュアンスでない限り、不可算名詞homeに冠詞は不要です。

3. I'm **a** fan of Emma Watson.

僕はエマ・ワトソンのファンだ。

多数いる中のファンの1人という意味で不定冠詞a+単数名詞になります。この場面ではthe fan（そのファン）と特定の意味で表現する理由がありません。

4. I went to (a)**work** by (b)**bus** today.

今日はバスで出勤した。

（a）このworkは不可算名詞で「職場」という意味です。home同様、基本的に無冠詞で話すのが自然です。（b）交通手段を示す場合は「by＋無冠詞の移動手段を示す名詞」（～で）になります。

5. I got home and went straight to **bed**.

帰宅してそのまま寝ました。

go to bed（寝る）に副詞straight（すぐに、真っ直ぐに）を用いた表現です。「寝る」という目的に焦点が当たる場合は無冠詞の原形bedを用いるのが自然です。＊このhomeは副詞で「家に、家へ」という意味。

Q.2

1. I applied for (a)**a** job at (b)**a** café because (c)**the** owner was nice.

カフェの仕事に応募したんだ、店長が素敵だったからね。

（a）（b）ともに、可算名詞のため何らかの冠詞が必要です。ここでは、相手にはどこのどんな仕事かは具体的には言及されていないと考え、不定冠詞のaを用いるのが自然です。これで不特定多数ある中の1つを指します。（c）応募したカフェの店長は特定されるため、定冠詞theを用いるのが自然です。

2. My father is (a)**the** manager at (b)**the** hotel.

父はそのホテルの（唯一の）責任者だ。

（a）責任者が1人の場合は、ホテル内で特定されるため定冠詞theが自然です。a managerにすると複数の責任者の中の1人という意味になります。（b）「その～」という日本語から、特定ニュアンスの定冠詞theが自然です。

3. (a)**My eyes** are itchy and (b)**my nose** is running. Maybe I have (c)**✕** hay fever.

目がかゆくて、鼻水が出てるんですよ。多分、花粉症です。

2文目の主語から、「私の」という意味で(a)(b)には所有格の代名詞myを用います。「両目」の意味で複数形eyesが自然ですが、「鼻」は1つしかありませんので単数形noseにします。(c) hay fever の症状は不可算名詞扱いになるため冠詞は不要です。＊自動詞run（鼻水を出す）　副詞maybe（たぶん）

4. **The[Your]** phone is ringing.

電話が鳴ってるよ。

自宅やオフィス内の共用の電話であれば、お互いにどの電話のことかは理解していると考えるのが自然ですので定冠詞theを用います。相手の携帯電話や、オフィスなどで相手のデスクにある電話が鳴っている状況なら、個人を具体的に示してyourを用いてもかまいません。

＊自動詞ring（［電話が］鳴る）

5. **Is there a** dress code at the restaurant?

そのレストランにはドレスコードはありますか？

「there is a＋単数名詞」（～がある）を疑問文にしたものです。このthereは「そこ」とは訳しませんので注意しましょう。

＊名詞dress code（服装規定、ドレスコード）

Day 16　形容詞と副詞

🔊 16

- -

Q.1

1. I **don't** have **any information** about it.

それについての情報はまったくない。

not ～ anyで「まったく～ない」という意味になります。「情報」は不可算名詞でsは不要です。noで言い換えるとI have no information about it.となります。

2. Would you like **some bread**?

パンはいかがですか？

Would you like 〜？（〜はいかがですか？）は相手に何かを提案する表現で、その場合は疑問文でも some を用います。

3. Dinner **is almost ready**.

もうすぐ晩ご飯の準備ができます。

「もうすぐ」は副詞 almost で、語順に注意です。副詞 almost ＋形容詞 ready（ほとんど準備ができた）と修飾したい形容詞の直前に置きます。ちなみに、will を用いた Dinner will be ready. は「夕食はちゃんと準備されるはずだ」という響きで少し大袈裟ですし、「もうすぐ」という意味合いは出ません。

4. My mother **rarely[seldom/hardly] drinks**.

母は滅多にお酒を飲まない。

頻度を示す副詞 rarely（滅多に〜しない）が後ろの動詞を直接修飾したものです。rarely は否定語ですが、否定文ではないため、肯定文として3人称単数現在形 drinks にします。　＊rarely を書き言葉にすると seldom になり、hardly は「（数量が）ほとんど〜ない」や「（能力）満足に〜できない」という別の用法もあります。例えば、My mother hardly drinks. は「母は滅多にお酒を飲まない」という意味でも「母はお酒があまり飲めない」という意味でも解釈できます。「頻度」の点では rarely が無難です。

5. Can you lend me **some money**, please?

いくらかお金を貸してくれませんか？

要求する表現では疑問文でも some が自然です。money だけでも文法的に問題ありませんが、some を用いたほうが、いくらかのお金という、場面に合わせた適量のニュアンスになるため収まりが良くなります。

Q.2

1. There's **some** egg on your face.

顔にタマゴがついてるよ。

some＋不可算名詞egg。タマゴ1つ丸々の場合はan＋可算名詞の単数形 egg になりますが、状況的に不自然です。some は不可算名詞に対しても 用いることが可能で、この場合、ちょっとしたタマゴの一部がついているニュ アンスです。

2. **Unfortunately**, he lost his job this time.

残念ながら、今回、彼は仕事を失った。

後に続く文に対して、一言付け加える働きができるのは副詞 unfortunately （残念ながら）です。unfortunate（不幸な）は形容詞で、これに-lyをつ けると副詞になります。

Q.3

1. (A) **He's a good dancer**.

　　　彼はよいダンサーだ。

(B) He dances well.

　　　彼は踊りが上手い.

名詞本来の性格・性質を紹介する場合は「限定詞＋形容詞＋名詞」が自然 です。文法的にはこの日本語を(B) He dances well.（彼は踊りが上手い） としても問題はありません。

2. (A) **I only water the flowers**.

　　　私はその花の水やりだけをする。

(B) I water only the flowers.

　　　私はその花にだけ水やりをする。

副詞は修飾したい単語の前に置くのが基本で、英文(A)は、副詞onlyが

動詞waterを修飾し「水やりだけをする」という意味になります。英文（B）の副詞onlyはthe flowersを修飾するため、花にだけ水やりをする意味になります。

3.（B）**This movie was great**.

> この映画は最高だった。

（A）This was a great movie.

> これは最高の映画でした。

形容詞だけを補語（C）として置いた場合は、一時的な感情を表現します。英文（B）は、Q.3の問題1（A）と同じポイントで、単なる映画紹介の響きになります。

Day 17 | 前置詞と名詞

▮)) 17

- -

Q.1

1. You should **talk** about it with your children.

子供たちとそれについて話したほうがいいよ。

前置詞aboutとセットにできるのは自動詞talkのみです。

2. We'll go for a drink **✕** next month.

来月、飲みに行くぞ。

next monthで1つの副詞になるため、前置詞を前に置くことはできません。

3. Did I have mustard **on** my nose?

鼻にマスタードついてた?

状況から「接触」ニュアンスの前置詞onが自然です。

4. The webinar will start **at** 1 p.m.

オンラインセミナーは午後1時から始まる。

startは開始時点に焦点が当たるため、時の点を示す前置詞atが自然です。

5. I posted my video **on** the morning of the 16th.

16日の朝に自分の動画を投稿した。

of the 16th（16日の）とセットにしたthe morning（朝）は特定日となり、前置詞はonが自然です。in the morning（午前中に）と混同しないように注意しましょう。

6. I met her **at** a party once.

一度、パーティーで彼女と会った。

パーティーはある時点でのイベントと考え、atを用いるのが自然です。

＊副詞once（一度）

Q.2

1. We had a late lunch (a)**at** a café (b)**on** the beach.

私たちはビーチ沿いのカフェで遅めのランチを食べた。

（a）食事など何かをする目的を意識した場所は前置詞atで表現するのが自然です。（b）「～沿いに」はビーチと建物が接触しているイメージになるため前置詞onを用いることができます。＊a late lunch（遅めのランチ）

2. Hanako left Itami (a)**for** Kyushu (b)**on Thursday**.

ハナコは木曜日に、九州に向けて伊丹を出発した。

（a）他動詞leave＋出発地を示す目的語（名詞）に、さらに目的地への方向を示す場合は前置詞forを用います。「leave O for ～」（［目的地］に向けてO［出発地］を出発する）。（b）曜日のような特定日は前置詞onを用います。

3. I met a friend of (a)**mine from** college (b)**this winter**.

この冬に大学時代の友だちと会った。

（a）「出身」「由来」は前置詞fromで表現し、from collegeが形容詞の表現としてmineを修飾した語順です。相手が知らない友人の場合は、my friendではなくa friend of mineと表現します。（b）this winter（この冬に）は1つの副詞の表現で前置詞は置けません。

4. He has a dental appointment **for** 10 a.m. tomorrow.

彼は明日、午前10時に歯医者の予約がある。

これから先の予約は、時の方向を示す前置詞forが自然です。

＊名詞appointment（予約）

5. I was sleeping (a)**on** the shuttle bus (b)**to** the airport.

僕は空港行きのシャトルバスで寝ていた。

（a）文法的にはシャトルバスという空間内部を示すinでもかまいませんが、onには移動ニュアンスも含まれるため、移動しながら乗っていたという意味ではonが自然です。（b）文法的には方向を示すforでもかまいませんが、直行便ということで、空港への「到達」に焦点を当てる場合は前置詞toが自然です。

6. There's a McDonald's **in[at]** the station.

駅の中にマクドナルドがある。

文法的にはinもatも正解。駅構内という空間の中を話し手が意識していればin、地図上の点で駅を捉えていればatになります。

Day 18　疑問詞 what、which、who、whose

🔊 18

- -

Q.1

What is your favorite holiday?

あなたの大好きな祝日は何?

My favorite holiday is Christmas.（私の大好きな祝日はクリスマスだ）の下線部の補語（C）の部分を疑問詞 what で尋ねたものです。be 動詞を用いた疑問文ですから does は不要です。

Q.2

1. **What did** you guys **do** today?

君たちは、今日何をしたの?

「他動詞 do＋名詞」（〜をする）の名詞部分（＝目的語）を疑問詞 what で尋ねたものです。ここでは過去形です。この do は一般動詞ですので疑問文は「did＋主語＋動詞の原形 do」になります。＊呼びかける感じで用いる口語表現 guys（君たち、みんな）

2. (a) **Whose books** are these? (b) **Are they** yours?

これらは誰の本ですか?あなたの?

(a)These are my books.（これらは私の本です）の下線部を「Whose＋名詞」（誰の〜ですか）にして疑問文にしたものです。(b)自分が状況を察している場合、このように言い方を変えて2回質問を投げることは日常会話ではよくあります。these は繰り返さず they で言い換えます。

3. A: (a) **Were you** late for school?

学校に遅刻したの?

B: Yes, and I missed my test.

うん、それで試験を受け損ねたんだ。

A: (b) **What time did** you get up?

何時に起きたの?

(a) You were late for (〜に遅刻した) を疑問文にしたものです。(b) I got up at 9. (9時に起きた) の下線部が示す時刻を What time (何の時→何時) で尋ねたものです。過去の疑問文ですので did を用います。英文(a) の Yes/No 疑問文から、英文(b)の疑問詞を用いた疑問文で、より具体的な質問をする流れも日常会話でよくあります。

4. (a) **Who wants** pizza?　— (b) **I do**.

誰がピザ欲しいの?　　　　　— 僕、欲しいです。

(a)I want pizza. (僕はピザが欲しい) の下線部の主語を尋ねたものです。元々が3人称単数ではなくても、who 自体が3人称単数扱いをするため、動詞-s の形にします。「疑問詞(主語)+動詞-s」で疑問文特有の語順変化はありませんし、do/does も不要です。(b)「主語+動詞」で返事ができますが、want を代動詞 do で言い換えるのがポイントです。

5. (a) **What does** your father **do**?

お父さんの仕事は何ですか?

— (b) **He's an** English teacher.

— 英語の先生です。

(a)直訳の What's your father's job? はストレートな尋ね方で、あまり一般的ではありません。「何を普段するの?」という感じで what と do を組み合わせて質問します。(b)your father＝he と言い換えて he's [＝he is]＋C (彼は C だ) にします。冠詞 an が抜けないように注意しましょう。

6. **Which bus goes** downtown?　　— Take the No. 3.

市内に行くバスはどちらですか?　　　— 3番のバスに乗ってください。

The No.3 bus goes downtown. (3番のバスが市内に行く) の下線部 (主語) を Which＋名詞 (どちらの名詞を〜ですか?) と尋ねたものです。

*go downtown (市内に行く)

7. (a) **Who paid** for the meal?　　— (b) **I did.**

誰が食事代を払ってくれたの?　　　　— 私が払ったよ。

（a）I paid for the meal.（私が食事代を払った）の下線部の主語を疑問詞
Whoで尋ねたものです。疑問詞が主語を兼ねている場合は、後に続くの
は動詞で、過去の話であれば過去形です。（b）I paid.と同じ動詞の繰り返
しは避けて、代動詞didを用います。現在形であればdo/doesです。

*pay for（…の支払いをする）

Day 19　疑問詞where、when、how、why

🔊)) 19

- -

Q.1

1. Someone **asked me how much money I had in** my bank
account.

銀行口座にいくら持ってるのか私に尋ねてきたやつがいた。

「ask O_1[人] O_2[モノ]」で「O_1[人]に O_2[モノ]について尋ねる」。間接
疑問「疑問詞how much money SV」=名詞で、この部分を O_2 に用いたも
のです。副詞howが形容詞muchを修飾し、形容詞muchが名詞money
を修飾して1つのカタマリになっています。

Q.2

1. Your father (a)**doesn't** have a car, (b)**does he**?

お父さんは車持ってないんだよね?

（a）一般動詞haveを否定文doesn't haveにします。（b）否定文の時の付
加疑問文はdoesn'tを反対のdoesにして主語の代名詞heを用います。疑
問文で作る文頭2語を基本形にして文末に置くのがポイントです。

2. **What's** your manager like?

部長はどんな人ですか？

like が前置詞であることがポイントです。前置詞の後ろは名詞（前置詞の目的語）になるため、ここを尋ねることができるのは疑問代名詞 what です。how は副詞で文法的に使えません。

3. **How was your[the]** job interview?

仕事の面接はどうだったの？

過去の面接の様子を尋ねる how です。be 動詞で主語の様子や状況を話すのが基本で、ここでも be 動詞を用いた疑問文にします。お互いにどの面接の話をしているのかは理解していると考えるのが自然ですから、その場合は所有格の代名詞 your または定冠詞 the などの限定詞を用います。

4. **What makes[Why are]** you so nervous?

どうしてそんなに緊張してるの？

What makes OC?（何が O を C の状態にするのか？）は少し直接的な響きを和らげた尋ね方です。理由を直接尋ねる Why are you so nervous? は強い響きに聞こえることがあります。

5. A: (a)**Have you been** to Costco?

コストコに行ったことある？

B: Yes, it was great.

うん、よかったよ。

A: (b)**When did** you go there?

そこにいつ行ったの？

（a）経験を尋ねる現在完了形 have been to ～（～に行ったことがある）の疑問文。（b）話の流れの中で、より具体的な情報を尋ねる展開。「時」の情報を尋ねる疑問詞 when を用いた過去の疑問文 When did you ... ?（いつ…しましたか？）です。

6. (a) **Didn't you** call her yesterday?

　　昨日、彼女に電話しなかったの?

― (b) **No**, I didn't have time.

―うん、時間がなかったんだ。

（a）イエスの返答を予想しつつ、確認しているニュアンスのある否定疑問文です。（b）普通の疑問文Did you call ... ?（…に電話しましたか?）に対して答えるような要領で考えます。電話していないのでNo, I didn't.の気持ちでNoが正解。

7. I wonder **why she didn't invite** me.

　　どうして彼女は私を招待してくれなかったのかなぁ。

I+他動詞wonder+間接疑問(O)[疑問詞(M)why (S)she (V)didn't invite me].という文構造です。他動詞wonder（〜かしらと思う）の目的語となる間接疑問です。疑問詞の後ろは普通の英文が続きます。

Day 20 仮定法過去の表現

🔊 20

1. If I (a)**stopped** eating carbs, I (b)**would lose** weight.

　　炭水化物を食べるのをやめたら、痩せるだろうなぁ。

（a）実際には食べるのをやめることができない状況を仮定法過去stoppedで表現できます。（b）これから先のことを述べるwillを仮定法過去wouldにすることで実現の可能性の低さを示します。＊lose weight（痩せる）

2. **Could[Would] you keep** my luggage?

荷物を預かっていただけますか?

― Sure.

― わかりました。

依頼表現の「Can/Will you … ?」(…してくれませんか?)を過去形にすると、人との距離感から、間接的な響きになるため丁寧さがUPします。Could you … ?のほうがWould you … ?よりも丁寧です。

3. I (a)**wish** I (b)**could help** you, but I (c)**can't[cannot]**.

手伝えたらいいんだけど、手伝えないんだよ。

(a)(b) 後ろの文の内容から、叶わぬ願いを示す「wish+過去形」にします。(c)「手伝えない」という実際の状況は変化させずにcan't。文法的にcannotで言い換え可能ですが、強調した響きにするために使う言い方です。

4. If it (a)**were[was] raining**, I (b)**wouldn't go** anywhere.

雨が降っていたら、僕はどこにも出かけないよ。

(a) 文意より、降っているのは現実ではないため現在進行形を仮定法過去にします。見た目は過去進行形ですね。口語ではwasもよく使われます。(b) 仮定法過去では、主節には忘れずに助動詞の過去形を用いましょう。これから行動する意志を否定するwon'tの過去形wouldn'tです。

＊not 〜 anywhere (どこにも〜ない)

5. (a)**This is** my favorite place. I (b)**could** stay here forever.

ここが大好きな場所なんだ。一生ここにいられるよ。

(a) 場所を紹介するThis is … (こちらは…だ)。(b) 1文目の流れで、一生いられるほどお気に入りの場所であることを伝えるために仮定法過去を用いたものです。文法的にはcanを用いることもOKですが、couldにすることで断定口調を避け、現実的な可能性の低さを示すことができます。

6. If you (a)**were** really my friend, (b)**you'd** know I (c)**don't** do that.

あなたが本当に私の友人なら、私がそんなことをしないのはわかっているでしょう。

(a)(b) あえて仮定法過去を用いることで、そんなやつは友だちなんかではないと非難の気持ちを表現したものです。you'd は you would（あなたは～だろう）の短縮形です。(c) 実際の自分の習慣を示す現在形 do を否定する don't です。ここは事実をそのまま伝えるための現在形です（直説法）。

7. Should I (a)**tell him what happened**?

何があったか、彼に言ったほうがいい?

— Ah, well, (b)**I wouldn't say** anything.

— あぁ、う～ん、私だったら何も言わないかなぁ。

(a) 他動詞 tell O₁[人]O₂[モノ]（O₁[人]に O₂[モノ]を話す）の O₂ に間接疑問「主語の働きをする疑問詞+過去形の動詞」を用いたものです。(b) if I were you（もし私があなただったら）が省略されたもの。相手の立場に立ったアドバイスを仮定法過去で表現しています。

*not ～ anything（何も～ない）

8. It's (a)**time** you (b)**started** your own business.

君は自分のビジネスを始めるときだ。

(a) It's time ...（…する時だ）は実現されているべきタイミングなのにまだ実現できていない状況を批判したり、相手の行動を促すために使います。(b) 過去形ですが、現在の話をしている仮定法過去形を用いるのがポイントですね。*形容詞 own（自分自身の～）

Q.1

1. **My car was fixed (by the mechanic) yesterday morning**.

（整備士に）昨日の朝、車を修理してもらった。

他動詞fixの目的語my carを主語にし、過去形was＋過去分詞fixedにします。これによって車がどうなったのかが話題の中心になります。時の情報は基本的には文末です。車を修理する整備士の情報は普通は必要ありませんので省略でもOKです。

2. **Twenty people will be employed (by our company)**.

（私たちの会社に）20名が雇用されます。

他動詞employの目的語twenty peopleを主語にし、助動詞will be＋過去分詞employedにします。雇用主ではなく雇われる20名が話題の中心になります。

Q.2

1. （A）This temple was built about 800 years ago.

この寺はおよそ800年前に建てられたものだ。

（B）This temple **is** about 800 **years old**.

この寺は築およそ800年だ。

英文（A）の受動態を英文（B）では能動態で表現したものです。受動態にする理由がないのであればシンプルな能動態が英文の基本です。

2. （A）We don't allow you to park in this area.

このエリア内で、あなたが駐車することを私たちは許可していません。

（B）Parking **is not allowed** in this area.

このエリア内での駐車は許可されていません。

英文（A）の能動態をあえて受動態で表現したものが英文（B）です。英文（A）のように「私たちが〜を許可しません」とストレートに発言するのは状況によっては不快です。そこで動作主（許可しない人物）を受動態で隠すことで客観的なルールとして相手に伝えることができます。

*動名詞parking（駐車すること）　allow O to do 〜（Oが〜するのを許可する）

Q.3

This picture is very nice.

この写真、とても素敵ですね。

— (B) **Yes. It was taken by my cousin**.

— うん。それはいとこに撮られたものなの。

撮影者（=動作主）と撮られた写真の2つの情報がある中で、この場面では撮影者が新情報になるため、それを後ろに置いた英文（B）が自然です。英文（A）Yes. My cousin took it.（うん。いとこがそれを撮ったの）のように、文末に焦点を置く英語では、新情報（撮影者）を先に述べてしまうのは唐突で自然な会話ではありません。

Q.4

1. He (a)**was welcomed at** the airport (b)**by** many fans.

彼は多くのファンに空港で歓迎された。

（a）welcomed him（彼を歓迎した）の受動態です。「空港」は場所を点で捉えた前置詞at（〜で）を用いるのが一般的です。(b) 動作主（元の主語）を示す場合は、前置詞by（〜によって）を用います。

2. I **haven't been[got] invited to** his birthday party yet.

まだ彼の誕生日会に私は招待されていません。

現在完了形の否定文haven't invited me to ...（私をまだ…に招待していない）を受動態にしたものです。口語的な響きになりますが、be動詞をgetで言い換えても構いません。現在完了形の否定文+yet（まだ〜していない）は、これから招待される可能性を示唆する形です。

Day 22　比較の表現①

22

- -

1. Do you have something (a)**a little** bit (b)**cheaper**?

もうちょっとだけ安いものはありますか？

(a)「a little bit＋比較級」で「ちょっとだけ〜」と程度を表現できます。bitは省略できます。(b)形容詞cheapの比較級cheaperが、代名詞something（何か）を後ろから修飾したものです。＊文法的にはanythingでもOKですが「安ければ何でも」というニュアンスがあります。

2. When do you **feel happiest**?

何をしているときが一番幸せを感じますか？

自動詞feel（〜な感じがする）の補語(C)となる形容詞happyを最上級happiestにしたものです。文法的にはthe happiestとしてもOKです。

3. The economy in this country was **getting even[much] worse**.

この国の経済はさらにひどくなっていた。

自動詞get（〜になる）の補語(C)となる形容詞badを比較級worseにしたものです。be getting Cで「Cになってきている」という意味です。even（さらに）は比較級の強調で、muchで言い換えると程度の差がより強調されます。

48

4. This is **the best** cake shop in Kobe.

ここは神戸で一番のケーキ屋だ。

形容詞goodの最上級the bestが名詞cakeを修飾したものです。

5. Where do you read **most** often?

どこで一番よく読書をしていますか?

自動詞readを修飾する副詞often (よく) の最上級most oftenを用いたものです。副詞の最上級はtheが省略可能です。

6. Natural foods will make **you healthier**.

自然食品であなたはもっと健康になるよ。

「make OC」で「OをCの状態にする」。補語(C)に形容詞healthyの比較級healthierを用いたものです。

7. (a)**Nothing** is (b)**more** valuable (c)**than** time.

時間ほど貴重なものはない。

「Nothing+比較級の表現」(より〜なものは何もない)で最上級と同等の表現になります。

8. I paid **more than usual** for it.

いつもよりそれに多く支払った。

pay more money「より多くのお金を払う」のmoneyを省略したものです。比較級moreの原級は名詞を修飾する形容詞much (多くの〜) です。more than usual (いつも以上に多く)。pay for ... (…の支払いをする) が元の形です。

9. Her taste in music is a **lot worse than mine**.

彼女の音楽の好みは私よりずっとひどい。

「be動詞+補語C」(Cである)の補語Cに形容詞badの比較級worseを用いたものです。比較対象を示すthanにmy taste in musicを言い換え

た所有代名詞mine（私のもの）を用いたものです。than meとしないように
しましょう。「a lot＋比較級」（ずっと〜）で程度の差が強調されます。

10. She was one of **the best players**.

彼女は最高の選手の1人だった。

「one of＋複数名詞」（〜の1人）。この複数名詞playersにgoodの最上
級the bestを付けたものです。

🔊 23

- -

Q.1

1. (A) Our city is worse than it used to be.

私たちの街は以前よりもひどい。

(B) Our city **isn't as good as** it used to be.

私たちの街は以前ほど良くはない。

英文（A）の比較級を用いた表現worse than ...（…よりひどい）を、not as
〜 asで言い換えたものが英文（B）で、間接的な響きになり少し丁寧な印象
に変わります。表現の言い換えによって用いられる形容詞がworse（bad
の比較級）→goodと異なる点にも注意です。it[＝our city] used to beで
以前のことを表現し、これと現在の状況を比較したものです。
＊used to be 〜（以前は〜だった）

2. (A) This meat isn't as tasty as it looks.

このお肉は見た目ほど美味しくない。

(B) This meat looks **tastier than** it **is**.

この肉は実際より美味しく見える。

「このお肉は美味しくない」という事実をどう表現するかがポイントです。

英文（A）は見た目（it looks）と比較して、not as 〜 as it looks（見た目ほど〜ではない）としたものです。これを言い換えた英文（B）は実際の状態（it is）と比較して、「look＋比較級」（〜より…に見える）の形にしたものです。形容詞tasty（美味しい）の比較級はtastierです。

Q.2

1. I'm **not as young as** I used to be.

僕は以前ほど若くはないんだよ。

not as 〜 as ...（…ほど〜ではない）。I used to be（以前は〜だった）と昔の自分と比較している文です。beの後ろには昔の若い状態があると考えられますが、不要なので省略されます。

2. This sandwich **is as big as** my head.

このサンドイッチは私の頭と同じくらいの大きさがあります。

何と同じくらいなのか、サイズ感を相手に伝える場面で便利な表現です。as 〜 as ...（…と同じくらい〜）で表現したものです。

3. I tried **as much as I could**.

僕はできるだけの努力をした。

このmuchは程度を示しますがas much as I can（できるだけ）とフレーズとして覚えておくといいでしょう。今回は時制が過去形couldになっています。

4. My boss drinks **twice as much as I do**.

私の上司は私の2倍お酒を飲みます。

twice as 〜 as ...（…の2倍〜だ）。muchはお酒の量を表現したものです。doはdrinkを言い換えた代動詞です。I doをmeと表現することもできます。

5. My leg still hurts but it's **not as bad as yesterday**.

足はまだ痛むけど、昨日ほどひどくないよ。

not as 〜 as ...（…ほど〜ではない）。2つ目のasの後ろは必ず伝えるべき情報（ここではyesterday）のみを残し、文脈から判断できるものは省略してシンプルに表現するのが自然です。＊副詞still（まだ〜）　自動詞hurt（痛む）

6. I **can't** eat **as much as** my kids **do**.

僕は子供たちほど食べることができない。

「not as much as ...」で（…ほど同じ量・程度ではない）。「〜できない」ですからcan't ...と表現します。doはeatを言い換えた代動詞です。

7. She helped **as many children as possible**.

彼女は可能な限りの子供たちを助けた。

「as＋形容詞many＋名詞＋as possible」（できるだけたくさんの〜）。形容詞manyが名詞を引っ張ってくる語順に注意しましょう。possibleはshe couldで言い換え可能です。as 〜 as内のmanyは厳密には「たくさん」を意味するわけではなく「数」を示します。

Day 24 　接続詞の表現①

🔊 24

- -

Q.1

1. I was going to go home before the movie, **but** maybe I'll just go straight from work.

映画の前にいったん家に帰るつもりだったけど、たぶん仕事場からそのまま向かうことにするよ。

予想に反する展開は接続詞butを用いるのが自然です。＊was going to doは過去に考えていた予定で、実現しない（しなかった）ことを示唆します。justは口調を和らげる効果があり訳出の必要はありません。　go straight from work（仕事から直行する）

2. He lives in New York **and** works there.

彼はニューヨークに住み、そこで働いている。

2つの出来事が同時に起こっている状況で、それをシンプルにつなぐ接続詞andが自然です。主語が同じであれば接続詞の後ろの主語は省略可能です。

Q. 2

1. Are you coming **or not**?

来るの、来ないの？

or not（あるいは〜しない）。元の英文はAre you coming or are you not coming?（aren't you comingの語順も文法的に正しいですが、notを後ろに残した語順も可能です）で、この下線部を省略した形です。省略できる部分はとことん省略するのが英文です。

2. I opened the box **but there was** nothing in it.

その箱を開けたけど、何も入っていなかった。

箱をわざわざ開ける場面では、中身を期待していると考えるのが自然。「何も入っていなかった」という予想外の展開は予想や期待の「反対」を示す接続詞butが自然です。andは「〜して…した」と普通の一連の流れを表現するため、この場面では少し不自然です。「何もなかった」はthere was nothingと表現できます。

3. My daughter looks old **but she's** only 20.

娘は老けて見えますが、まだ20歳です。

意外な展開は接続詞butを用います。＊副詞only（ほんの〜、たった〜）

4. I don't smoke, drink, **or** gamble.

僕はタバコもお酒もギャンブルもしません。

「not A, B, or C」（AもBもCも〜ない）。not A or B（AもBも〜ない）の応用で、基本的にコンマを伴います。この意味でandは用いませんので注

意しましょう。

5. Have a seat **and talk** to me.

座って私と話をしよう。

連続する出来事は接続詞andを用います。一緒に話す意識ではspeakではなくtalkが自然です。have a seatはsit down（座る）を丁寧に表現したものです。動詞の原形で始まる2つの命令文（…してください、…しなさい）をandでつないだものです。

6. I hurried home **but** no one was there.

急いで帰宅したけど、誰も（そこに）いなかった。

予想に反する内容を示す接続詞butを用いるのが自然です。
＊「自動詞hurry＋副詞home」（家まで急いで帰る）　no one（誰も〜ない）［＝nobody］

7. The train was delayed, **so I took** a taxi to the meeting.

電車が遅れたので、会議に行くのにタクシーを使いました。

前半の出来事が原因となって、その結果どうなったのかを接続詞so（〜、だから…）で表現したものです。「take a taxi to＋場所」（〜までタクシーに乗る）。前半の動詞が過去形wasですから、so以下の動詞も過去形tookにします。＊be delayed（遅れた）

Day 25 接続詞の表現②

🔊 25

Q.1

1. （A）I couldn't meet Yuko because she was out for lunch.

ユウコに会えなかった、彼女が昼食に出ていたので。

（B）Yuko was out for lunch, **so I couldn't meet her**.

ユウコは昼食に出ていたので、会えなかった。

理由を明確にするbecauseは場合によっては大袈裟にも聞こえますので、サラッと結果がどうなったのかを伝えるsoも便利です。「会えなかった」=「会うことができなかった」でcouldn't+動詞の原形を用います。Yukoと代名詞herを用いる位置が変化するので注意しましょう。

2.(A) I eat veggies every day even though I don't like them.

野菜は毎日食べます、好きではないけれど。

(B) I don't like veggies **but I eat them** every day.

好きではないけれど、野菜は毎日食べます。

少し硬い響きの接続詞though（〜だけれども）にevenを加えて強調した接続詞even thoughは口語表現として使えます。これを言い換えたbut（でも〜）も口語的な響きがあります。even thoughかbutか、どちらの接続詞を用いるかで話の流れが変化しますので注意しましょう。them＝veggies。

Q.2

1. Be quiet **when[while] I'm talking**.

私が話しているときは、静かにしてよ。

「〜しているとき」は「接続詞when[while]＋現在進行形」で表現できます。同じ進行形でもwhenは短時間、whileは一定時間（期間）の継続を表します。whenは（…するとき）は現在形や過去形、while（…している間）は主に進行形とセットにすることが多いです。

2. I **hope you[you'll] get better** soon.

早くもっと良くなるといいですね。

「他動詞hope＋名詞節that SV」（〜を願う）。接続詞thatは省略されることが多いです。またhopeはこれから先のことを願うため、willは特に不要で、現在形で表現しても自然です。自動詞get＋補語C（〜になる）。ここでは補語Cにgoodの比較級betterを用いています。

3. I'm **afraid that I can't** go to my son's match.

残念ながら、僕は息子の試合に行けないんです。

「be afraid＋接続詞that SV」（〜を心配している、恐れている）。形容詞の後ろに感情・心情の理由をつなぐ接続詞thatですが、この表現は用いる形容詞がある程度決まっていますので、sorry、sure、afraid、gladをまずは覚えてください。

4. My manager speaks **so fast that I can** hardly keep up with him.

店長は本当に早口だから、ほとんどついていけない。

「副詞so＋形容詞・副詞＋副詞節を作るthat SV」（とても〜なので…）の語順です。＊副詞hardly（ほとんど〜ない）　keep up with 〜（〜に遅れずについていく）

5. **If it rains** tomorrow, **we won't go** swimming.

明日雨が降ったら、私たちは泳ぎに行きません。

実際に雨が降るかどうかの話ではないためit will rainは誤りです。雨が降ったとしたらこうする、という意味でif節は条件を示しており、その場合は現在形rainsで表現します。主節は実際に出かけませんという意志表示を示すwill notの短縮形won'tを用いたものです。＊go -ing（…しに行く）

6. I **don't think she will talk[speak]** to him.

彼女が彼と話すとは思わない。

I think she won't 〜は不自然。that節の内容を否定したい場合はdon't thinkにします。speakはフォーマルな場面で好まれます。

7. He **told me he was going[said that he was going]** to set me up with his friend.

彼は私を友人に紹介するつもりだと言った。

(that) he was 〜 his friendがthat節で、他動詞tellの目的語O₂になって

います。あるいは「他動詞say＋接続詞that SV」（SがVするということを言う）の過去形で表現することもできます。「was going to＋動詞の原形」は当時の予定を表したものです。＊「set＋人＋up with ～」（…を～に紹介する）

不定詞の表現

🔊》26

Q.1

1. We **didn't have anything to eat**.

私たちには食べる物が何もありませんでした。

not ～ anything（何も～ない）[= nothing]を用いた英文で、何が何もないのかを不定詞to eatが補足説明したものです。要は「食べ物がない」ことを伝える英文ですね。to eatは代名詞anythingを修飾しているため形容詞と同じ働きです。

2. **To renew your permit, you must show** your passport.

免許更新には、パスポートを見せなければならない。

コンマの後ろyou must ...が中心の文で、それに対して「～するために」という意味の、動作の目的を表現する不定詞を文頭で用いています。他動詞showを修飾しているため副詞と同じ働きをしています。

Q.2

1. I didn't expect **to see you here**.

ここであなたに会うなんて思ってなかったよ。

「他動詞expect to＋動詞の原形」（…することを予想・期待する）。他動詞の目的語に名詞的用法の不定詞を用いたものです。＊事前約束で「会って話す」というニュアンスはmeetが自然です。ただし、事前予約で「診察」や「相談」の意味ではseeを用います。　see a doctor（診察を受ける）、see a lawyer（弁護士に相談する）など。

2. Nana got a second **chance to take** the promotion test.

ナナは昇給試験のセカンドチャンスを手にした。

名詞a second chance（セカンドチャンス［やり直す機会］）に補足説明を加える形容詞的用法の不定詞to take（～を受けられる）です。

3. Rina **will be happy to hear** about her sister's promotion.

お姉さんの昇進について聞いたらリナは喜ぶでしょうね。

be happy（喜んでいる）の心境になっているの理由を表現する副詞的用法の不定詞to hear about（～について聞いて）が使われています。

4. **It wasn't easy for me to do** that.

それをするのは僕には簡単ではなかった。

To do that wasn't easy for me.を変化させたものです。文頭の主語To do thatを後ろに移動させ、代わりに形式主語itを文頭に置いています。「不定詞の意味上の主語for me＋不定詞to do that」はI did that（私はそれをした）の意味上の関係になっています。

5. I'd **like to study abroad** for an MBA.

僕はMBAを取得するために留学したいと思っています。

I'd＝I would。「would like to＋動詞の原形」（…したい）。これも他動詞likeの目的語となる名詞的用法の不定詞to study abroad（留学すること）を用いています。

6. The **best way to learn is to teach it to** someone.

学びの最良の方法は、それを誰かに教えることだ。

全体的にはS is C（SはCだ）の文型です。主語Sである名詞the best way（最良の方法）に補足説明を加える形容詞的用法の不定詞to learn（学ぶための）を用いたものです。続いて、補語Cには名詞的用法の不定詞to teach（教えること）が用いられ、「teach O to＋人」（Oを～に教える）のカタチになっています。＊the bestは形容詞goodの最上級

7. I have **something to think about**.

僕には考えなければいけないことがある。

名詞something（何か）の内容を説明する形容詞的用法の不定詞to think aboutを用いたものです。他動詞haveの目的語somethingが、前置詞aboutの目的語も兼ねており、意味的にto think about something（何かについて考える）の構造になっています。

不定詞と動名詞

🔊 27

Q.1

（A）When should I call my doctor?

　　いつ私は医者を呼べばいいですか?

（B）I don't know **when to call** my doctor.

　　私はいつ医者を呼べばいいのかわかりません。

英文（A）はshouldを用いてストレートにアドバイスを求めている疑問文で、英文（B）はそれを間接的な伝え方で言い換えたものです。「疑問詞when＋to do」（いつ〜すればいいのか）が1つの名詞句となり他動詞knowの目的語になっています。この不定詞to doはshouldのニュアンスがあります。

Q.2

1. I'd (a)**like to know** more about (b)**what to do** in the gym (c)**to lose** weight fast.

早く痩せるためにジムで何をすればいいのか、もっと知りたいです。

（a）would like toはlike to（〜することが好き）に相手との距離を置いて控え目な響きを持たせるwouldを用いたもので、want toの丁寧表現として用いられます。（b）疑問詞what to do（何をするべきか）で1つの名詞

59

句となり前置詞aboutの目的語になっています。(c)「〜するために」という目的は不定詞を用います。「for+動名詞-ing」も「〜用の」と目的を示すことができますが、the gym for losing weight fastにすると「早く痩せるためのジム」、つまり「痩せる専用のジム」というニュアンスになるためこの場面には合いません。*lose weight（痩せる）。

2. The phone **didn't stop ringing**.

電話が鳴りやまなかった。

この場面は「…をやめる」という意味の他動詞stopです。その場合、目的語には動名詞を用います。ここではこれを過去形の否定文「didn't+動詞の原形」にしています。*不定詞を用いた「stop to do」は「…するために立ち止まる」という意味で、このstopは自動詞で「立ち止まる」という意味。

3. I (a)**want you** guys (b)**to** get down the mountain before it (c)**starts raining**.

私は君たちには雨が降り始める前に下山してほしい。

(a)(b)「want O［人］to do」（O［人］に…してもらいたい）。不定詞の動作get downの意味上の主語you guysを用いたカタチです。(c) 他動詞startの目的語に動名詞rainingを用いたカタチです。*「接続詞before+現在形」（〜が…する前）。時の条件を示し、未来でも現在形にします。

4. Do you mind **telling me** a little about yourself?

もう少しあなた自身のことを私に話していただけませんか？

「Do you mind+動名詞-ing?」の直訳は「あなたは…することを嫌に思いますか？」ですが、「…してもらえませんか？」と丁寧にお願いする表現として使えます。他動詞mind（嫌に思う）は、何か嫌なことが現実に起こっているからそうした感情を持つわけですので「現実志向」の動名詞を目的語にします。

5. My brother's not **used to wearing** a tie.

弟はネクタイの着用に慣れていない。

「be used to＋動名詞」（…することに慣れている）の否定文です。このto
は前置詞のため、後ろは前置詞の目的語となる動名詞wearingとします。

6. I **remember turning** off the lights in the living room.

リビングの電気を消したのは覚えてるよ。

「remember -ing」で「（実際に）…したことを覚えている」という意味です。
実際に行動したというニュアンスは動名詞で表現します。＊turn off ～（［電源
など］～を消す）

7. I think my mom's hobby **is telling me to** go study.

お母さんの趣味は僕に勉強しに行けと言うことだと思う。

不定詞の意味上の主語をOのカタチで用いた「tell O to do」（Oに…する
ように言う）を動名詞にしたもの。趣味の話は現実的に行なっていると考え
るため、主語Sを説明する補語Cとして動名詞tellingを用いるのが自然です。
＊「I think＋（接続詞that）…」（…ということを思う）　「go＋動詞の原形」で「…しに行
く」という意味。go study = go (and) studyまたはgo (to) studyの口語表現です。

Day 28　現在分詞と過去分詞

🔊》28

Q.1

(a)**Eating** less is (b)**annoying** and I'm (c)**annoyed** I need it to
live.

食べる量を減らすというのは厄介で、自分が生きるためにそれが必要だってことが腹立たしい。

(a) eat less（食べる量を減らす）をisに対する主語Sにするためには、動
名詞eating less（食べる量を減らすこと）にします。副詞lessはlittleの

比較級で「(…より) 少ない程度・量に」という意味です。(b) 物事の描写をする場面では他動詞annoy (〜をイライラさせる、悩ます) の現在分詞annoying (イライラさせるような、悩ますような) にします。(c) 主語SがIなので、人自身の気持ちを示す過去分詞annoyed (イライラして) にします。

Q.2

1. I don't want to sit next **to someone smoking**.

タバコを吸っている人の隣に私は座りたくない。

「代名詞someone＋現在分詞 -ing」で「(一時的に)…している人 (誰か)」という意味です。next to＋名詞 (〜の隣)。＊don't want to do (…したくない)

2. (a)**There was** no food (b)**left in** the fridge.

冷蔵庫に食べ物が何も残っていなかった。

(a)「There was＋名詞」(〜があった)。(b) 名詞foodを説明する過去分詞の表現left in (〜に残された)。「There was＋名詞＋left」で「〜が残っていた」という意味ですが、否定語の形容詞no (1つの…もない) があることで「残っていなかった」という意味になります。

3. I (a)**was woken up by** my (b)**phone ringing and** couldn't sleep after that.

鳴っている電話で起こされ、それから寝れなかった。

(a) wake me up (私を起こす) の受動態の過去形I was woken up by 〜 (〜に起こされる)。(b)「名詞my phone＋現在分詞 -ing」で「(一時的に)…している (私の) 電話」という意味です。接続詞and (〜で…する)。＊after that (その後、それ以降)

4. Would you like a **boiled egg for** breakfast?

朝食にゆで卵をいかがですか?

boil (〜をゆでる) の過去分詞boiledには「完了」ニュアンスもあり、「ゆで終

わった」というニュアンスでa boiled eggは「ゆで卵」という意味になります。

5. Just add the **boiling water and** leave the lid on for three minutes.

沸騰しているお湯を加えて、3分間フタをしたままにしてください。

レシピに記載されているような「沸騰している水」という一般的な準備物は「現在分詞boiling+名詞water」にします。今、一時的に沸騰している様子を表現したい場合はwater boilingとします。それから、「他動詞leave O on」（Oを上にしたままにしておく）をつなぐ接続詞and（〜、そして…する）を用います。*他動詞add（〜を加える）　名詞lid（フタ）。命令文に副詞justを用いると直接的なモノの言い方が和らぎます。

6. I know someone **working there**.

そこで働いている人を知ってるよ。

「名詞+現在分詞-ingの表現」（〜している…）。名詞someone（誰か、ある人）を後ろから補足説明しています。*副詞there（そこで）

7. This oil (a)**is made from** olives (b)**grown in** California.

このオイルはカリフォルニアで育てられたオリーブで作られている。

(a) be made from 〜（〜で作られている）。fromは原材料で、素材そのものを示す場合はofを用います。(b)「名詞+過去分詞-edの表現」（〜された…）。「他動詞grow O in 〜」（Oを〜で育てる）を過去分詞grown（育てられた）にしています。

8. It was **an exciting day**.

ワクワクする一日だった。

名詞dayの様子を描写する現在分詞exciting（興奮させるような）です。他動詞excite（〜を興奮させる）のような元々「感情・心情」を表す他動詞は現在分詞（〜させるような）にすると物事の描写に使えます。

Q.1

1. I saw a girl **fall** down the stairs while she was taking a selfie.

女の子が自撮りの最中に、階段から落ちるのを見てしまった。

階段から落ちる場面というのはたいてい一瞬ですので、一連の動きを見るという意味で原形不定詞fallが正解です。a girl fall = a girl fell down（女の子が落ちた）というニュアンスです。あえて、fallingにすると長い階段を落ち続けている様子を示す響きになります。

2. I had my blood pressure **checked** today.

今日、血圧を検査してもらった。

my blood pressure was checked（血圧が検査された）の受動態ニュアンスになっている場合は「have O+過去分詞」（O［モノ］を〜してもらう）のカタチにします。ここではそれを過去形hadにしています。

3. I noticed a guy **steal** his wallet.

男が彼の財布を盗むのに気づいた。

a guy steal = a guy stole（男が盗んだ）のニュアンスです。他動詞stealと目的語his walletの語順関係も考えるとこれが自然です。過去分詞を用いたa guy stolenとするとa guy was stolen（男は［誰かに］盗まれた）のような不自然な受動態のニュアンスになるため誤りです。

4. I want to get my hair **dyed** like yours.

私は、あなたの髪のように髪の毛を染めてもらいたい。

my hair dyed = my hair is dyed（髪が染められる）のように受動態ニュアンスが成り立つ過去分詞dyedが正解です。get my hair to dyeは「自分の髪の毛に何かを染めさせる」という意味になり不自然です。get my hair dyeという形はそもそもありません。

*前置詞like（〜のような）　所有代名詞yours = your hair（あなたの髪）

Q.2

1. **I'll have my wife come** pick me up.

妻に迎えに来てもらうよ。

「使役動詞have＋人＋動詞の原形」で「（人）に〜してもらう」という意味。店や業者相手の依頼だけでなく、私生活においても頼めばしてもらえそうな間柄で用いると自然です。＊「come＋動詞」の原形で「…しに来る」という口語表現になります。「come and＋動詞の原形」（来て〜する）または「come to＋動詞の原形」（〜するために来る）のandやtoの省略と考えます。

2. Intermittent fasting **made me stop snacking** at night.

プチ断食することで、僕は夜の間食をしなくなった。

主語Sが原因で自然とそうなってしまったことを使役動詞makeで表現したものです。「make O＋動詞の原形stop」（Oに〜をやめさせる）。他動詞stopは動名詞を目的語Oにするためsnack（間食をする）を動名詞snackingにします。＊fastingは自動詞fast（断食する）の動名詞。

3. Did you **hear a boy scream** outside?

外で男の子が叫んだの聞こえた？

「知覚動詞hear O＋動詞の原形」で「Oが…するのが聞こえる」という意味で、「叫んだ」のような一瞬の出来事を表現できます。文法的には現在分詞screaming（叫んでいる）でもOKですが、「何度も継続して叫んでいる」ところを耳にするというニュアンスになります。

4. We **felt our baby kicking** this morning for the first time.

私たちは今朝初めて、赤ちゃんが（お腹を）蹴っているのを感じた。

「知覚動詞feel O＋現在分詞-ing」（Oが…しているのを感じる）。一時的

に連続してkickしているニュアンスがこの-ingには含まれます。
＊for the first time（初めて）

5. My dad would never **let me buy** a PS5.

お父さんは僕にPS5を絶対買わせてくれないよ。

「使役動詞let O＋動詞の原形」（Oに…させてあげる）。Oの行動を邪魔しないというニュアンスです。＊これから先の事柄を示す助動詞willだと断定口調になってしまうため、トーンを下げる効果のある仮定法過去のwouldが用いられています。

Day 30 ▶ 関係詞の表現

🔊 30

Q.1

The clerk **at the hotel where we stayed was very nice**.

私たちが滞在したホテルの従業員はとてもよかった。

The clerk at the hotel was very nice.（ホテルの従業員はとてもよかった）を基本文と考えます。この場所を示すthe hotelに対して、場所の説明をする関係副詞節where we stayedの説明をつなげたものです。文中にwhere節が入る語順に注意しましょう。

Q.2

1. I got on the bus **that goes** to the airport.

空港行きのバスに乗った。

名詞（先行詞）the bus＋関係代名詞節（形容詞節）［主格の関係代名詞(S')that (V')goes to the airport］　という構造です。
名詞the bus（＝先行詞）に説明を加えるように、物を示す主格の関係代名詞thatを用いた関係代名詞節を後ろに置いたものです。文法的にはthatをwhichで言い換えてもかまいません。is goingはisが余計で、現在分詞

の表現going to（～に行く）にすれば形容詞句となりthe busを修飾するカタチで使えます。

2. Is this **what** you want?

これがあなたが欲しいものですか?

「Sが…するもの」という意味で用いる関係代名詞whatです。Is this C?（これはCですか）の補語Cの部分に名詞節のwhat you want（あなたが欲しいもの）を用いたものです。普通の関係代名詞whichは先行詞として名詞を具体的に用いる必要があるため誤りです。関係代名詞whatは「…すること・もの」と具体的な名詞を示さず曖昧にすることができるため場合によっては便利です。

3. This is the dictionary I **use** very often.

これが私がとてもよく使用する辞書だ。

This is+名詞（先行詞）the dictionary（これがその辞書だ）+SVの接触節（形容詞節M）[主語(S')I+他動詞(V')use very often（私がとてもよく使う）].という構造です。

SVの節で名詞the dictionaryを後ろから説明した文です。このthe dictionaryは他動詞useの目的語も兼ねているため、目的語itを残すのは誤りです。

Q.3

1. I don't **understand what you're talking** about.

あなたが話していることを僕は理解できない。

他動詞understandの目的語として「what SV」（Sが…すること）を用いています。文意より、talk about（～について話す）を一時的な動作を示す現在進行形にします。

2. Is **there anyone who[that] can** fix my glasses?

誰か私のメガネを修理できる人はいますか?

Is there+名詞（先行詞）anyone（誰か）+関係代名詞節（形容詞節）[主格の関係代名詞(S')who (V')can fix (O')my glasses（その人は私のメガネを修理できる）]?　という文構造です。

名詞anyone（＝先行詞）に説明を加えるように、人を示す主格の関係代名詞whoを用いた関係代名詞節を後ろに置いたものです。硬い響きになりますが、文法的にはwhoをthatで言い換えてもかまいません。「There is+名詞」（～がいる）の疑問文です。

3. This is the biggest chocolate parfait **I've ever seen**.

これは私が今まで見た中で一番大きなパフェだ。

最上級+現在完了「S have/has ever+過去分詞」で「Sが…した中で一番～だ」の表現になります。この表現もQ2の(3)と同様の文構造で、SVのカタチで前の名詞chocolate parfaitを後ろから修飾したものです。

4. You're the only person **who[that] doesn't know what** to do.

何をすべきか知らないのはお前だけだ。

「S is the only person who V」（…するのはSだけだ）。硬い響きになりますが、文法的にはwhoをthatで言い換えても構いません。疑問詞+不定詞の表現は1つの名詞句の働きをし、ここではwhat to do（何をするべきか）が他動詞knowの目的語Oになっています。

5. "Love (a)**the life you live**. Live (b)**the life you love**."
Bob Marley

自分の生きる人生を愛せ。自分の愛する人生を生きろ。（ボブ・マーリー）

(a) 他動詞Love+目的語の名詞（先行詞）the life （人生を愛せ）+SVの接触節（形容詞節M）[主語(S')you 他動詞(V')live （あなたが生きる）].　という文構造です。

SVの節で名詞the lifeを後ろから説明したものです。このthe lifeは他動詞liveの目的語も兼ねています。

(b) 他動詞Live 目的語の名詞（先行詞）the life （人生を生きろ）＋SVの接触節（形容詞節M）［主語(S')you 他動詞(V')love（あなたが愛する）］. という文構造です。

SVの節で名詞the lifeを後ろから説明しています。このthe lifeは他動詞loveの目的語も兼ねています。

＊他動詞live（〜な暮らしをする、〜を生きる）

＊スペルミスは1点減点で、合格点80点を目指しましょう。

＊間違えた問題は各解説に明記しているDayを復習しましょう。

[1]

1. **Are you going** [**Are you going to go**] out tonight?

今日の夜は出かけるの?

個人的に相手に予定を尋ねる場合は、be going toまたはbe -ingで尋ねるのが基本です。元がgo（行く）を用いている場合はシンプルに短くbe -ingで表現することも多いです。Will you ... ?を用いると「外出するつもりなのか?」と相手の意志を尋ねたり「外出してくれませんか?」という依頼の表現になります。　▶【Day 03】

2. **I don't eat** breakfast.

僕は朝食を食べない。

習慣としてしないのであれば「I don't+動詞の原形」です。I'm not eatingは「今、食べていない」または「普段は食べてるけど、今週は食べていない」というような場面で用います。　▶【Day 01】

3. **It's been raining** all day.

(朝から)一日中ずっと雨だ。

過去から現在までの動作の継続は現在完了進行形have/has been -ingが基本です。口語ではIt has = It'sの短縮形が普通です。　▶【Day 06】

4. It **was raining** hard when I woke up for my run this morning.

今朝、走るために起きたら、激しい雨だった。

過去のある時点で一時的に進行していた状況は過去進行形was/were

-ingにします。＊副詞hard（激しく）　woke up ＝ wake up（目が覚める）の過去形。名詞run（ひとっ走り）。　▶【Day 02】

5. The plumber **hasn't come** (yet).

（まだ）水道業者が来ない。

「まだ〜していない」は現在完了形の否定文「haven't/hasn't＋過去分詞」で表現できます。この意味では文末にyetを用いることも多いです。過去形didn't comeは、待っていた業者が最終的に「来なかった」という意味になります。＊名詞plumber（水道業者）　▶【Day 05】

6. Tomorrow **is** our wedding anniversary!

明日は私たちの結婚記念日だ！

明日が記念日といった確定的・固定的なイベントは現在形で表現するのが普通です。will be（〜だろう）はisよりも不確かな未来の事柄を指すため不自然です。この英文は「明日」を強調した言い方で、It's our wedding anniversary tomorrow.としてもOKです。　▶【Day 04】

7. I **moved** to Hokkaido.

北海道に引っ越した。

「引っ越した」と過去の完了した出来事は過去形movedでシンプルに表現します。過去進行形was movingは「移動中だった」という意味です。　▶【Day 02】

[2]

1. **He's living** with his wife's family.

彼は嫁の実家に仮住まいしている。

liveのような状態動詞は一般的に進行形にできない動詞とされていますが、今回の仮住まいのように一時的である状況を明確に伝えるためにあえて現在進行形で表現することができます。like（〜を好む）、have（〜を持っている）、know（〜を知っている）などはやはり現在進行形では用いられませ

んのでケースバイケースで押さえるようにしましょう。 ▶【Day 01】

2. **My son studied [My son used to study／My son would often study]** hard every day.

息子は毎日、一生懸命に勉強したものだ。

頻度を示す言葉（ここではevery day）があれば、シンプルに過去形studiedで過去の習慣を表現できます。「every day＝現在形」とは限りませんので注意しましょう。「used to＋動詞の原形」（以前は…したものだ、…だった）を用いると現在はやっていない（そうではない）過去の習慣や状態をより明確に伝えることができます。「would often＋動詞の原形」（よく…したものだ）で言い換え可能ですが、動作動詞のみに用いる表現です。
　　▶【Day 02】

3. **He's been eating** breakfast for an hour.

彼は1時間ずっと朝ごはんを食べてるよ。

過去から現在までの動作の継続は現在完了進行形が普通です。またこのカタチは動作がまだ完了しておらず継続状態であることも示唆しています。
　　▶【Day 06】

4. This time last year, **I was working** at a restaurant.

去年の今頃は、レストランで勤務していた。

this time last year（去年の今頃）がポイント。過去のある時期に、一時的にしていた行動は過去進行形was workingが自然です。　▶【Day 02】

5. She **hasn't replied** to the comments (yet).

（まだ）彼女はコメントを返していない。

「まだ〜ない」は現在完了形の否定文です。文末にyetを用いなくてもこの意味が出せます。普通の現在形の否定文は「普段しません」という意味になります。　▶【Day 05】

[3]

1. What are you doing after lunch?

ランチのあとは何をする予定?

相手の予定を確認する現在進行形の疑問文です。What are you going to do after lunch?と言い換えても同じです。文法的にはWhat will you do after lunch?と言えますが、相手の意志を確認するwillですから「何を食べる気なのか?」と単なる予定を尋ねるニュアンスとは異なった表現になります。 ▶【Day 03】

2. She often (a) wears black, but (b) she's wearing white today.

彼女はよく黒の服を着るけど、今日は白の服を着てるね。

(a) 日常習慣は現在形です。他動詞wear (〜を着ている、着る)。(b) 普段とは違って、todayの一時的な状況は現在進行形です。she is = she'sと短縮形が普通です。she wears whiteとしてしまうと普段から白を着ているという意味になり文意に合いません。 ▶【(a) Day 01 (b) Day 01】

3. Look, it's going to rain.

見て、雨が降りそう。

状況予測はbe going to+動詞の原形 (〜しそうだ) です。自動詞rain (雨が降る)に関しては、to rainyのような誤用例が多いですがrainyは形容詞でtoの後ろには置けません。文法的にはit will start rainingとも言えますが、現場の様子からの状況予測にwillは基本的に用いませんので△です。 ▶【Day 03】

4. OK, I'll go.

わかった、僕が行くよ。

会話をしている中で、その場で決めたことはI'llが自然です。I willよりも短縮形I'llが多いです。 ▶【Day 04】

5. (a) **Have you** ever **been to** her concert? | (b) **went to** one in Osaka last month.

彼女のコンサートに行ったことある？ 先月、大阪のやつに行ってきたよ。

（a）経験を振り返る現在完了形「have been to＋場所」（〜に行ったことがある）の疑問文です。goneは「行ってしまった」という意味で用います。（b）last monthのように過去の点を示す表現に現在完了形はNGです。過去の出来事を伝えるシンプルなgoの過去形wentが正解です。代名詞one ＝ a concert。＊副詞ever（[疑問文]これまでに）

▶【(a) Day 05　(b) Day02】

6. What time **does** your flight **leave** tomorrow?

あなたの飛行機は明日何時に出発するの？

公共交通機関は未来であっても現在形で予定を表現するのが普通です。your flight leavesを疑問文「does＋主語＋動詞の原形」にしたもの。自動詞leave（出発する）。What time（何時に）を疑問文の文頭に置けば時刻を尋ねることができます。個人差はありますが、What time will your flight leave tomorrow?やWhat time is your flight leaving tomorrow?と話すネイティブもいます。ただ、現在形を用いたものが一般的でシンプルですのでこの解答例を覚えておきましょう。　▶【Day 04】

SHUFFLE クイズ 2

（各5点×20【完答】）

🔊 32

- -

＊スペルミスは1点減点で、合格点80点を目指しましょう。
＊間違えた問題は各解説に明記しているDayを復習しましょう。

[1]

1. I **won't** help him.

彼を手伝うつもりはない。

その気がない、そうするつもりは全くないことを表現する場合はwon't[will not]を用います。I don't ...は普段の習慣としてやらないことを示すため誤りです。　▶【Day 07】

2. I **had to** submit the document by noon.

正午までにその書類を提出しないといけなかった。

mustの過去形はありませんので、過去の義務はhad toで表します。
＊他動詞submit（…を提出する）　▶【Day 07】

3. He **can't** eat soba.

彼は蕎麦が食べられない。

アレルギーとして体が受け付けない場合はcan'tを用います。doesn'tは普段食べないという習慣を示します。　▶【Day 07】

4. This **must** be fake news.

これはフェイクニュースに違いない。

canは一般的な可能性を示し、「〜に違いない」という意味で根拠に基づいて推測する場合はmustが自然です。　▶【Day 08】

5. What time **shall** I call you?

何時に電話しましょうか？

義務の話ではないため、相手に自分から何かを申し出る場面ではshall Iを用います。この場合のように疑問文と組み合わせて使うカタチで覚えておくと便利です。 ▶【Day 08】

6. You **should have come**.

来たらよかったのに。

過去に実現しなかった事柄は「should have＋過去分詞」（〜するべきだったのに）で表現できます。会話ではshould've（シュダヴ）のように短縮形で話すのが自然です。 ▶【Day 08】

7. You **should** eat breakfast.

朝ごはんは食べたほうがいいよ。

アドバイス的に「〜したほうがいい」という感覚はshouldがちょうどいい助動詞です。「是非ともやったほうがいい」という強調した言い方ではmustも使えます。 ▶【Day 07】

8. You **can** call me anytime.

いつでも電話してね。

単純に「〜できる」という提案や可能性はcanですね。couldは文法的にはOKですが、そのような可能性（選択肢）もあるというニュアンスで、「もしそうしなければいけないのであれば、電話をかけることもできる」といった響きがあります。＊副詞anytime（いつでも） ▶【Day 07/08】

[2]

1. You **have to** show your passport at the check-in counter.

チェックインカウンターでパスポートを見せる必要があります。

法律や施設などにおける規則はhave toを用います。 ▶【Day 07】

2. Yeah, I **had to** work on Christmas Eve last year.

うん、去年のクリスマスイブは仕事しないといけなかったんだ。

last yearがあることから、過去形had to ～（～しなければならなかった）が正解です。 ▶【Day 07】

3. That restaurant is so popular. You **should** make a reservation in advance.

あのレストランはとても人気があるんだ。事前に予約したほうがいいよ。

アドバイス的な状況であればshouldが無難です。mustは一気に「しなければならない」感がUPし、急を要するような状況や店のルールを説明するようなニュアンスになります。＊make a reservation（予約をする）　in advance（事前に）▶【Day 07】

4. My husband **might** be nervous, but I'm not sure.

夫は緊張しているかもしれないけど、よくわからないなぁ。

mustは断定口調になるため、I'm not sure（よくわからない、自信がない）と響きが合いません。「かもしれない」という意味の弱い可能性を示すmight（またはmay）が自然です。 ▶【Day 08】

5. Anyone **can** be famous on the internet.

誰だってネットでは有名になり得ます。

「あり得る」、可能性はゼロじゃないという理論上の可能性を表現するcanです。could、may、mightは特定の事柄に対する弱い可能性を述べるためこの場面では使えません。＊代名詞anyone（[肯定文] 誰でも、どんな人でも）▶【Day 08】

[3]

1. My grandfather **might[may] have to** have another surgery.

祖父は他の手術を受けなければならないかもしれない。

「～かも」といえば基本的にmightまたはmayです。これに義務を表す

have toを用いたものです。助動詞同士になるため must は NG です。might[may]を文法的に could で言い換えることもよくありますが、could は「できる」という可能・能力のニュアンスも含まれます。今回の have to（しなければならない）との組み合わせは意味合いがしっくりきませんので NG です。＊形容詞 another（他の）　名詞 surgery（手術）　▶【Day 08/07】

2. My blood sugar is going high! I **shouldn't have eaten** that brownie.

血糖値が高くなってるよ！あのブラウニーを食べなきゃよかった。

過去にしてしまった行動に対して後悔の気持ちを表現する「shouldn't have ＋過去分詞」（〜するべきではなかった）です。＊blood sugar（血糖）　名詞 brownie（ブラウニー）　▶【Day 08】

3. You **must not use** it in any situation.

どんな状況であっても、それを使用してはならない。

must not 〜（〜してはいけない）ですが、not use（使用しない）を must で義務にしますから「禁止」の表現になります。＊in any situation（いかなる状況にあっても）　▶【Day 07】

4. **Can [Will] you take** me to the airport?

私を空港まで連れて行ってもらえませんか？

相手に手間がかかるような内容であれば Can you …? またはより丁寧に Could you … ？が普通です。丁寧さは下がりますが依頼として Will[Would] you …? を用いることもできます（would を用いるほうが丁寧です）。「take ＋人＋ to ＋場所」（〜を…に連れて行く）。　▶【Day 07】

5. I **was able to speak** at the meeting.

その会議で発言することができた。

実際に spoke（話した）という意味では「was able to ＋動詞の原形」（［実際にやってみて］〜することができた）を用います。人前で複数の聞き手を

前に話す場合はtalkよりもspeakが普通です。 ▶【Day 07】

6. You **don't have to eat** that.

それは食べなくてもいいよ。

have toで示す義務がdon'tで否定されると「〜しなくてもいい」という意味になります。相手のそばのモノを指すthat（それ）です。 ▶【Day 07】

7. What **should I wear** to dinner on a first date?

初めてのディナーデートに何を着ていけばいいかなぁ？

相手に助言を求める場面ではshouldが自然です。ドレスコードがあるような場合であればルールを尋ねる感じでWhat do I have to wear ...？のように言えます。must Iは硬い響きのため、文法的には可能ですがhave toが自然です。 ▶【Day 07】

SHUFFLE クイズ 3

（各5点×20【完答】）

🔊 33

＊スペルミスは1点減点で、合格点80点を目指しましょう。

＊間違えた問題は各解説に明記しているDayを復習しましょう。

[1]

1. I'm **visiting** some friends in Tokyo.

東京の友人たちを訪ねているところだ。

他動詞visit（〜を訪ねる）は前置詞不要です。直接、目的語（名詞）some friendsを置きます。一時的な今の状況を表す現在進行形です。
　▶【Day 09】

2. My ears were **turning** red.

自分の耳が赤くなっていた。

「自動詞turn＋補語C（形容詞）」です。inが余分でした。「だんだん〜になってきていた」という意味で、過去進行形は過去のある時点での変化の様子を表現することができます。　▶【Day 10】

3. I haven't **discussed[talked about]** it with anyone.

まだ誰ともそれについて話し合っていない。

他動詞discuss（〜について話し合う、議論する）に前置詞は不要です。「自動詞talk＋前置詞about」（〜について話す）で言い換えてもOKです。自動詞は前置詞とセットにできます。＊not 〜 anyone（誰も〜ない）　▶【Day 09】

4. I left **all the windows open**.

全部の窓を開けっ放しにしてしまった。

「他動詞leave＋O［名詞］＋C［形容詞］」（OをCのままにしておく）の語順にします。このopenは「開いている」という意味の形容詞で補語Cの働きをしています。　▶【Day 12】

[2]

1. My dad **entered** my room just now.

お父さんがさっき部屋に入ってきた。

enterは他動詞で前置詞は不要です。よりカジュアルに、came inに言い換えてもOKです。just now（たった今）は過去形と一緒に用います。
▶【Day 9】

2. You often **go** there, right?

よくそこに行くんだよね？

副詞thereの前に前置詞は不要です。「自動詞go＋場所を示す副詞」（〜へ行く）になります。文末に, right?で疑問文にしなくても軽く確認する表現になります。　▶【Day 9】

3. I'm **looking for** a hotel in Kyoto.

京都でホテルを探しているところだ。

自動詞lookは「見る」という意味では、後ろに名詞を続けるには前置詞が必要です。look for 〜（〜を探す）を現在進行形にしたものです。
▶【Day 09】

4. I went to Costco and found this cute bag, so I bought **the bag for my kid**.

コストコに行って、このかわいいバッグを見つけたので、子どもに買った。

新情報はmy kidになるため、文末焦点ルールに従い「buy O_1[人]＋O_2[物]」を言い換えた「buy O for＋人」の語順にします（実際にはthe bagを代名詞itでサラッと話すことの方が多いです）。　▶【Day 11】

5. The girl didn't **tell** me her name.

その女の子は私に名前を教えてくれなかった。

この中で「SV＋O_1[人]＋O_2[情報]」（O_1にO_2を教える）の語順にできるのは他動詞tellのみです。　▶【Day 11】

6. Actually, I found her **attractive**.

実は僕は彼女が魅力的だと思った。

— Yeah, she's nice.

—うん、いい人だね

「他動詞find OC」（OがCだと思う）のカタチにします。findはCに形容詞を用いるため形容詞attractive（魅力的な）が文法的に正解です。attractionは「魅力」という意味で品詞的に誤りです。「-tive」＝形容詞、「-tion」＝名詞と覚えておくと便利です。 ▶【Day 12】

7. This will cost **us a lot of money**.

これには私たちに多額の費用がかかる。

「他動詞cost O_1［人］＋O_2［費用］」（O_1［人］にO_2［費用］がかかる）の語順です。前置詞を用いてusを後ろに置くパターンはcostにはありません。 ▶【Day 11】

[3]

1. Now my **skin feels soft** and smooth.

今、自分の肌の手触りが柔らかくて滑らかだよ。

「物を表す主語（S）＋自動詞feel＋補語C（形容詞）」で「（物が）Cの感じがする」という意味の表現になります。事実をストレートに表現するのであればfeelsをisで言い換えてもかまいませんが、この文意のように「感覚の印象」を述べる場合はfeelが自然です。＊形容詞smooth（滑らかな） ▶【Day 10】

2. I **got home** late yesterday.

昨日は帰宅が遅かった。

「自動詞get＋場所を示す副詞home」で「帰宅する」という意味になります。came homeも文法的にOKですが、家で待っている側の視点になります。went homeは外から家に向けて帰路に着いたという意味になります。＊副詞late（遅く） ▶【Day 09】

3. His hair **looks like** a wig.

彼の髪はカツラのように見える。

「look like＋名詞」で「～のように見える」。外見（外観）について印象を述べる表現です。 ▶【Day 10】

4. Honestly, this **made me** sick.

正直、これにはムカついた。

「他動詞make OC」で「OをCの状態にさせる」という意味ですが、ここでは主語Sが原因で、Cの状態になってしまったことを表しています。
＊副詞honestly（正直に言って）　形容詞sick（うんざりして） ▶【Day 12】

5. This burger **looks big** on the menu.

このバーガーはメニューでは大きく見える。

「自動詞look＋補語C」で「Cに見える、Cのようだ」という意味になります。見た目の様子を表現し、lookは形容詞を補語Cに使います。名詞を続ける場合は問題［3］の3のようにlook likeとします。未習ですが、比較級bigger（より大きい）としても自然です。
＊文法的にはlargeでもかまいませんが、ニュアンスが異なります。bigは「大きい」を指す代表的な単語で主観的な感覚を表現し、largeはどちらかというと実際のサイズに基づいて一般的に普通のサイズよりも大きいことを客観的に表現します。 ▶【Day 10】

6. I **lent my bike to** Jim last week. I haven't got it back yet.

自転車をジムに先週貸した。まだ戻ってこないぞ。

「他動詞lend O to＋人」で「Oを（人）に貸す」という意味になります。借りてくれる相手がいなければ成立しないため、「到達」ニュアンスの前置詞toを伴います。＊get O back（Oを返してもらう、取り返す） ▶【Day 11】

7. It's been **getting hot** recently.

最近、暑くなってきている。

「自動詞get＋補語C」で「〜（の状態）になる」という意味になります。この意味では形容詞（ここではhot）を用います。getは変化を示しますが、現在完了進行形にすることで、ある過去の時点から現在までの一定期間の変化の様子「だんだん〜の状態になってきている」を表現します。

＊副詞recently（最近）　▶【Day 10】

8. Daisy always **keeps her desk clean**.

デイジーはいつもデスクをきれいにしている。

「他動詞keep OC」で「OをCの状態のままにしておく」という意味です。OC ＝ O is Cですからher desk is clean（彼女のデスクはきれいだ）という状態をキープしているというニュアンスです。　▶【Day 12】

9. **She became** a manager at 27.

彼女は27歳で店長になった。

「自動詞become＋補語C（名詞）」で「〜になる」という意味です。getは同じ「〜になる」という意味でも名詞を補語Cにできませんが、becomeは名詞と形容詞の両方を補語Cとして使えます。

＊「前置詞at＋数字」（〜歳で）　▶【Day 10】

SHUFFLE クイズ 4 　　（各4点×25　(a)(b)(c)は各4点【完答】）

🔊》34

*スペルミスは1点減点で、合格点80点を目指しましょう。
*間違えた問題は各解説に明記しているDayを復習しましょう。

[1]

1. I couldn't sleep very **well** that night.

私はあの夜、よく眠れなかった。

自動詞sleepを修飾できるのは副詞well（よく、十分に）です。形容詞goodは動詞を修飾できません。　▶【Day 16】

2. There was **a fire** right next to our house.

私たちの家のすぐ隣で火事があった。

「火事」の意味ではfireは可算名詞になるため「1件の火事」の意味でa fireとします。「right next to＋名詞」（～のすぐ隣で）で、この副詞right（まさに）はnext to ～（～の隣り）を強調しています。　▶【Day 13】

3. **What** do you think about his plan?

彼の計画についてどう思う？

thinkの中身の情報（＝意見）を尋ねる場合はwhatを用います。「どう」＝疑問詞howとは限りませんので注意しましょう。　▶【Day 18/19】

4. **This story is wonderful**.

この話、素晴らしいよ。

文法的にはどちらの英文でも正解ですが、補語として後ろに形容詞だけを置いた場合、一時的な気持ち（その場で感じていること）が表現できます。シンプルに、これはこんな物語だと相手に紹介をする場合はThis is ...でかまいません。　▶【Day 16/14】

5. Can you pick me up at **the** airport?

空港まで迎えにきてくれませんか?

不定冠詞an airportはどこか1つの空港まで迎えにきてくれという意味で不自然なニュアンスになります。このようなお願いをする場面では、自分がどの空港について話しているのかは相手が理解している前提で話しますので、情報共有のニュアンスがあるthe airportが自然です。 ▶【Day 15】

6. Let's **go** downstairs.

下の階に行こう。

「自動詞+副詞」のパターンです。downstairs(下の階へ、1階へ)は副詞のため前置詞は不要です。ちなみに「勧誘表現Let's+動詞の原形」(〜しましょう)は、相手からすでに了承をもらっている感覚で行動を促すため、いきなりこの表現を用いると唐突に聞こえる場合があります。
▶【Day 17/16】

[2]

1. One hundred ten years ago today, the Titanic left England **for** New York.

110年前の今日、タイタニック号はニューヨークに向けてイギリスを出航した。

他動詞leave O for ...で「…に向けてOを出発する」という表現になります。「方向」ニュアンスの前置詞forです。＊〜 years ago today(〜年前の今日)
▶【Day 17】

2. **What** was the weather like in Kobe today?

今日の神戸の天気はどうでしたか?

「前置詞like+目的語(名詞)」(〜のような)の目的語(名詞)部分を尋ねる疑問代名詞のwhatが正解です。howは疑問副詞で目的語の部分を置き換えることはできません。What 〜 like?で「〜はどんなものなのか?」と相手に印象を尋ねることができます。前置詞likeがなければHow was the weather in Kobe today?とhowで尋ねることができます。 ▶【Day 18】

3. James has a lot of money, so he will lend **it** to the owners.

ジェームズはたくさんお金があるので、そのオーナーたちに貸してあげるだろう。

a lot of moneyを言い換えた代名詞itです。a lot ofで修飾されても money自体は不可算名詞のためitになります。

＊「他動詞lend O to ...」（Oを…に貸す）　▶【Day 14】

4. <u>**What**</u> brought you to Osaka?

どうして大阪に来たの？

― I'm here for work.

― 仕事で来ました。

broughtを動詞と考えると疑問詞が主語の働きも兼ねていると判断できます。主語＝名詞ですから、疑問代名詞であるWhoまたはWhatが正解です。返答内容を見ると、for work（仕事のために）と目的を答えていますので、人物を尋ねるwhoは合いません。What brought[口語ではbrings] you to ＋場所？で相手の滞在目的を尋ねる表現になります。Why did you come to …？で言い換えることができます。＊Whyは疑問副詞のため英文の主語の位置には置けません。　▶【Day 18】

5. Just add **a little** salt and pepper.

塩と胡椒を少々加えてください。

不可算名詞に用いることができるのは形容詞a little（少しの）のみ。saltとpepperなど調味料は基本的に不可算名詞です。　▶【Day 16/13】

6. Can I open **the** window? It's getting hot in here.

窓を開けてもいいですか。ここの中は暑くなってきました。

情報共有ができている名詞には定冠詞theを用います。開けたい窓はお互いにどの窓を指しているのか、同じ場所にいる相手は理解していると考えます。hereは「ここ」という意味では基本的に副詞で前置詞は置けませんが、in this room/building「この部屋[建物]の中」という意味で、囲まれた室内を指してhereと言ってる場合はhereは、不可算名詞扱いになります。　▶【Day 15】

7. We had **lots of** snow yesterday.

昨日、たくさん雪が降った。

不可算名詞snowを修飾できるのはlots of（たくさんの）です。a lot ofよりも口語的になります。much単体で、肯定文で用いるのは一般的ではありません。また、we have snowで「雪が降る」（= it snows）と解釈しましょう。この他動詞haveはexperience（経験する）の意味です。　▶【Day 16】

[3]

1. (a)**They** need (b)**some help**!

彼女たちは助けが必要だ！

(a) sheの複数形はthey（彼女たち）です。(b)「助け」は不可算名詞でhelpと原形で用いますので、1つ余った空所に形容詞someを置いたものです。someがあってもなくても（特に文法的に）大差はありませんが、someがあることで、「少しでも助けが必要だ」と支援の数に焦点が当たっています。「何らかの助け」「ちょっとした助け」みたいな雰囲気になるのがこのsomeで、語感的に落ち着くため不可算名詞とセットでよく使われます。　▶【(a) Day 14　(b) Day 16/13】

2. **How many sizes are** there?

【カフェの店内】サイズは何種類ありますか？

数を尋ねるHow many＋複数名詞 …?（どれくらいの…?）のカタチです。この表現にthere are＋複数名詞（～がある）の疑問文are thereを用いたものです。＊一般動詞haveを用いて、How many sizes do you have?のように表現することもできます。　▶【Day 19/15】

3. It's (a)**almost** 11:00 p.m. and I'm (b)**still** (c)**at** work.

もうすぐ午後11時で、僕はまだ仕事中だ。

(a) 副詞almost（もうすぐ）。 (b) 副詞still（まだ～）。それぞれの副詞は後ろの表現を修飾しています。(c)「点」ニュアンスの前置詞at＋名詞です。at work（仕事中で）。仕事時間を点で捉えたものです。　▶【(a) Day 16

(b) Day 16　(c) Day 17】

4. Would you like **some cheese** with your fries?

ポテトにチーズはいかがですか?

Would you like ～?（～はいかがですか?）。相手に提案をする場面では疑問文でもanyではなくsomeを用いるのが自然です。形容詞some＋不可算名詞cheese（チーズ）の語順です。＊前置詞with（～と一緒に）　名詞fries（[米語] フライドポテト）▶【Day 16/13】

5. (a)**How was** (b)**your[the]** flight (c)**from** Florida **to** Chicago?

フロリダからシカゴまでのフライトはどうだったの?

— It was scary, too windy outside.

—怖かったよ、外の風が強すぎて。

(a)「How was＋名詞?」で「～はどうだった?」と相手に感想を尋ねる表現になります。疑問副詞howは「感じ」を尋ねます。(b) 感想を尋ねる場面ですから、お互いに「どの話」をしているのか共有できていますので定冠詞theや、より強調した所有格の代名詞yourを用います。(c) 前置詞from A to B（AからBまで）のセット表現です。▶【(a) Day 19　(b) Day 14/15 (c) Day 17】

6. My Wi-Fi is getting old. I want **a new one**.

Wi-Fiが古くなってきた。新しいのが欲しいな。

a new Wi-Fiを指してa new oneとします。代名詞oneは「a/an＋名詞」を「～なもの」という感じで置き換えることができます。この場面でitを用いると、特定の今所有している古いWi-Fi機器を指すことになり不自然です。▶【Day 14/15/16】

7. **Do** you know **where she was**?

彼女がどこにいたのか知ってる?

全体としては普通の一般動詞の疑問文「Do you know ...?」(あなたは…を知ってますか?)です。この他動詞knowの目的語に今回は間接疑問を用いたものです。Where was she? (どこに彼女はいたの?) を間接疑問にするとwhere she was (どこに彼女がいたのか) と「疑問詞+SV」の語順になります。本当の疑問文ではないため主語とbe動詞の倒置が起こらないわけですね。 ▶【Day 18/19】

SHUFFLE クイズ **5**   （各4点×25　(a)(b)(c)は各4点【完答】）

🔊 35

*スペルミスは1点減点で、合格点80点を目指しましょう。
*間違えた問題は各解説に明記しているDayを復習しましょう。

[1]

1. I **could** eat anything after my workout.

運動のあとは、何だって食べられるよ。

文法的にcanを用いても問題はありませんが、「何だって食べれるくらい空腹だ」のような誇張した例え話で、話し手の中で実現の可能性を低く考えている場合は仮定法過去形couldを用いると自然です。　▶【Day 20】

2. This morning, **my backpack was stolen** with my new iPad.

今朝、私は新しいiPadと一緒にバックパックを盗まれた。

「他動詞stole＋目的語my backpack」（私のバックパックを盗んだ）の目的語を主語にした受動態ですから、主語に「人」は用いられません。stealは「(物)を盗む」という意味で、人を目的語にはできません。「steal＋[物]＋from＋[人]」（[人]から[物]を盗む）のように使います。日常生活でよく使う動詞は辞書などでこうした語法を積極的にチェックしてください。
*未習ですが、使役動詞hadを用いてThis morning, I had my backpack stolen with my new iPad.としてもかまいません。　▶【Day 21】

3. He has two kids **and** both are married.

彼には2人の子どもがいるが、2人とも結婚している。

butは予想や期待に反する意外な展開（逆説）の内容を示すため、普通に子どもたちの話を続けているようなこの場面には合いません。
*代名詞both（両方）　be married（結婚している、既婚である）　▶【Day 24】

91

4. My iPhone is newer than **Tom's**.

私のiPhoneはトムより新しい。

形容詞newを比較級にして、比較対象をthanで示した文ですが、比較表現では「何」と「何」を比較しているのか厳密に考える必要があります。「私のiPhone」と「トムのiPhone」の比較ですから、Tom's (iPhone)とします。

▶【Day 22】

5. What **would** you do?

君だったらどうする?

(If you were me,) what would you do?「君が僕だったら、どうしますか?」という、仮定法過去の( )内が省略されたものと考えます。相手に自分の立場になってもらって、アドバイスを求めている場面です。

▶【Day 20】

[2]

1. The use of tents **will be prohibited** in this area.

このエリアではテントの使用は禁止されます。

他動詞prohibit(〜を禁止する)を能動態で用いると後ろに目的語(名詞)が必要ですが、この文は目的語になりそうなものが主語の位置にあるため、受動態と判断します。助動詞を用いた場合は「助動詞will be+過去分詞」(〜されるだろう)のカタチになります。能動態We will prohibit the use of tents in this area.とすると、主語が明らかになるため直接的な響きになります。 ▶【Day 21/04】

2. I had a toasted sandwich with chicken and salad inside. **It was made by my sister**. It tasted great.

中にチキンとサラダを入れたトーストサンドを食べた。姉[妹]が作ってくれたんだ。おいしかったよ。

トーストサンドを誰が作ったのかが新情報になるため、それを文末に置くように受動態「was+過去分詞made+by+動作主」にします。*副詞inside(中に)

▶【Day 21】

3. I got (a)**injured** on my leg while (b)**playing** catch with my son.

息子とキャッチボールをしていたら、足を怪我した。

(a) 受動態の口語表現「get+過去分詞（〜される）」[=be+過去分詞] を用いたものです。(b) 接続詞while I was playing catch ...（キャッチボールをしている間に）の下線部を省略したもので、口語ではよくあります。このwhileはwhenで言い換えても大差ありません。*他動詞injure（〜に怪我をさせる）▶【(a) Day 21　(b) Day 25】

4. If it **doesn't** rain tomorrow, we'll go.

明日、雨が降らなかったら行こう。

ifやwhenなどを用いて「〜なら…する」という条件を示す場合は、tomorrowなど未来を示す表現があっても現在形で表現します。この文は否定文（doesn't）ですね。▶【Day 25】

[3]

1. I (a)**don't think** this burger (b)**is cooked well** enough. It looks like raw meat.

このバーガーはちゃんと十分に調理されてないと思う。生肉みたいだ。

(a)「SはVではないと思う」は、thinkを否定文にしてI don't think (that) SVと表現します。(b) is cookedで「調理されている」という食事中の今のバーガーの状態を表現しているため、現在形isのままでOKです。元々は他動詞cook（〜を調理する）の受動態で用いた過去分詞cookedが形容詞化したものです。副詞well（よく、十分に）「厨房でちゃんとよく料理された」と過去の動作に焦点を当てて話すのであればwas cooked wellとしてもかまいません。*副詞enough（十分に）は後ろから前の副詞wellを修飾します。well enough（十分によく）▶【(a) Day 25　(b) Day 21/16】

93

2. (a)**Could[May] I** call you later?

あとで電話してもよろしいでしょうか?

　— Sure, after 1 o'clock (b)**would be** nice.

　— もちろん、午後1時以降がいいかな。

　(a) 許可を表すCan Iをより丁寧にしたCould I～?です。過去形にすることで相手との距離感を示し婉曲、つまり丁寧な響きが出ます。さらにかしこまった言い方のMay Iでも自然です。(b) will beは断定口調になりますので、それを過去形にすることで柔らかいトーンになります。

　▶【(a) Day 20/7　(b) Day 20】

3. I'm **glad[happy] you were able to** stay home with your kids.

あなたが子どもたちと一緒に家にいることができてよかったわ。

　「I'm glad [happy] 省略(接続詞that) SV」(Sが…ということを喜んでいる) の表現です。接続詞thatが省略されていますので、後ろには節 (S+V …) としてyou were …が続きます。助動詞canは「実際にあのとき～ができた」という場面で用いる過去形were able toにします。　▶【Day 25/07】

4. I won't **tell her I'm** with Jessie.

僕がジェシーと一緒ってことは彼女には言わない。

　「他動詞tell+O₁[人]+O₂[(接続詞that)SV …]」(O₁[人]にO₂ということを話す)。tellは目的語に「人」とthat節を置くことができます。say、talk、speakにこの文型はありません。「be with+人」(～と一緒にいる)。　▶【Day 25/11】

5. My wife's favorite bakery (a)**was closed** today. I thought (b)**it was open** every day.

妻が大好きなパン屋が今日閉まってた。毎日営業していると思ってたんだけど。

　(a) 他動詞close (～を閉める) の受動態be closedを過去形にしたものです。(b) be動詞+形容詞openには「営業している」「開いている」という

意味があり、これを用いるのが自然なのでこの意味でわざわざ受動態be openedを用いる必要はありません。「I think（接続詞that）SV」（Sが…ということを思う）の表現は、thinkが過去形thoughtになると後ろのisも過去形wasになるという時制の一致のルールが基本です。前が過去なら後ろも過去時制になると覚えておきましょう。

▶【(a) Day 21　(b) Day 21/25/16】

6. Who (a)**is more** jealous, men (b)**or women**?

男性と女性、どちらが嫉妬深い?

(a) 比較して、「どちらのほうが」という文ですので形容詞jealous（嫉妬深い）の比較級more jealousとします。(b) 選択を示す接続詞or（～か…）の前後は基本的に同じ文法が使われるため、複数形の名詞menに対して、同じ複数形の名詞womenを用いましょう。＊形容詞jealous（嫉妬深い）

▶【(a) Day 22　(b) Day 24】

7. I had (a)**the worst day** ever at work, (b)**but I hope** it (c)**gets better** soon.

職場で、今までで最悪の日だったけど、すぐに状況が良くなるといいんだけどな。

(a) a bad dayの最上級the worst dayです。副詞ever（かつて、今まで）は比較級や最上級の強調表現です。(b) ネガティブな話から、一転、ポジティブな気持ちが出ている話の流れから「～だけど…」という感じで用いる接続詞butが自然です。(c)「I hope（接続詞that）SV」（Sが…ということを願う）の表現は、hopeを用いるとこれから先の事柄に対する願いであることが明確なため、will getではなく現在形getsを用いてもOKです。「自動詞get＋補語C（形容詞）」（～になる）の補語にgoodの比較級better（もっと良く）を用いています。＊at work（職場で）

▶【(a) Day 22　(b) Day 24/25　(c) Day 22/10】

8. I wish I (a)**could** eat (b)**as much as** I used to (do).

昔と同じくらいの量を食べられればいいのに。

(a) wishをhopeの場合と比較しましょう。「I wish（接続詞that）S＋仮定法

過去形V」（Sが…すればいいのに）で、現実的なことを願うhopeとは異なり、現実に起こる可能性が低いことを願うwishでは後ろを仮定法過去形にします。ここではcanの仮定法過去形couldです。(b) as much asは「同じくらいの量」を示し、現在の状況と過去の状況を比較しています。I used to do[=eat]のused toは過去の習慣を示します。文末のdoは省略できます。 ▶【(a) Day 20　(b) Day 23】

SHUFFLE クイズ 6

（各4点×25　(a)(b)は各4点【完答】）

🔊》 36

- -

＊スペルミスは1点減点で、合格点80点を目指しましょう。

＊間違えた問題は各解説に明記しているDayを復習しましょう。

[1]

1. One of my hobbies is **cooking**.

私の趣味の1つは料理をすることだ。

実際に習慣としておこなうような事柄の説明には現実志向の動名詞cookingが自然です。　▶【Day 27】

2. I'll **have my order checked**.

注文を調べてもらいます。

自分でするのではなく「O（モノ）を〜してもらう」という意味では使役動詞「have O＋過去分詞」のカタチを用います。　▶【Day 29/28】

3. Please stop **crying** and tell me what happened.

泣くのをやめて、何があったのか僕に教えてください。

「〜するのをやめる」は「他動詞stop＋動名詞-ing」にします。不定詞を用いた場合は「自動詞stop to do」（〜するために立ち止まる）という別の表現になります。what happened（何が起こったのか）は間接疑問（＝名詞の働き）で、「tell O$_1$ O$_2$」（O$_1$にO$_2$を話す）のO$_2$として用いられています。　▶【Day 27】

4. I heard the dog **barking** outside.

外でずっと犬が吠えているのが聞こえた。

the dog was barking（犬が吠えていた）の状態を聞いたという場合は現在分詞barkingを用いるのが自然です。原形不定詞barkは文法的には問題

ありませんが、ニュアンスとして「犬が1回吠える」のを聞いたことになるため文意と合いません。　▶【Day 29/28】

[2]

1. There was a guy **lying** down on a bench.

ベンチで横になっている人がいたんだ。

「〜している」という意味の現在分詞lyingで名詞a guyを修飾させたカタチです。lie downは「横になる」という自動詞の表現です。

＊自動詞lieの過去形はlay、過去分詞形はlainです。過去形には修飾の働きはありません。
　▶【Day 28/15】

2. She likes the man who **lives** next door.

彼女は隣に住んでいるその男性のことが好きだ。

She likes the man. He lives next door.のHeを主格の関係代名詞whoにしてthe manを後ろから説明するようにつなげたカタチです。whoがなければ現在分詞livingでも正解です。　▶【Day 30/28】

3. I'm getting used to **eating** alone at a restaurant.

1人でレストランで食事するのに慣れてきた。

get used to＋動名詞-ing（…することに慣れる）。このtoは前置詞のため、後ろは名詞または動名詞が来ます。変化を示すgetを進行形にすると「だんだん…になってきている」と徐々に変化している状況を伝えることができます。　▶【Day 27/17】

4. "Love is **putting** someone else's needs before yours."
Olaf, *Frozen*

「愛とは自分より相手のことを先に思うこと」　オラフ『アナと雪の女王』

補語（C）として、動名詞puttingを用いたものです。直前にbe動詞がありますが現在進行形ではないため解釈に注意しましょう。＊put someone's need before one's own「自分よりも（人）の要求を優先する」　▶【Day 27】

5. What (a)**made** you decide (b)**to give** up smoking?

どうしてタバコを吸うのをやめたの?

(a)「What made you+動詞の原形(原形不定詞)?」の直訳は「何があなた
を…させたのか」になりますが、Why did you ... ?「なぜ…したの?」と同じ
ニュアンスです。この使役動詞makeは「ある状況からそうせざるを得ない」
といったニュアンスで用いることができますが、whyで尋ねるよりも間接的な
響きになるため、使役動詞makeを用いた表現はよく用いられます。(b)「他
動詞decide to do」(…することに決める)。先のことを決めるわけですから、
未来志向の不定詞と合わせて用いられます。ちなみに、give upには「(習慣)
をやめる」という意味があり、目的語には動名詞を用います。現実志向の動
名詞がgive upには合うからですね。 ▶【(a) Day 29/18 (b) Day 27】

6. It was such a long and (a) **boring** speech. The students were all
(b) **bored**.

とても長くて退屈なスピーチだった。生徒たちはみんな退屈していた。

boringとboredはともに元々は「他動詞bore+[人]」([人]を退屈させる)
を分詞に変化させたものです。(a) 物事の状況や様子を示す場合は現在
分詞boring(退屈な)を用います。ここでは名詞speechを形容詞の働き
をするboringが修飾しています。(b) 主語(S)The students=「人」の気
持ちを表現する場合は過去分詞bored(退屈している)を用います。文法
的には人を主語にした受動態の構造です。boringと同じ形容詞の働きで
すが、このboredは主語(S)の説明をする補語(C)として置かれています。
 ▶【(a) Day 28/16 (b) Day 28/16】

[3]

1. My dream (a) **is to win** the lottery (b) **and buy** a private jet.

夢は宝くじに当選し、プライベートジェットを購入することだ。

(a)「夢」を説明する「未来志向」の「不定詞to do」(〜すること)です。
win the lottery(宝くじに当選する)。(b) 夢の内容をandでまとめたも
のです。「接続詞and (to) buy」(〜と…すること)。to buy a private jet

（ジェット機を買うために）としても文法的にはOKですが、ジェット機を買うために当選確率がかなり低いものに掛けて宝くじを買うと言うのは一般的に不自然で、買うために転職するだったり貯金をするといった文脈であればこの解答も自然だと言えます。 ▶【(a) Day 26/10 (b) Day 26/24】

2. You **made me do** this!

お前が俺にこれをさせたんだろ！

相手の意志に関係なく行動させる「使役動詞make O+動詞の原形（原形不定詞）」（Oに〜させる）です。仕方がなくだったり嫌がるのに無理矢理といった状況で用いると自然です。 ▶【Day 29】

3. Do you remember the chapel **where we had** our wedding?

私たちが結婚式を挙げたチャペルを覚えてる？

We had our wedding there.（私たちはそこで結婚式を挙げた）の副詞thereを関係副詞whereにしたものです。「where節＝場所を説明する表現」で、名詞the chapelを修飾しています。副詞部分を関係代名詞thatで言い換えることはできません。 ▶【Day 30】

4. That is a **beach that[which] is** a five-minute walk from our house.

それは家から徒歩5分のビーチだ。

It[=The beach] is a five-minute walk from our house.（それは家から徒歩5分だ）。この主語（S）Itを主格の関係代名詞that[which]にしたものです。「that[which]を用いた関係代名詞節＝形容詞節」で、名詞a beachを後ろから修飾しています。＊a five-minute walk from 〜（〜から徒歩5分）。five-minuteはハイフン（ - ）で2語を1語の形容詞表現にしており、その場合はminuteは複数形minutesにする必要はありません。 ▶【Day 30】

5. Please **let me[us] know** if you have any questions.

何かご質問があればお知らせください。

「使役動詞let O＋動詞の原形」（Oが…するのを許す）。したいことをさせてあげるというニュアンスで用います。「let O know」で「（人）に知らせる」という1つの表現として覚えておきましょう。 ▶【Day 29】

6. (a) **Climbing** mountains (b) **to see** the sun **rise[rising]** is our favorite thing.

日の出を見に、山に登るのが私たちは大好きなんだ。

(a) 他動詞climb（〜に登る）の動名詞climbing（登ること）をisに対する主語（S）として用いたものです。(b) 動作の目的を表す不定詞to do（〜するために）に、知覚動詞seeを用いたものです。「知覚動詞see O＋動詞の原形」（Oが…するのを見る）で、太陽が完全に出るまでの一連を見るニュアンスです。太陽が昇り始めてから昇りきるまでの途中を見るという意味では現在分詞risingでもOKです。

＊自然現象をただ見るという意味ではseeが自然で、観察するという感覚であればwatchを用いることも可能です。 ▶【(a) Day 27　(b) Day 26/29/28】

7. (a) **It's important for us to** (b) **try to help** others.

他人を助けようと努力するのが私たちにとって重要だ。

(a)「It is 形容詞 for＋人＋to do」（[人] にとって…することは〜だ）。for us to try ＝ we tryのニュアンスです。(b)「他動詞try to do」で「…しようとする、努める」。＊名詞others（他人） ▶【(a) Day 26　(b) Day 27】

8. I'll have **what you're having[eating]**.

【レストランでの会話】君が食べてるものを僕も貰うよ。

関係代名詞what SV＝名詞節で、他動詞haveの目的語（O）になっています。関係代名詞whatは「〜するもの、〜すること」の意味で覚えておくと便利に使えます。have ＝ eatで、誰かと食事をする意味ではeatよりもhaveが自然です。 ▶【Day 30/01】

[4]

1. Do you **want me to have him call you** back?

彼に電話をかけなおさせましょうか?

Do you want me to do ...? の直訳は「あなたは私に…してほしいですか?」になりますが、「…しましょうか」という申し出の表現Shall I ...?で言い換えることができます(= Shall I have him call you back?)。「使役動詞have O+動詞の原形」で「Oに…してもらう」という表現になります。頼んで何かをしてもらえるような関係性で用います。

＊「call＋人＋back」([人]に電話を折り返す)　▶【Day 27/29】

2. **The seafood salad my wife made me is so good**.

妻が僕に作ってくれたシーフードサラダはとてもおいしい。

「名詞＋SV」を用いて、名詞The seafood saladの後ろに説明my wife made me(妻が僕に作ってくれた)を置いた語順です。主語The seafood saladに対する動詞は後ろのbe動詞isで、修飾表現が文中に置かれる場合、メインのSに対するVをしっかり捉えるようにしましょう。

▶【Day 30/11/10】

定 着 度 評 価

GRADE A ···90点以上

この範囲に関しては比較的知識が安定していると言えますが、間違った箇所に関連するDayは特に演習の復習と解説の精読を徹底してください。また解説が自分の考えと一致しているのか、ひと手間かけて、正解した問題も完全に自分のものにできれば完璧です。

GRADE B ···80点以上

合格点です。誤答問題に関連するDayを復習しましょう。また、別冊解答にあるポイントと自分の考えが一致してるのかをチェックし、まだ自信がないDayの精読と演習の復習を徹底しましょう。少し時間を置いてから、再度シャッフルクイズに取り組んでみましょう。

GRADE C ···70点以上

全体的に要復習です。もう一度やり直すつもりで、全てのDayを復習してください。別冊の演習問題の解説も、正解した問題も含めてすべてしっかり精読することも重要です。苦手意識が強いDayの場合は、一旦先に進めて、経験を重ねてから戻るのもOKです。

コア英文法修了テスト

🔊 37

*スペルミスは1点減点です。

*間違えた問題は各解説に明記しているDayを復習しましょう。

[1] (2点×8[16点])

1. I found there (a)**was** no milk (b)**left** in the fridge.

冷蔵庫にはミルクが全然残っていないことに気づいた。

(a)「there is+不可算名詞」(〜がある)の過去形で、was noはwasn't anyで言い換え可能。theやmyなどがつかない不特定ニュアンスの名詞の存在を伝える表現です。(b)「there is/are+名詞+過去分詞left」(〜が残っている)。過去分詞の形容詞句left in the fridgeが後ろから前の名詞milkを修飾しています。 ▶【(a) Day 15/02　(b) Day 28】

2. I work for a company that **pays** me well.

給料がいい会社に勤めている。

I work for a company.とIt[=The company] pays me well.を主格の関係代名詞thatで1文にしたものです。主語(S)のItをthatにして、that pays me wellがa company(=先行詞の名詞)を後ろから説明する形容詞節となっています。 ▶【Day 30/01】

3. Maybe I should **have gotten[got]** married five years ago.

たぶん5年前に結婚してればよかった。

five years agoより、時制は過去とわかります。「助動詞should+完了形」(〜するべきだった)で過去の事柄に対する後悔の気持ちが表現できます。get marriedは「結婚する」。このgetと同じ意味のbecome(〜になる)を用いてbecome marriedとはあまり言いません。 ▶【Day 08】

4. She's (a)**looking** forward to (b)**meeting** you.

   彼女はあなたに会うのを楽しみにしている。

   (a) She's = She isで、現在進行形is lookingで考えます。今の一時的な
   ワクワクしている心境を進行形で表現しています。(b)「look forward to
   +動名詞」(…することを楽しみに待つ)。このtoは前置詞で、後ろには
   動名詞または名詞を置きます。 ▶【(a) Day 01　(b) Day 27/17】

5. My brother told me (a)**to enter** his room (b)**quietly**.

   弟[兄]は私に、静かに部屋に入るように言った。

   (a)「他動詞tell O to do」(Oに…するように言う)。このOは不定詞の
   動作主で、me to enter = I enterのニュアンスがあります。(b) 他動詞
   enterを修飾する副詞quietly (静かに)。「形容詞+ly」=副詞のパターン
   が多いです。 ▶【(a) Day 27/09　(b) Day 16】

[2] (2点×25[50点])

1. If your card has (a)**been lost**, you should contact (b)**us** as
   (c)**soon** as possible.

   カードを紛失された場合は、すぐに当社にご連絡をお願いします。

   カードは「人」に失くされたと考え、受動態be lostとし、これを「～してしまっ
   た」という完了・結果を表す現在完了形has been lostにしたものです。(b)
   「他動詞contact+目的格の代名詞us (当社に[私たちに])」。(c) 同等比
   較のas内では原級soonを用います。as soon as possible (できるだけ早く)。
   ▶【(a) Day 21/25/05　(b) Day 14/09　(c) Day 23】

2. Wow, this (a)**video is good**. I'll show (b)**it to Emma**.

   うわぁ、この動画いいねぇ。エマに見せるよ。

   (a) 同じ形容詞goodでも、名詞に説明を加える働きで用いたthis is a 修
   飾語good video (これはいい動画です) は、単純に動画の性質を人に紹
   介する場面でよく使われます。対して、この文のように補語として用いる
   と、その場の心情をストレートに表現したような響きになります。(b)「他

動詞show O₁＋O₂」（O₁［人］にO₂［物］を見せる、教える）を言い換えた「show O to＋人」（Oを〜に見せる、教える）。ここではEmmaが新情報のため、これを文末に置くように語順を工夫します。　▶【(a) Day 14/16 (b) Day 11】

3. (a)**You've been driving** (b)**for** almost three hours. Let's drop by (c)**the** next service area.

もう3時間近くずっと運転してるよ。次のサービスエリアに寄ろう。

（a）2文目の内容より、引き続き運転が続くことを示唆する現在完了進行形have been drivingを用いると自然です。（b）前置詞for＋継続時間（〜間）。副詞almost（もう少しで）。（c）next（次の）は順番を示し、どの名詞を指すのかが特定されるため定冠詞theを用いるのが自然です。＊drop by 〜（〜に立ち寄る）　▶【(a) Day 06　(b) Day 17 (c) Day 15】

4. His office (a)**furniture** seems (b)**expensive**.

彼のオフィスの家具は高価らしい。

（a）furniture（家具）は「家具類」のニュアンスで総称的に用いるため不可算名詞で、原形のみです。動詞に3人称単数現在形の-sがあることからも判断できます。（b）主観的な感想・意見を述べる「自動詞seem＋形容詞」（〜のようだ）。この形容詞は補語の働きです。expensively（高い値段で）は副詞で、副詞は補語にはなれないのが原則です。＊「形容詞＋ly」で副詞になります。likeは前置詞のため「seem like ＋名詞」（〜のようだ）の形で用います。（例）His job seems＋前置詞like＋名詞a child's play.（彼の仕事は非常に簡単なようだ）　▶【(a) Day 13　(b) Day 10/16】

5. She never (a)**lets** her kids (b)**buy** capsule toys (c)**called** Gacha Gacha.

彼女は、ガチャガチャと呼ばれるカプセル玩具を子供たちに絶対に買わせない。

(a) 3人称単数sheに合わせて3人称単数現在形letsにします。否定語の副詞never（決して〜しない）で修飾されても否定文ではないため、原形は誤りです。(b)「使役動詞let O＋動詞の原形buy（原形不定詞）」（Oが…するのを許す）。her kids buy（彼女の子供たちは〜を買う）を許さないという意味になります。(c) 過去分詞called＋補語C（Cと呼ばれる）で1つの形容詞句となり、前の名詞capsule toysを修飾しています。「call O C」（OをCと呼ぶ）が元の形です。

　▶【(a) Day 29/01　(b) Day 29　(c) Day 28】

6. I think you must (a)**have made** a mistake on this bill. I've been (b)**charged** $30 for (c)**drinking** this wine, (d)**but** I didn't drink any alcohol at all.

この請求書きっと間違えてると思うんです。このワインの飲み代として、僕は30ドル請求されてるけど、アルコールは全く飲まなかったです。

(a)「助動詞must＋完了形」（〜したに違いない）で過去の事柄に対する可能性（推量）を表現します。make a mistake（ミスをする）(b)「他動詞charge O₁ O₂ for 〜」（〜の対価として、O₁[人]にO₂[代金]を請求する）。元の形はcharge me $30 for（〜の対価として私に30ドル請求する）で、このO₁のmeを主語にした受動態I am charged $30 forを、さらに完了ニュアンスの現在完了形I have been charged $30 forにしたものです。amの部分を現在完了にするとhave beenになります。(c) 前置詞forの後ろに動詞を置く場合は動名詞drinking（〜を飲むこと）になります。(d)状況から意外な話の展開を示す接続詞but（〜でも…）が自然です。

　▶【(a) Day 08　(b) Day 21/05　(c) Day 27　(d) Day 24】

7. Who (a)**made** hot chocolate (b)**for** Kaho? She (c)**said** it (d)**made** her feel better.

誰がカホにホットチョコレートを作ってあげたの？ 彼女はそのおかげで気分が良くなったと言ってたよ。

(a)「S made …」（Sは…を作った）の主語Sを尋ねる疑問詞who（誰が…したのか）。主語にwhoを用いるだけで過去形madeはそのままにします。(b)「make O for＋［人］」（［人］のためにOを作る）。Kahoに焦点が当たっています。(c)「他動詞say＋（接続詞that）SV」（SはVするということを話す）。tellは直接that節を後ろに置くことはできません。(d)「使役動詞make O＋動詞の原形」で「主語によって、自然とOがfeelしてしまう」というニュアンスです。「自動詞feel C」（Cと感じる）で、Cに形容詞goodの比較級betterを用いています。

▶【(a) Day 18/02　(b) Day 11/17　(c) Day 09/02/25 (d)Day 29/02】

8. **She's going to have** a baby next month.

来月、彼女は赤ちゃんが産まれるそうです。

状況予測の「be going to＋動詞の原形」（〜しそうだ）。出産前には、ある程度、胎動やエコー検診などから状況を把握した上で予測ができるため、be going toが自然です。 ▶【Day 03/04】

9. **What** does Mr. Tanaka look like?

［見た目］タナカ先生はどんな人？

見た目を示す「look like＋名詞」（〜のように見える）の名詞部分を疑問詞whatで尋ねたものです。このlikeは前置詞です。whatは名詞または形容詞の部分を「何（の）」という意味で尋ねることができます。 ▶【Day 18/17】

10. He did it, (a)**so** it (b)**can't** be my fault, right?

彼がやったんだから、それは僕の責任じゃ絶対ないよね?

（a）過去の出来事（He did it）を原因として、その結果、今の状況を伝える接続詞so（〜だから…）を用います。（b）可能性を否定するcan't（〜であるはずがない）を用います。must notは「…してはいけない」という意味で禁止の表現になるため文脈に合いません。 ▶【(a) Day 24/02　(b) Day 08】

[3]（2点×34[68点]）

1. What **do you do**?

お仕事は何をされてますか?

現在の習慣を尋ねる現在形を用いて、他動詞do（〜をする）の内容をwhatで尋ねることで普段していること、つまり職業を間接的に尋ねる言い方になります。 ▶【Day 01】

2. I hear (a)**you're opening** (b)**a new store[shop]** in New York.

ニューヨークで新店舗を出すことになっているそうだね。

（a）準備が整った予定は現在進行形で表現できます。（b）冠詞+形容詞+単数名詞の基本語順。特定のあの店舗というニュアンスで話していないため不定冠詞のaを用いるのが自然です。 ▶【(a) Day 03/04 (b) Day 13/15/16】

3. Are you OK?

大丈夫?

— No, (a)**I've lost[I lost]** (b)**my glasses**.

— 大丈夫じゃないよ。メガネを失くしたんだ。

今現在も失くした状態が続いていることを明確にする現在完了形I've

lost。文法的には過去形I lostでも正解です。（b）「メガネ」は常に複数形glassesで表現します。「自分の」であることを示す「所有格の代名詞my＋名詞」。▶【(a) Day 05　(b) Day 13/14】

4. My weather app says it's **not going to rain** this week.

私の天気アプリでは、今週、雨は降らない予報だ。

何らかの根拠に基づいた予測を表すbe going toの否定文です。it's＝it isの短縮形。元のカタチはit rains（雨が降る）で、文法的にはit will not rainで言い換えてもかまいません。この場合、シンプルな先の予測になります。＊「無生物主語＋他動詞say」は「〜には…と書いてある」という意味。▶【Day 03/04】

5. If the traffic (a)**wasn't[weren't]** so bad, I (b)**would come here** (c)**more often** (d)**to see** you.

道が混んでないなら、もっと頻繁に会いにここに来るんだけどなぁ。

（a）the traffic isn't bad（交通は悪くない[→道は混んでいない]）を仮定法過去wasn'tを使って言い換えたものです。実際は道が混んでいることを間接的に伝えています。（b）if節を仮定法過去にすると、それに合わせて、主節は助動詞の過去形would（〜するだろう）を用います。「自動詞come＋場所を示す副詞here」（ここに来る）。（c）often（しばしば、よく）の比較級more often（もっと頻繁に）。現状と比較していることは明確なため比較対象を示すthan ...（…より）は不要です。moreは基本は「もっと」という意味で覚えておけば便利に使えます。▶【(a) Day 20　(b) Day 20/08/16　(c) Day 22/16 (d) Day 26】

6. My parents (a)**bought** something **for me**, but they didn't
(b)**tell me** (c)**what it was**.

両親は私に何か買ってくれたんだけど、それが何か私に教えてくれなかった。

(a)「他動詞buy O for＋人（〜にOを買う）」を過去形boughtにし
たものです。（b）「他動詞tell O₁＋O₂」で（O₁［人］にO₂［物］を教
える）です。（c）O₂の部分に名詞節となる間接疑問「疑問詞＋SV」
を用いています。What was it?（それは何でしたか?）を間接疑問に
するとwhat it was（それが何だったのか）と普通の語順に戻ります。
＊代名詞something（何か）

  ▶【(a) Day 02/11　(b) Day 11　(c) Day 19/14/02】

7. I **saw my husband playing** a smartphone game with my
kids.

夫が子供たちとスマホのゲームで遊んでいるのを見た。

「他動詞see O＋現在分詞-ing」（Oが…しているところを見る）。my
husband was playing（夫が遊んでいた）の場面をsawするというニュ
アンスです。　▶【Day 29/28/02】

8. (a)**I arrive[I'm arriving] at** Kobe Airport tomorrow.
(b)**How** (c)**should[can] I** go (d)**from there to** Sannomiya?

明日、神戸空港に到着です。どうやって、そこから三宮まで行けばいいですか?

— You can take a shuttle bus.

— シャトルバスに乗れるよ。

(a) 交通機関の定刻スケジュールは現在形が基本。文法的には現在進
行形で予定を表現することも可能ですが、もっと個人的に移動してい
る響きになります。（b）「手段」は疑問詞howで尋ねます。（c）疑問文
should Iで相手にアドバイスを求める表現として使える。単純に移動

手段として利用可能なオプションを尋ねる感じで「〜できますか?」の意味でcan I ... ?としてもOKです。「移動手段」を尋ねる場合はgo、「道順」を尋ねる場合は「到達」に焦点を置いたgetを用いるのが普通。(d)「前置詞from A to B」(AからBへ)。there (そこ、あそこ)は名詞の働きもあり、この文のように前置詞の目的語としても使えます。

▶【(a) Day 04/03/17　(b) Day 19　(c) Day 07　(d) Day 17】

9. I've (a)**been wanting to** (b)**visit London** (c)**since last** year.
去年からずっとロンドンを訪ねたいと思っていた。

(a) want to do (…したい)を現在完了進行形にしたもの。wantは状態動詞で現在完了形で十分に継続は表現できますが、完了進行形をあえて用いることで、気持ちの継続を誇張したような響きになります。(b)「他動詞visit+場所を示す名詞(目的語)」で「〜を訪れる」。(c)継続の始点を示す前置詞since (〜以来)。since last year (去年から)。

▶【(a) Day 06/26　(b) Day 09　(c) Day 17/06】

10. One of my (a)**students** (b)**won't do** any homework.
生徒の1人が宿題をまったくやろうとしない

— Well, (c)**you should** (d)**make the** student **do** it.
— う〜ん、無理やりさせたほうがいいよ。

(a) one of+複数名詞 (〜の中の1人・1つ)。(b) 意志を示す助動詞willの否定won't[will not] (どうしても…しようとしない)で拒否・拒絶が表現できます。他動詞do (〜する)。(c) You shouldで「…したほうがいい」と相手に助言ができます。(d) 相手の意志に関係なく無理にさせるというニュアンスの「使役動詞make O+動詞の原形 (原形不定詞)」。相手の発言から特定の生徒の話であると判断し、「定冠詞the

+名詞」を用います。＊間投詞wellを挟むことで、断言を避ける効果があります。

▶【(a) Day 13　(b) Day 04/07　(c) Day 07　(d) Day 29/15】

11. Her husband is (a)**younger than me**, (b)**but** I'm (c)**not as** experienced (d)**as he** is.

彼女の夫は年下だけど、僕は彼ほど経験豊かではない。

(a) 形容詞youngの比較級younger（もっと若い）＋比較対象を示す前置詞than（～より）。thanの後ろは目的格の代名詞meを置きます。than I amよりも口語的です。(b) 意外な話の展開を導く接続詞but（～しかし…）。(c)(d)「not as＋形容詞・副詞の原級＋as ～」（～ほど…でない）。過去分詞experiencedは形容詞で「経験豊かな」という意味。後ろのasはここでは接続詞としてas SVになっています。口語ではas himとしてもOKです。

▶【(a) Day 22/14　(b) Day 24　(c) Day 23　(d) Day 23】

12. I (a)**can't[cannot] remember** (b)**where I put** my bike.

自転車をどこに置いたのか思い出せない。

— Oh no, it (c)**might[may] have been stolen**.

— いやぁ、盗まれたのかもしれないよ。

(a) 能力のcanの否定形can't[cannot]（…できない）。can'tが基本で、cannotは語気を強めた感じです。他動詞remember（～を覚えている）。(b) 他動詞の目的語となる名詞節の間接疑問「疑問詞＋SV」。Where did I put my bike?（僕は自分の自転車をどこに置いたんだ？）を間接疑問にするとwhere I put my bikeとなります。(c) 他動詞steal it（それを盗む）の受動態it is stolen（それは盗まれる）に「～だったかもしれない」という過去の弱い可能性を表す「助動詞might[may]＋完了形」を用いたものです。「助動詞＋have been＋過

去分詞」のカタチになります。mightもmayも大きな差異はありません。

▶【(a) Day 07/09　(b) Day 19/02　(c) Day 08/21】

13. I (a)**shouldn't have watched[seen]** this movie (b)**because** it (c)**has made** me sad.

この映画を見なきゃよかった、そのせいで悲しい気分になったからね。

(a) 過去の行動に対する後悔を示す「shouldn't have＋過去分詞」（〜するべきではなかった［のにしてしまった］）。テレビやタブレットなどで鑑賞する場合は他動詞watchが基本で、映画館などスクリーンで見る場合はseeを用いるのが自然です。(b)「理由を説明する接続詞because SV」（なぜならSがVするから）。(c)「他動詞make OC」（OをCの状態にする）を現在完了形にしたもの。it made me sadでも文法的には正しく、現在完了形のほうが今もその心境が続いていることが明確になります。過去の出来事が現在も引きずっている感覚は、現在完了形でうまく表現することができます。　▶【(a) Day 08　(b) Day 25　(c) Day 12/05】

[4]（2点×3[6点]）

1. **Can you tell me when he will be** back?

いつ彼が戻るのか教えてくれませんか?

「他動詞tell O_1＋O_2」（O_1［人］にO_2［物］を教える）。O_2の部分に名詞節となる間接疑問「疑問詞＋SV」を用いたものです。When will he be back?（いつ彼は戻るだろうか?）を間接疑問にするとwhen he will be back（いつ彼が戻るのか）と普通の語順に戻ります。このwillはこれから先の予測を表現します。文全体は相手にお願いするCan you ...?（…してくれませんか?）の形です。　▶【Day 07/11/19/08】

2. Do you **want us to bring anything**?

何か持ってくものありますか？（何か持っていきましょうか？）

「〜しましょうか？」と、「Shall I ... ?」の言い換えとして使える「Do you want O to do ... ?」を用いています。us to bring = we bring のニュアンスです。代名詞something（何か）は疑問文と否定文では anythingになります。　▶【Day 27】

3. **When it started raining, I was washing my car**.

雨が降り出したとき、僕は洗車をしているところだった。

どちらも過去ですが、雨の降り始めた過去の時点は「接続詞When＋過去形」（Sが…したとき）で表現し、その前後での一時的な行動は過去進行形にするのが自然な組み合わせ。「他動詞start＋動名詞raining」（雨が降り始める）。文法的にはstarted to rainで言い換え可能です。ここでの文中のコンマは主語の位置を示す目印になります。

　▶【Day 25/02/27】

[5]　（2点×30 [60点]）

1. "Never give up on (a)**what** you **really want to do**. The person with big dreams is (b)**more powerful than** (c)**one with** all the facts." Albert Einstein

「自分が本当にやりたいことは絶対に諦めるな。大きな夢を持っている人は、ただ事実を並び立てるだけの人より強いのだから」アルバート・アインシュタイン

（a）関係代名詞what（〜するもの、こと）を用いた名詞節です。what は元々他動詞do（〜をする）の目的語であり、さらにwhat ... doが1つの名詞節となって前置詞onの目的語になっています。（b）形容詞 powerful（力強い）の比較級more powerfulに、「比較対象を示す前置詞than＋名詞」（〜より）が続いています。単純に力強さを示す形容

詞strong（強い）の比較級stronger thanで文法的には言い換え可能ですが、powerfulには「影響力の強さ」や「強い説得力」のニュアンスがあり、この文の表現にはこちらが適切です。(c) one = a personの意味です。この代名詞を後ろから、形容詞の働きをする前置詞句with ～（～を伴った）が修飾しています。主語のThe person with big dreamsの形と比較するように合わせてwithを後ろでも用いると自然です。＊give up on ～（～を断念する、～を見捨てる）　「否定の命令文Never＋動詞の原形」（絶対に～するな）　名詞fact（事実）

▶【(a) Day 30/26/16　(b) Day 22　(c) Day 14/17】

2. "All our dreams can come true, (a)**if we have** (b)**the courage** (c)**to** pursue them." Walt Disney

「夢は必ず叶う。それを追う勇気があれば」ウォルト・ディズニー

(a)「if S＋現在形have」（もし～があるなら）の形で、条件を表すif節内は現在形で表現できます。(b)「夢を追う」という「その勇気」というニュアンスで定冠詞theが用いられています。(c) 名詞the courage（勇気）に、説明を加える形容詞的用法の不定詞to pursue（追いかける[名詞]）。＊come true（現実になる）　目的格の代名詞them = all our dreams　他動詞pursue（～を追いかける）

▶【(a) Day 25/09　(b) Day 15/13　(c) Day 26】

3. "(a)**There is** no elevator (b)**to** success. You (c)**have to** take the stairs."

「成功へ向かうエレベーターなどない。階段で一歩一歩登らなければならない」

(a)「There is no＋名詞」（～は存在しない）。相手にとって初耳の名詞の存在を伝える表現です。形容詞no（1つの～もない）の後ろに置く可算名詞は、複数をイメージするような名詞の場合は複数形に、この

文のように単数をイメージする場合は単数形を用いるのが基本です。
(b)「到達」ニュアンスの前置詞to＋名詞（〜への）。(c) 義務を示す
「have to＋動詞の原形」（〜しなければならない）。mustは硬い英文
で好まれます。＊名詞elevator（エレベーター）　名詞success（成功）　名詞stairs
（階段）　take the stairs（階段で行く、階段を上る）

　▶【(a) Day 15　(b) Day 17　(c) Day 07】

4. "You (a)**will[would] live** a dull and (b)**boring life** if you do
not take risks." Harvey Spector, *Suits*

「リスクを取らなければ、味気なく、つまらない人生を送ることになる」
ハーヴィー・スペクター　海外ドラマ『スーツ』

(a)「〜だ（〜だろう）」と、話し手の主観で未来の推測を断定口調で
述べている助動詞willです。仮定法過去のwouldにすれば柔らかい
印象になります。liveは自動詞が基本的な使い方ですが、ここでは他
動詞で「〜な暮らし［生活］をする」という意味です。(b) 名詞life（人
生）を修飾する現在分詞boring（退屈な、つまらない）を用いたもので
す。物事の様子を示す場合は現在分詞-ingを使い、人自身の気持ち
の場合は過去分詞boredになります。(例) I'm bored.（私は退屈だ）

　▶【(a) Day 08/09　(b) Day 28】

5. "Opportunities (a)**don't** often come along. So, (b)**when they
do**, you (c)**have to** grab **them**." Audrey Hepburn

「チャンスは頻繁にはやってこないわ。なので、来たときには、しっかり掴まなきゃ」
オードリー・ヘップバーン

(a) 一般動詞の否定文はdon't/doesn't（〜しない）。ここは主語が複
数形のためdon'tを用います。(b)「〜するとき」の意味で「時」の説
明をする接続詞when SVで、theyは複数名詞opportunitiesを言い
換えた代名詞です。doはcome alongを言い換えたもので代動詞と呼

ばれるもの。主語が単数であればdoesになります。(c)「〜しなけれ
ばならない」を表すhave to do。「他動詞grab(〜をつかむ)+目的格
の代名詞them(それらを)」の語順です。grabはtakeで言い換えても
OKですが、grabのほうが、がっしり掴む感じが出ます。＊自動詞の表現
come along(やってくる) ▶【(a) Day 01/09　(b) Day 25/14　(c)
Day 07/14】

6. "(a) **The best way to** cheer (b) **yourself** up (c) **is to try to**
cheer somebody else up." Mark Twain
「自分を元気づける一番良い方法は、誰か他の人を元気づけてあげることだ」
マーク・トウェイン

(a) a good way(良い方法)の最上級the best way(最良の方法)。
この名詞wayはよく形容詞的用法の不定詞で修飾されます。way to
do(〜する方法)。(b)「自分」=「自分自身」と考え、再帰代名詞
yourselfを用います。cheer up(〜励ます、元気づける)の目的語に
代名詞を用いる場合は「cheer+代名詞の目的格+up」の語順になりま
す。(c) S is C(SはCだ)の文型で考えます。主語The best wayの
説明をする名詞的用法の不定詞to try to do(〜しようとすること)を
補語(C)に用いています。＊somebody else(他の誰か)
　▶【(a) Day 22/26　(b) Day 14　(c) Day 26/27/10】

7. "Success (a)**isn't** about (b)**how much money you make**, it's
about the difference (c)**you make** in people's lives"
「成功というのは、あなたが稼いだお金のことではない。あなたが人々の生活におよぼ
した変化のことである」

(a)「Sは〜についてのことだ」は「S is about 〜」で表現できます。
これを否定文にしたもので、主語が単数のためisn'tを用います。(b)
how much money you make(あなたがいくらお金を稼いだか)

は間接疑問（＝名詞節）で前置詞aboutの目的語になります。「疑問詞＋SV」の語順。ここではmake money（お金を稼ぐ）の名詞moneyは形容詞muchに引っ張られて前に移動しています。（c）直前のthe differenceを説明する接触節you make（あなたが作る）です。元々make difference（変化を起こす）という表現があります。＊（b）（c）のmakeは共に現在形が自然です。一般の人たちに向けた人生論なので、現在と切り離して話が終わってしまう過去形madeは不自然です。＊名詞success（成功） in people's lives（人々の人生における）　▶【(a) Day 01/10/13　(b) Day 19/30　(c) Day 30】

8. "If you don't like **where you are**, change it. You're not a tree." Jim Rohn

「今いる場所が嫌なら変えたほうがよい。あなたは木ではないのだから」ジム・ローン

場所を説明する関係副詞whereを用いたもの。don't like the placeの場所を示す名詞（先行詞）placeが省略されていますが、特に口語ではよくあることです。where you areのbe動詞areは、SV文型では「存在」（いる、ある）を意味します。　▶【Day 30/09】

9. "Just (a)**trust yourself**, then you (b)**will know[learn]** (c)**how to** live." Goethe

「自分自身を信じてみるだけでいい。きっと生きる道が見えてくる（生き方を知ることになる）」ゲーテ

（a）他動詞trust＋再帰代名詞yourself（あなた自身を信じる）の命令文に直接的な響きを和らげる副詞justを加えたもの。trustは「相手自身（人格自体）を信頼する」という意味で、believeは「人の言動」や「物事」を信じるという意味だということを踏まえると、この文の主旨としてはtrustが適切です。（b）この助動詞willは、自然の流れの中で「きっとそ

うなる」という主観的な強い気持ち（個人の予測）を表現しています。（c）
「疑問詞how to＋動詞の原形」（〜する方法）。how to live（生き方）
＝名詞句で他動詞knowの目的語になっています。「経験を通して知る」
という意味がある他動詞learnを用いてもOKです。

＊この副詞thenは「そうすれば」という意味で、つなぎ言葉として接続詞的に働いてい
ます。

▶【(a) Day 14/11　(b) Day 04/08　(c) Day 27】

10. "(a)**The most important thing[What's the most important]** (b)**is to enjoy** your life — (c)**to be** happy — it's all that matters." Audrey Hepburn

「一番大切なのは、人生を楽しむこと、幸せでいること。大切なのは、それだけだわ」
オードリー・ヘップバーン

（a）an important thing（大切なこと）の最上級the most import-ant thing（一番大切なこと）を主語Sに用いたもの。関係代名詞what を用いたwhat is C（Cであるもの、こと）を使って、what's the most important（最も重要であるもの、こと）と言い換えることも可能です。
（b）問題［5］の6同様、S is C（SはCだ）の文型です。補語（C）に名詞的用法の不定詞to enjoy（〜を楽しむこと）を用いたものです。（c）直前のto enjoy your lifeに追記しているto be happy（幸せになること）で、これも主語（S）を説明する補語（C）の働きをしています。

＊ダッシュ記号（—）は、前の語句の補足説明や関連情報を置く場合に用いられます。
＊It's all that matters. は「大切なのはそれだけだ」という意味の1つの表現としてこのまま覚えておくと便利です。自動詞matter（重要である）

▶【(a) Day 22/13[Day 30/10]　(b) Day 26/10　(c) Day 26/10】

11. "If today (a)**were** the last day of your life, (b)**would you want to** do (c)**what** you are about to do today?" Steve Jobs

「もし今日が人生で最後の日だとしたら、今日やろうとしていることをやりたいと思うか?」スティーブ・ジョブズ

(a) If today were(もし今日が〜であれば)は仮定法過去で、現在の事実とは異なる状況を表します。口語ではwasとしてもかまいません。

(b) if節が仮定法過去ですから、それに合わせて主節では助動詞の過去形を用います。「Would you want to+動詞の原形?」(あなたは〜をしたいだろうか?)。「Do you want to 〜 ?」(あなたは〜したいですか?)を丁寧にした「Would you like to 〜 ?」(あなたは〜したいですか?)は、実際の特定の場面で相手の希望を確認したり、相手に何かをすすめたり提案する表現ですのでしっかり区別しましょう。(c) 関係代名詞whatは「〜するもの、こと」という意味で、what you ... today で1つの名詞節です。名詞節はSまたはO、Cになり、ここではwant to doの他動詞do(〜をする)の目的語の働きです。関係代名詞what自体はabout to doで用いられている他動詞doの目的語の働きも兼ねています。＊形容詞last(最後の) be about to do(まさに〜しようとしている)

▶【(a) Day 20　(b) Day 20/26　(c) Day 30】

121

定着度評価

解答の配点を確認して、自己採点してください。合計得点でご自身の習熟度を計り、今後の学習の参考にしましょう。

GRADE *A*　…186点以上
Excellent

とても優秀な成績です！ 満足に本書が求めるコア英文法の学習は修了です！ 正解した問題も含め、修了テストの解説ポイントと自分の考えが一致しているのかを確認し、完全に自分のものにできれば完璧です。本書で扱う例文のすべてが実際の会話で使えるものばかりです。継続的な復習のために、例文の音読と解釈や和訳の英作文も実施し、本書で学習したコア英文法の理解をより深めて次のステージを目指しましょう！

GRADE *B*　…170点〜185点
Very Good

余裕の合格です！ 本書で得たコア英文法の知識がアウトプットできる状態に仕上がってきているレベルです。自分の弱点傾向を分析し、該当するDayを徹底的に復習してください。数週間の間隔を空けてから再度この修了テストに挑戦し、今度こそGrade Aを目指しましょう！

GRADE *C*　…156点〜169点
Good

まずは合格レベルです！ こなれた日本語をどの英文法を駆使して表現するのか、慣れてきているレベルです。間違えた問題の解説ポイントを確認し、伸び悩んでいる分野をしっかり分析するために、関連す

るDayと演習をすべて復習してください。修了テストに必ず再挑戦し、より上のGradeを目指しましょう。ここまで来れば、あともう少しです！

GRADE **D** …130点〜155点
Average

合格まであと一歩！ よく理解できているDayもありますが、全体的にまだ詰めが甘い状態のようです。日常生活の場面でどの英文法を使用するのか、まだ慣れていない状況です。修了テストで間違えたポイントがケアレスミスなのかの分析も含めて、弱点になっているDayの確認を優先し、該当する演習に再度取り組みましょう。解説を十分に復習した後で、修了テストに再チャレンジし、まずはGrade Cに上がりましょう。

GRADE **E** …100点〜129点
Behind

要復習です。英語力はさまざまな文法ポイントが積み重なって徐々に向上し始めますので、まずはもう一度やり直すつもりで、最初から各Dayを通読し、演習問題を丁寧に解き、全ての解説も精読してください。本編の例文を使い、「日本語」を見てすぐに「英語」にする練習を取り入れてアウトプットの機会を増やしていきましょう。

GRADE **F** …95点以下
Low

要努力です。本書が求めるコア英文法の知識自体は理解ができていても、それを場面や話し手の気持ちをイメージしたアウトプットができる段階には至っていません。ただし、一冊の教材を最後までやり通した努力と時間は絶対に裏切りません。ここで諦めずに、最初からじっくりと丁寧に本書の解説を通読してください。特に全ての例文と演習問題の例文を活用し、英語から日本語、日本語から英語にする練習を並行しておこなっていきましょう。

基本英文法リスト

---

1. 英文の種類

複雑な英文はまず肯定文に置き換えて考えると文型構造をとらえやすくなります。

肯定文 （平叙文）	**be動詞** He's[He is] Korean. （彼は韓国人だ） **一般動詞** He speaks Japanese. （彼は日本語を話す）
否定文 （平叙文）	**be動詞** She's[She is] not French. （彼女はフランス人ではない） **一般動詞** She doesn't speak English. （彼女は英語を話さない）
疑問文	**be動詞の疑問文** Are you Ayako? （あなたはアヤコですか?） **一般動詞の疑問文** Do they speak Chinese? （彼らは中国語を話しますか?） **否定疑問文** Don't you like it? （好きではないのですか?） **付加疑問文** You're bored, aren't you? （退屈してるんだよね?） **疑問詞を用いた疑問文** What's that? （あれは何ですか?）
命令文	Wait here. （ここで待ちなさい） Please go ahead. （どうぞお先に） Don't be afraid. （怖がらないで）
感嘆文	How kind she is! （なんて彼女は親切なんでしょうか!） What a beautiful day it is! （なんて良い天気なんでしょうか!）

2. 一般動詞の現在形／過去形／Ving形（現在分詞）／比較級と最上級の基本形

● 現在形（主語がhe、she、itの場合）

原形	動詞の語尾変化	変化ポイント
eat	eats	普通は語尾に s を付ける
wash	washes	語尾がss / sh / ch / x / o の動詞は語尾に es を付ける
study	studies	語尾が「子音+y」の動詞は y を i に変えて es を付ける

● 過去形

原形	動詞の語尾変化	変化ポイント
play	played	普通は語尾に ed を付ける
use	used	語尾が e の動詞は語尾に d だけを付ける
carry	carried	語尾が「子音+y」の動詞は y を i に変えて ed を付ける
stop	stopped	語尾が「短母音*+子音」の動詞は最後の子音を1つ増やして ed を付ける（例外もあります）

※短母音とは、アッ・イッ・ウッ・エッ・オッと小さな「ッ」が入る短い音の母音 [a、i、u、e、o] です。

● Ving形（現在分詞）

原形	動詞の語尾変化	変化ポイント
enjoy	enjoying	普通は語尾に **ing** を付ける
use	using	語尾が **e** の動詞は **e** を消して **ing** を付ける
sit	sitting	語尾が「短母音+子音」の動詞は最後の子音を1つ増やして **ing** を付ける

● 比較級と最上級の基本形

原形	比較級／最上級	変化ポイント
small	smaller/ the smallest	普通は語尾に **er/est** を付ける
happy	happier/ the happiest	語尾が「子音+**y**」の動詞は **y** を **i** に変えて **er/est** を付ける
big	bigger/ the biggest	語尾が「短母音+子音」であれば子音を1つ増やして **er/est** を付ける
large	larger/ the largest	語尾が **e** であれば **r/st** のみを付ける

3. 代名詞の活用表

単数形	主格 （…は）	所有格 （…の）	目的格 （…に、…を）	所有代名詞 （…のもの）
私	I	my	me	mine
あなた	you	your	you	yours
彼	he	his	him	his
彼女	she	her	her	hers
それ	it	its	it	-

複数形	主格 (…は)	所有格 (…の)	目的格 (…に、…を)	所有代名詞 (…のもの)
私たち	we	our	us	ours
あなたたち	you	your	you	yours
彼ら 彼女たち それら	they	their	them	theirs

4. まとまりの意識　句と節／主節と従属節

英文解釈ではまとまりの意識が大切です。

● 句…2語以上のカタマリで1つの「名詞」「形容詞」「副詞」いずれかの働きをするもの

名詞句	主語(S) **Swimming in the sea** is fun.　（海で泳ぐことは楽しい） I love 目的語(O) **reading novels**. （私は小説を読むのが大好きだ） Seeing is 補語(C) **believing**. （百聞は一見に如かず［見ることは信じることだ］）
形容詞句	I'm 補語(C) **from Kyoto**. （私は京都出身だ） 名詞 **Dogs** 修飾語(M) **in the park** were very friendly. （その公園の犬たちはとてもフレンドリーだ）
副詞句	I 動詞 **bought** the book 修飾語(M) **in the afternoon**. （僕は午後にその本を買った） ※副詞句は名詞以外のもの（この英文では動詞）を修飾

※本書では厳密には名詞句、形容詞、副詞句であっても、便宜上「名詞」「形容詞」「副詞」と表現することがあります。

● 節…「主語（S）＋動詞（V）」が含まれる2語以上のカタマリで1つの「名詞」「形容詞」「副詞」いずれかの働きをするもの。基本的には接続詞や関係代名詞などが「節」のカタマリを作ります。

名詞節	I don't think 目的語 (O) **(that) he will like it**. （私は彼がそれを気に入るとは思わない） She doesn't know 名詞 **the fact** 同格 **(that) I'm younger than her**. （彼女は私が彼女よりも若いという事実を知らない） ※名詞の補足説明文を同格表現と呼ぶ。
形容詞節	名詞（先行詞）**The man** 関係代名詞節 (M) **who is dancing** is my brother.　（踊っている男の人は僕の兄だ） ※名詞の修飾は形容詞の役割。
副詞節	I didn't sleep 副詞節 (M) **though I was tired**. （疲れていたけど、私は寝なかった）

● 主節と従属節

主節 **She was still studying** 従属節 **when I got home**.
（帰宅したとき、彼女はまだ勉強中だった）

主節	それだけが完全に独立しても意味が自然で成り立つ「主語（S）＋動詞（V）」を含んだカタマリ
従属節	それだけが独立すると意味が不完全な「主語（S）＋動詞（V）」を含んだカタマリ。主人（主節）に従う（従属）関係になっています。いわゆる従属接続詞はこの従属節を作ります。

5. 規則変化動詞の活用表　※左から原形・過去形・過去分詞形

●●●パターン／原形・過去形・過去分詞形の3つが全て同じ

…を切る	cut	cut	cut	…を読む	read	read*1	read
…を打つ	hit	hit	hit	…を設置する	set	set	set
…を置く	put	put	put	…を閉める	shut	shut	shut

●▲●パターン／原形・過去分詞形が同じで過去形のみ異なる

| …になる | become | become | become | 走る | run | ran | run |
| 来る | come | came | come | | | | |

●▲▲パターン／過去形・過去分詞形が同じ

…を持ってくる	bring	brought	brought	…と会う	meet	met	met
…を建てる	build	built	built	…を支払う	pay	paid	paid
…を買う	buy	bought	bought	…と言う	say	said	said
…を捕まえる	catch	caught	caught	…を売る	sell	sold	sold
…を感じる	feel	felt	felt	…を送る	send	sent	sent
…を見つける	find	found	found	座る	sit	sat	sat
…を持つ	have	had	had	眠る	sleep	slept	slept
…が聞こえる	hear	heard	heard	…を費やす	spend	spent	spent

…を 保持する	hold	held	held	立つ	stand	stood	stood
…を保つ	keep	kept	kept	…を 教える	teach	taught	taught
…を 出発する	leave	left	left	…を話す	tell	told	told
…を失う	lose	lost	lost	…と思う	think	thought	thought
…を作る	make	made	made	…を 理解する	under-stand	under-stood	under-stood

●▲■パターン／原形・過去形・過去分詞形が全てバラバラの形

…です	am/is	was	been	行く	go	went	gone
…です	are	were	been	成長する	grow	grew	grown
…を 始める	begin	began	begun	…を知っている	know	knew	known
…を壊す	break	broke	broken	…に乗る	ride	rode	ridden
…を選ぶ	choose	chose	chosen	…を見る	see	saw	seen
…をする	do	did	done	…を歌う	sing	sang	sung
…を描く	draw	drew	drawn	…を話す	speak	spoke	spoken
…を 運転する	drive	drove	driven	…を盗む	steal	stole	stolen
…を 食べる	eat	ate	eaten	泳ぐ	swim	swam	swum
落ちる	fall	fell	fallen	…を取る	take	took	taken
…を 忘れる	forget	forgot	forgotten*2	…を 投げる	throw	threw	thrown

…を手に入れる	get	got	gotten*3	…を着ている	wear	wore	worn
…を与える	give	gave	given	…を書く	write	wrote	written

*1　read の過去形・過去分詞形の発音[red]に注意しましょう（「赤色」の red と同じ発音）。

*2　forget の過去分詞は（米）forgotten（英）forgot

*3　get の過去分詞は（米）gotten（英）got